Maria Antonia Sondermann

Teresa von Avila begegnen

Maria Antonia Sondermann

Teresa von Avila begegnen

SANKT ULRICH VERLAG GmbH

Bibliographische Information der Deutschen Bibliothek

Die Deutsche Bibliothek verzeichnet diese Publikation in der Deutschen Nationalbibliographie; detaillierte bibliographische Daten sind im Internet über http://dnb.ddb.de abrufbar.

Umschlaggestaltung: uv media werbeagentur
Mediengruppe Sankt Ulrich Verlag, Augsburg
Titelbild: Juan de la Miseria, Teresa von Ávila, 1576,
Karmelitinnenkloster Sevilla, akg-images
Druck und Bindung: Ludwig Auer GmbH, Donauwörth
Printed in Germany
ISBN: 978-3-936484-93-9
www.sankt-ulrich-verlag.de

Ein erster Blick auf Teresa von Ávila

1515	28. März: Geburt von *Doña Teresa de Ahumada* in Ávila
1515	4. April: Taufe in der Pfarrkirche San Juan Bautista
1528	Tod der Mutter
1531–1532	Aufenthalt im Internat des Klosters der Augustinerinnen Santa María de Gracia
1533	Aufenthalt in Hortigosa aus Krankheitsgründen;
1535	2. November: Eintritt ins Karmelitinnenkloster Encarnación in Ávila
1536	2. November: Einkleidung
1537	3. November: Profeß
1538	Oktober: Schwere Erkrankung
1539	15. August: Koma, danach achtmonatige völlige Lähmung
1543	Tod des Vaters
1554	Bekehrung
1557	erste Ekstase
1560	29. Juni: erste Vision Christi, „Herzverwundung", Höllenvision September: „Gründungssitzung in Teresas Zelle"
1561	Oktober: Petitionen nach Rom
1562	Januar–Juli: Aufenthalt in Toledo Frühjahr: Treffen mit María de Jesús und Pedro de Alcantara 24. August: Gründung des ersten Karmel der Reform: San José
1566–1567	Redaktion des *Camino* und der *Konstitutionen*
1567	April: Zusammenkunft mit dem Ordensgeneral: Bevollmächtigung zu weiteren Gründungen 15. August: Gründung von Medina del Campo, Zusammenkunft mit Juan de la Cruz

1567–1581	Gründung der Klöster von Malagón, Valladolid, Duruelo, Toledo, Pastrana, Salamanca, Alba de Tormes, Segovia, Beas, Sevilla, Villanueva de la Jara, Palencia und Soría
1569	20. August: Ernennung der Apostolischen Visitatoren
1571	13. Juli: offizieller Widerruf der gemilderten Regel Oktober 1571 – Oktober 1574: Priorin im Kloster Encarnación
1572	18. November: Gnade der geistlichen Hochzeit
1574	April/Mai: Anzeige der *Vida* bei der Inquisition 13. August: Gregor XIII. hebt die Vollmachten der Apostolischen Visitatoren auf 6. Oktober: Rückkehr ins Kloster San José
1575	2. März: *Vida* beim Inquisitionstribunal in Madrid Mai–Juni: Kapitel von Piacenza 7. Juli: Gutachten von Domingo Bañez für die *Vida*
1576	Frühjahr: Verhör durch die Inquisitoren
1578	9. Oktober: unerlaubtes Kapitel von Almodóvar und Exkommunikation der Brüder
1580	22. Juni: Breve *Pia consideratione* von Papst Gregor XIII.
1581	3. März: Kapitel von Alcalá de Henares 28. November: letztes Treffen mit Juan de la Cruz
1582	Aufbruch zur Gründung nach Burgos, 26. Juli: Teresa verläßt Burgos 3. Oktober: letzter Empfang der heiligen Kommunion 4. Oktober: Tod
1588	erste Edition der Werke Teresas
1591	15. Oktober: Beginn des Seligsprechungsprozesses
1614	24. April: Seligsprechung durch Papst Paul V.
1622	12. März: Heiligsprechung durch Papst Gregor XV.
1970	30. September: Ernennung zur Kirchenlehrerin durch Papst Paul VI.

I. LEBEN

II. KIRCHENLEHRERIN

I. LEBEN

1. Herkunft und geschichtliche Einordnung

„Ich habe die Tugend immer mehr geschätzt als die Herkunft“

Toledo im Juni 1485 – Juan Sánchez wird vom Inquisitionstribunal Toledos wegen *Judaisierens* verurteilt. Bekleidet mit einem *Sanbenito,* der seine Schuld durch die rote Farbe und auf dem Gewand angebrachte Symbole zum Ausdruck bringt, muß er sich auf dem größten Platz Toledos zum so genannten *Acto de la fe* einfinden. Diese nach dem portugiesischen Begriff auch *Autodafés* genannten Repräsentationsspiele sollten in barocker Weise den Triumph des Glaubens über den Unglauben darstellen. Zu diesem öffentlichen Glaubensbekenntnis waren die Vertreter der Monarchie, der Stadt und die Bevölkerung versammelt. In der Mitte des Versammlungsplatzes stand eine Bühne, von der die Urteilsverkündung und gegebenenfalls die Rekonziliation erfolgte. Der *Acto de la fe* begann mit einer streng hierarchisch gegliederten Prozession. Die Verurteilten hatten sich vor dem Palast der Inquisition aufzustellen, dann folgte eine Glaubenspredigt, die mit dem so genannten *Actus fidei,* einem Glaubenseid, abschloß. Danach wurden die Urteile verlesen. Wurde jemand der Häresie für schuldig befunden, wurde er dem weltlichen Arm zur Urteilsvollstreckung übergeben, die jedoch nicht beim Autodafé vollzogen wurde.

> ***Judaisieren:*** geheimes Praktizieren von jüdischen Gebräuchen nach der Konversion zum Katholischen Glauben.
>
> ***Sanbenito*** (span. Santo Benito – hl. Benedikt): bezeichnet den Bußumhang, mit dem die Verurteilten bekleidet wurden.

Juan Sánchez mußte zur Strafe wegen Judaisierens zusammen mit seinen Kindern sieben Wochen lang jeden Freitag in einer Bußprozession

durch die Kirchen Toledos ziehen. Sein Bußgewand – das Zeichen seiner Verurteilung – wurde in der Kathedrale von Toledo aufgehängt.
Juan Sánchez war der Großvater der hl. Teresa von Ávila, und seine Familie war kein Einzelfall.
Um die Lebensgeschichte der hl. Teresa von Ávila verstehen und ihr begegnen zu können, ist es erforderlich, ihre familiäre Herkunft und ihre gesellschaftliche Stellung im geschichtlichen Zusammenhang ihrer Zeit zu beleuchten. Dies ist von besonderer Bedeutung, da sich Teresa hinsichtlich ihrer jüdischen Herkunft in Schweigen hüllte und die Geschichtsschreibung diese Tatsache bis ins 20. Jahrhundert zu verschleiern suchte. Teresa begegnet man am unmittelbarsten in ihren Schriften. Durch die historische Erschließung dieser literarischen und spiritualitätsgeschichtlich bedeutsamen Quellen soll der Leser zu einem adäquaten Textverständnis geführt werden. Auf diese Weise möge diese Einführung in das Leben und die Gedankenwelt der hl. Teresa von Ávila dazu anregen, sich weiter mit ihr und ihren Schriften zu beschäftigen.
In Spanien gab es Ende des 14. Jahrhunderts die größte jüdische Gemeinde Europas, aber die Juden waren auch in Spanien eine ethnische und religiöse Minorität wie die Muslime. Ab 1391 kam es – ausgehend von Andalusien – zu antijüdischen Pogromen, welche die Konversion der Juden zum Ziel hatten. Wohl auf Anraten des ehemaligen Oberrabbiners und späteren Erzbischofs von Burgos, Paulus a Santa María, erließ die Königin-Witwe Katharina 1412 in der Zeit des Interregnums strenge Gesetze, die eine Zäsur in der jüdischen Geschichte Spaniens markierten und auf eine vollständige Separation der Juden von den Christen bedacht waren. Man wollte den Juden die wirtschaftliche Existenzbasis entziehen, indem man ihnen die Ausübung vieler Berufe untersagte, wie zum Beispiel den Handel. Ferner durften sie keine höheren Ämter im Staat besitzen, die Aufnahme in den Adel wurde ihnen verweigert und jüdischen Ärzten wurde nicht gestattet, Christen zu behandeln. Man verbot Juden, sich das Haar zu schneiden und sich zu rasieren, um sie in der Öffentlichkeit zum Zeichen des Anstoßes und des Spottes werden zu lassen. Die Hauptursache für diese Gesetze, die für die jüdische Min-

derheit den wirtschaftlichen Ruin und den Ausschluß aus der spanischen Gesellschaft bedeuteten, war wahrscheinlich Neid. Denn die Juden waren aufgrund ihrer hohen Bildung beim Adel angesehen und übten oft Berufe aus, die ein spezielles Wissen und Können voraussetzten.

Die antijüdischen Gesetze wurden nicht überall praktiziert. Doch wurde den Juden generell auch die Emigration verwehrt, und das führte zu Massenkonversionen von ca. 200.000 Juden, etwa 5 Prozent der Bevölkerung.

Einige, die aufgrund der Unterdrückungssituation um die Taufe baten, praktizierten ihren jüdischen Glauben im geheimen weiter. Man nannte sie Kryptojuden oder judaisierende Konversen; andere konvertierten mit allen Konsequenzen und bemühten sich um eine Assimilation. Sie wurden im Vergleich zu den so genannten Altchristen Judenkonversen genannt. Die Konversengruppen bildeten aber keine homogene Klasse. Der Assimilationsdruck war stark, und so bemühten sich die Judenkonversen um einen raschen gesellschaftlichen Aufstieg. Durch das Abschütteln der Vergangenheit und durch Einheirat in alte christliche Familien gelang ihnen dies aufgrund ihrer hohen Bildung in erstaunlich kurzer Zeit: in der Kirche, insbesondere in den Orden, und in der Stadtverwaltung sowie beim Hof hatten sie bald die höchsten Ämter inne. Die Massenkonversionen riefen bei weiten Kreisen der Gesellschaft, vor allem bei den Altchristen, Skepsis gegenüber der Lauterkeit der Konversionen hervor. Man blickte voller Neid auf die gebildete, meist sehr vermögende Elite. Aus diesem Grund blieben viele Judenkonversen trotz der Taufe ein Opfer der Ausgrenzung, der Verfolgung und des Hasses.

Der Prozeß eskalierte, als es 1449 in Toledo wegen einer Steuererhebung zur Finanzierung des Krieges gegen Aragón zu einem folgenschweren Aufstand der Bevölkerung unter Leitung von Pedro Sarmiento kam. Pedro Sarmiento wollte die Judenkonversen hierfür verantwortlich machen, da diese die wichtigsten Ämter in der Stadt innehätten – ein Judenkonverse war mit dem Steuereinzug betraut worden – und proklamierte am 5. Juni 1449 die berühmtgewordene „Sentencia Estatuto". Dieses Statut verfügte, alle Judenkonversen seien von öffentlichen Ämtern auszuschließen, weil sie aufgrund ihrer Abstammung niemals anständige Christen werden könnten. Denn aufgrund ihrer ererbten Herkunft aus dem Judentum seien sie moralisch verdächtig.

Die in diesem Statut erstmals formulierte blutsmäßige Begründung für die Diskriminierung von Judenkonversen fand zunächst keine praktische Verwirklichung, da sich sofort massive Opposition kirchlicherseits, vor allem von Theologen wie Juán de Torquemada (1388–1468), dagegen erhob. Auch Papst Nikolaus V. (1447–1455) verurteilte das Statut am 24. September 1449 und betonte, eine ungleiche Behandlung der Christen verstoße gegen die christliche Religion, alle hätten das gleiche Recht, Ämter und Würden zu bekleiden. Doch der Papst wurde ein Jahr später aufgrund massiven Drucks seitens des kastilischen Königshauses gezwungen, diese Bulle zu suspendieren. Die Statuten hatten wohl beim allgemeinen Volk und beim Adel eine beachtliche Resonanz erfahren. Wie ist das zu erklären? Die Hauptursache ist darin zu sehen, daß es nicht gelang, die vielen Judenkonversen durch katechetische Unterweisung in den Glauben einzuführen, so daß viele jüdische Gebräuche neben der katholischen Religionsausübung weiterbestanden und die Konversen als häresieverdächtig angesehen wurden.

Als Königin Isabella I. (1451–1504) 1474 nach dem Tod ihres Bruders Heinrich (1454–1474) den Thron von Kastilien bestieg und nun mit ihrem Mann, König Ferdinand von Aragonien (1452–1516), Spanien zu einem Reich zu vereinen suchte, wurde die Einheit des Glaubens von ihnen in den Dienst der Staatsraison gestellt. *Die Katholischen Könige* – ein Titel, der ihnen von Papst Alexander VI. (1492–1503) verliehen wurde – versuchten, umfassende Reformen beim Klerus und bei den Orden einzuleiten und das Bildungsniveau insbesondere durch die Gründung von Universitäten zu fördern. Man wollte das religiöse Leben läutern. Der Ruf nach einem innerlichen Leben, nach der Kultivierung der *oratio mentalis* (vgl. Randnote S. 42) und ein starker Impuls zum mystischen Leben fanden in zahlreichen geistlichen Strömungen und Reformbewegungen ihren Ausdruck. Aus diesem Grund wurde die Realisierung der Reformen in die Hände der von Rom ernannten Bischöfe gelegt. Einer der

einflußreichsten Initiatoren der Reform war der Erzbischof von Toledo, der Franziskaner Jiménez de Cisneros (1436–1517).
Er wurde 1495 von Papst Alexander VI. mit der Reform der Klöster seiner Diözese betraut und 1496 zum Visitator der spanischen Franziskanerklöster und 1499 zum Visitator und Reformator der spanischen Bettelorden ernannt. Visitationsreisen und Diözesansynoden (1497/98) dienten der sittlichen Hebung des Klerus. Zur Verbesserung der Klerikerausbildung gründete er 1508 die Universität Alcalá, an der er den neuen wissenschaftlichen und theologischen Strömungen Humanismus, Mystik und *Devotio moderna* eine Heimstatt bot. Hier entstand in seinem Auftrag eine kritische Bibelausgabe, die sog. *Complutenser Polyglotte* (1514/17). Zur Hebung der Volksbildung ließ er erbauliche Schriften drucken, trat als Stifter und Förderer von Kirchen und Klöstern hervor und war bemüht, durch eine umfassende Volksmission in Sevilla Juden zu bekehren. Die Reformideen, die Kardinal Cisneros eingeleitet hatte, legten in vielen Orden und beim Klerus den Grund für die Reformbewegungen des 16. Jahrhunderts. Die Reform des geistlichen Lebens war ein probates Mittel für die Katholischen Könige, die Einheit des Glaubens als Basis für die Staatseinheit durchzusetzen. Die Kontroverse um die Reinheit des Blutes, die durch die Fälle von judaisierenden Konversen ausgelöst wurde, war der Anlaß, den Papst um die Erlaubnis zur Errichtung einer Institution zu bitten, die strenge Nachforschung im Fall von Judaisieren ermöglichen könnte. Sie sollte in den Dienst des werdenden Zentralstaates gestellt werden, alle bedrohlichen Minderheiten eliminieren und die Kirchenreform fördern. Am 1. November 1478 stimmte Papst Sixtus IV. (1471–1484) der Petition der Katholischen Könige zu, eine staatliche Institution mit kirchlicher Zielsetzung zu schaffen: die sogenannte Inquisition (lat.: Befragung, Untersuchung). Doch die Katholischen Könige hielten die ihnen mit

Devotio moderna: Eine durch Geert Groote Ende des 14. Jahrhunderts am Niederrhein entstandene mystische Bewegung, die durch die Gemeinschaft der „Brüder vom Gemeinsamen Leben“ und das Werk *Nachfolge Christi* von THOMAS VON KEMPEN mit der Betonung einer verinnerlichten Nachfolge weite Verbreitung fand.

der Bulle erteilten Vollmachten aus wirtschaftlichen Gründen noch bis 1480 zurück.

Auslöser für eine weitere Eskalation der Maßnahmen gegen die Judenkonversen war ein Skandal im Hieronymitenkloster Guadalupe, wo 1480 eine Gruppe von Judenkonversen beim Vollzug jüdischer Riten ertappt wurde. Daraufhin erließ der Orden 1486 auf dem Kapitel von Lupiana die sogenannten *Estatutos de Limpieza de Sangre* (Statuten zur Reinheit des Blutes = Reinheitsstatuten), die Judenkonversen den Eintritt in den Orden untersagten und Ordensmitglieder jüdischer Herkunft von allen Ämtern ausschlossen. Obwohl weder kanonisches noch ziviles Recht eine Handhabe zur Umsetzung boten und sich heftige Proteste erhoben, wurden diese Reinheitsstatuten von Papst Alexander VI., einem Spanier, 1496 approbiert und setzten sich in Spanien bis zur Mitte des 16. Jahrhunderts in fast allen Orden durch.

Hieronymiten: beschaulicher Eremitenorden nach der Regel des hl. Augustinus, benannt nach dem hl. Kirchenlehrer Hieronymus (347–420), entstand durch eine Vereinigung von Eremiten in Kastilien unter Pedro Fernández Pecha 1373, vor allem in Spanien (Escorial, Guadalupe und Yuste) verbreitet.

Der geringe Erfolg in der Überwindung des Judaisierens durch Volksmission und Katechese sowie die Zahl der Judaisierenden führten zu Einsetzung der Inquisition. Das erste Auftreten der Inquisitoren in Sevilla führte durch die Grausamkeit ihrer Verfahrensweise und die Härte der Urteile zu Beschwerden an den Papst, so daß dieser forderte, es müßten Bischöfe hinzugezogen werden. Der Papst konnte gegenüber den Katholischen Königen jedoch keine Berufung nach Rom durchsetzen, da diese fürchteten, die judaisierenden Kreise könnten sich frei bewegen. Die Inquisition schuf Zentren in ganz Kastilien und Aragonien, wie Toledo, Ávila, Burgos, Medina del Campo etc. Die Inquisitoren reisten entsprechend den zentralistischen Tendenzen der Krone von Ort zu Ort. Der erste Großinquisitor, den Ferdinand und Isabella dem Papst zur Ernennung empfahlen, war Tomás de Torquemada; er war seit 1483

Tomás de Torquemada O. P. (1420–1498): Prior des Dominikanerklosters Santa Cruz in Segovia, übte als Beichtvater der Katholischen Könige großen politischen Einfluß aus und gründete in Ávila den Konvent Santo Tomás, in dem er die Reinheitsstatuten einführte.

für das ganze Territorium der Halbinsel zuständig. Am 29. November 1484 wurde ein Statut erlassen, in dem die Verfahrensordnung der Inquisition festgelegt wurde. Kamen die Inquisitoren an einen Ort, so mußten sie zuerst das Volk in einer Kirche versammeln, um ihm eine Glaubenspredigt zu halten, danach wurden Strafen verlesen. Daraufhin verkündete man das Gnadenedikt, das eine Gnadenfrist von 30–40 Tagen verkündete. In dieser Zeitspanne hatten Apostaten und Judaisierer Gelegenheit, ihre Schuld zu bekennen, ohne bestraft zu werden. Nach Ablauf dieser Frist mußte man das Bekenntnis schriftlich vor zwei Zeugen und einem Notar darlegen. Der Abschluß des Verfahrens war das Bekenntnis des Glaubens beim Autodafé. Die Verfahrensweise schuf in der Gesellschaft ein Klima des Mißtrauens, weil Belastungszeugen verschwiegen wurden und auf diese Weise Gelegenheit zu Denunziationen gegeben war.

Nachdem die Katholischen Könige trotz Einsetzens der Inquisition die religiöse Einheit nicht herstellen konnten, kam es – wahrscheinlich auf Betreiben von Tomás de Torquemada – am 31. März 1492 zur Ausweisung der nicht konvertierten Juden per Edikt. Hatten die spanischen Könige aus finanziellen Erwägungen heraus noch gezögert, sich dieser zumeist wohlhabenden und gebildeten Schicht der Gesellschaft zu entledigen, so gaben die Reisen der Katholischen Könige durch Andalusien und das Ende der *Reconquista* den entscheidenden Anstoß für diese radikale Lösung. Diese Entscheidung hat die spanischen Juden völlig überrascht. Ein den Monarchen entbotenes hohes Lösegeld, um die Vertreibung zu verhindern, wurde ausgeschlagen, weil man das andauernde Judaisieren der Konversen dem schlechten Einfluß der Judengemeinden zuschrieb. Im vollen Wissen, daß diese Maßnahme etwas Außerordentliches darstellte, sahen die Monarchen in der Vertreibung das einzig wirksame Mittel, um den Schutz der Gemeinschaft zu gewährleisten.

Reconquista: wörtlich „Zurückeroberung“, ist die spanische und portugiesische Bezeichnung für die (Wieder-)Erlangung der Vorherrschaft auf der iberischen Halbinsel durch die Christen. Im Januar 1492 kapitulierte schließlich der letzte arabische Herrscher in Al-Andalus, Muhammad XII. (Boabdil), vor den Heeren von Ferdinand II. und Isabella I.

Die Verurteilung von Teresas Großvater, Juan Sánchez, bekommt in diesem Zusammenhang ein anderes Gewicht. Nach der demütigenden Erfahrung des Autodafés und der erfolgten Rekonziliation war sein gesellschaftlicher Ruf in Toledo so stark geschädigt, daß er mit seiner ganzen Familie 1486 nach Ávila emigrierte und den Namen seiner Frau Inés de Cepeda annahm.

Ávila – 1200 m über dem Meeresspiegel gelegen – war mit den mächtigen Wehrtürmen aus dem 12. Jahrhundert im 16. Jahrhundert eine der größten Städte Spaniens. Vor der Vertreibung 1492 gab es in Ávila eine beträchtliche jüdische Gemeinde sowie 15 Prozent Moriscos (Mauren, die nach Abschluß der Reconqista in Spanien blieben). Der Anteil des Adels an der Bevölkerung betrug 11 Prozent. Die Zugehörigkeit zum Adel war mit zahlreichen juristischen und materiellen Privilegien (Steuerfreiheit, Exemptionen etc.) verbunden. Der Aufstieg in den Adel wurde 1492 durch die Gesetze von Córdoba geregelt, aber es bedurfte besonderer sozialer Beziehungen und eines gewissen Ansehens, um die Aufnahme in diesen Stand zu finden. Neben dem Adel ist der Klerus bzw. der geistliche Stand zu nennen, dessen Anteil in Ávila etwa 5 Prozent der Bevölkerung ausmachte. In ihm waren alle gesellschaftlichen Schichten vertreten, und es gab je nach kirchlicher Stellung sehr große Unterschiede hinsichtlich der Bildung und des materiellen Auskommens. Auch der Klerus genoß Privilegien wie die kirchliche Immunität hinsichtlich Personen und Gütern sowie eine eigene Gerichtsbarkeit. Besonders auffällig ist die große Anzahl von Ordensgemeinschaften, die in Ávila ansässig war: sieben Männer- und sechs Frauenklöster. Durch die damit verbundene Vielfalt der verschiedenen Spiritualitäten war ein breites Spektrum geistlichen Lebens und religiöser Praxis in der Stadt lebendig. Jede Ordensgemeinschaft spiegelte wiederum in ihren Mitgliedern, ihrer Lebensgestaltung und ihren Stiftern die gesellschaftlichen Verhältnisse wider. Im Zentrum der Stadt stand die Kathedrale mit ihrem 140köpfigen Domkapitel. Der *Nepotismus*

Nepotismus: (von lat. *nepos* – Enkel, Nachkomme, Neffe): ist die Besetzung von Ämtern mit Familienmitgliedern oder eine übermäßige Vorteilsbeschaffung für diese.

war weit verbreitet, und das monastische Leben litt mitunter sehr unter der Einmischung von Gründerfamilien und Wohltätern. Es gab heftige Widerstände gegen Reformbestrebungen, weil diese von außen in die etablierten Machtverhältnisse eingriffen.
Die zahlenmäßig stärkste gesellschaftliche Schicht setzte sich aus den Stadtbürgern, den Bauern, Hirten, Handwerkern, Kaufleuten, Dienern wie Tagelöhnern zusammen. Die Bevölkerung war fleißig, circa 61 Prozent gingen einer Arbeit nach, davon waren 30 Prozent im Textilwesen beschäftigt. Dienstags und samstags wurden die Urteile und Entscheidungen des Rates der Stadt, der Junta, auf dem Mercato Chico, dem größten Marktplatz Ávilas, bekanntgegeben. In Ávila gab es auch eine kleine Gruppe von Judenkonversen, die vor allem in den traditionellen Berufen des Handels und des Finanzwesens tätig waren. Aber auch Sklavenhaltung war in den Städten noch weit verbreitet.

Familiäre Herkunft

Als die Familie Sánchez de Cepeda nach Ávila zog, lebten die einzelnen gesellschaftlichen Gruppierungen dort friedlich miteinander. Juan de Cepeda, der Großvater der hl. Teresa von Ávila, war Kaufmann und ließ sich zunächst bis 1493 in der Cal de Andrín im Zentrum des jüdischen Konversohandelsviertels nieder. Er handelte mit Tüchern und Seidenstoffen und etablierte rasch Beziehungen zu den wichtigsten Familien Ávilas. Durch Wohlstand und eine geschickte Heiratspolitik versuchte er, seine Herkunft zu verschleiern und soziale Anerkennung zu erlangen. Don Alonso de Cepeda (1480–1543), Teresas Vater, wurde 1504 mit Catalina del Peso verheiratet, die der Stadtelite Ávilas entstammte. Mit ihr hatte er bis zum frühen Tod Catalinas am 8. September 1507 zwei Kinder: María und Juan. Bereits zwei Jahre später verehelichte sich Juan de Cepeda mit der Mutter Teresas, Beatriz de Ahumada (1495–1529), die Tochter von Juan Dávila y Ahumada und Teresa de las Cuevas y Ahumada. Beatriz, die aus einer altchristlichen adligen Familie stammte, war zum Zeitpunkt ihrer Hochzeit erst vierzehn Jahre alt. Sie gebar Alonso bis zu ihrem Tod im Alter von 33 Jahren (Dezember 1528) neun Kinder: sieben Söhne und zwei Töchter. Teresa wurde am 28. März 1515 als drittes Kind der Eheleute geboren und am 4. April 1515 in der Pfarrkirche San Juan Bautista in Ávila getauft. Ihre Patentante war María del Aguila, die Tochter von Francisco de Pajares und Ana del Aguila, deren leibliche Schwester Catalina mit dem Bruder von Teresas Vater, Pedro Sánchez de Cepeda verheiratet war. Als Teresa vier Jahre alt war, begannen Teresas Vater und seine Brüder einen schwierigen und langwierigen Prozeß über mehrere Instanzen wegen der Anerkennung ihrer *Hidalguía*. Anlaß war wohl, daß Teresas Onkel aufgefordert worden war, Steuern zu zahlen. Bei der Vernehmung sagten zwölf Zeugen, die Francisco de Pajares, ein Mitglied des Stadtrates von Ávila, bestochen hatte, aus, daß die Cepedas wie Adelige lebten. Es traten aber auch vier Familien auf, die sich der Korruption nicht beugten. Zunächst fiel der Prozeß zugunsten der Cepedas aus, und der Adelsstand wurde ihnen innerhalb ganz Spaniens zuerkannt. Im endgültigen Urteil des obersten Gerichts von Valladolid vom 26. August 1522 wurde die Entscheidung dahingehend abgeändert, daß der Familie de Cepeda allein in Ávila der Adelsstand zukomme. Es war wohl während des Prozesses bekannt geworden, daß Teresas Großvater in Toledo wegen Judaisierens verurteilt worden war. In Ávila wurde er nur „der Toledaner" genannt. Daran wird deutlich, daß der Familie de Cepeda die vollständige Assimilation und Integration trotz der Einheirat in altchristliche Kreise nicht gelungen war. Teresa hat in ihrer Kindheit sicherlich die soziale Ausgrenzung, die den Judenkonversen zuteil wurde, erfahren, aber es ist interessant, daß sie diese Ereignisse

Hidalguía: Stand des niederen Adels. Seit dem Spätmittelalter nennt man in Spanien den niederen, aus alten christlichen Familien stammenden Adel ohne besonderen Rang Hidalgo (span. *hijo de algo* – ‚Sohn von jemand', also soviel wie ‚Sohn eines Vermögenden'). Man unterscheidet „von Natur aus dem Adel Zugehörige" und Hidalgos, von denen der Adel aus Gnaden gewonnen oder gekauft worden ist. Im gewöhnlichen Leben wurden sie mit dem Vornamen und dem Titel Don oder Doña angeredet.

Der Prozeß wurde nach Auffinden der verschwundenen Prozeßakten ediert in: TEÓFANES EGIDO, *El linaje judeoconverso de Santa Teresa. Pleito de hidalguía de los Cepedas*, Madrid 1986.

in ihrer Lebensbeschreibung nicht erwähnt. Auch bei der Vernehmung der 141 Zeugen beim Seligsprechungsprozeß 1590 gehen 54 Zeugen auf die Frage ihrer Herkunft nicht ein. Die Mehrheit bekennt, sie stamme von Hijosdalgos ab, was soviel wie eine altchristliche Herkunft bedeutete. Aber jeder wußte, daß die Titel käuflich waren. Nur vier Zeugen geben an, Teresa stamme von altchristlichen Eltern.

Lebensbeschreibung: *Libro de la Vida*, in: TERESA DE JESÚS, *Obras Completas*, 2 Bde, Burgos 1994, (Kurztitel = **Obras Completas**) Bd. 1, hier zitiert nach: TERESA VON AVILA, *Buch meines Lebens*, 2001 (Kurztitel = **Vida**).

Die Prozeßakten sind bisher leider nur auf Spanisch zugänglich: *Procesos de beatificación y canonización de Santa Teresa de Jesús*, 3 Bde, hrsg. von Silverio de Santa Teresa (Bibliotheca Mistica Carmelitana [Kurztitel = **BMC**] XVIII–XX), Burgos 1934.

Kindheit und Jugend

Liest man Teresas Beschreibung ihrer Kindheit (vgl. Vida 1–2) einmal im historischen Kontext und unter Berücksichtigung dessen, was sie nicht sagt, wird manches verständlich.
Teresa rühmt die Tugenden, die Frömmigkeit und die Bildung ihrer Eltern. „Mein Vater las mit Hingabe gute Bücher, und so besaß er welche in der Muttersprache, damit sie seine Kinder lesen sollten. Diese Bücher zusammen mit der Sorge, die sich meine Mutter machte, um uns zum Beten zu bringen und zur Verehrung Unserer Lieben Frau und einiger Heiliger anzuhalten, begannen mich schon im Alter von sechs oder sieben Jahren aufzuwecken. Es war mir eine Hilfe zu sehen, daß meine Eltern nur die Tugend förderten“ (Vida 1,1). Teresa stammte demnach aus einer gebildeten Familie – typisch für Judenkonversen –, in der beide Elternteile des Lesens kundig waren. Im Alter von sechs Jahren las sie zusammen mit ihrem Lieblingsbruder Rodrigo in dem Buch *Flos sanctorum* (Klassiker der hagiographischen Literatur) fromme Heiligenviten. Beeindruckt vor allem von den Wüstenvätern und den Märtyrern, plante sie, mit ihrem Bruder ins Land der Mauren zu fliehen (Vida 1,4). „Als ich sah, daß es unmöglich war, dorthin zu gehen, wo sie mich für Gott umgebracht hätten, beschlossen wir, Einsiedler zu

werden. In einem Garten, den es zu Hause gab, versuchten wir, so gut es ging, Einsiedeleien zu bauen“ (Vida 1,5). Voll Bedauern schildert Teresa, daß sie im Laufe des Erwachsenwerdens und zum Ärger ihres Vaters zur Lektüre von Ritterromanen überging und sogar selbst einen solchen verfaßte. „Es war derart extrem, wie ich davon erfüllt war, daß ich meinte, nicht glücklich zu sein, wenn ich kein neues Buch hatte“ (Vida 2,1). Auch machte sie sich die Wertvorstellungen ihres Standes zu eigen, legte viel Wert auf ihr äußeres Erscheinungsbild und ihren guten Ruf und *la honra* – die Ehre „Ich begann, aufwendige Kleider zu tragen und mir zu wünschen, durch mein Aussehen zu gefallen, mit viel Sorge um meine Hände und Haare, mit Parfum und allen Dummheiten, derer ich dazu habhaft werden konnte – und das waren viele, denn ich war sehr eitel“ (Vida 2,2). Aber nach eigenen Angaben war es vor allem der schlechte Umgang mit Gleichaltrigen, der ihrer geistlichen Entwicklung sehr schadete. „Wenn ich in jenem Alter jemanden gehabt hätte, der mir Gottesfurcht beigebracht hätte, hätte meine Seele nach und nach Kräfte geschöpft, um nicht zu fallen. Später, nachdem diese Furcht weg war, blieb mir nur noch die um mein Ansehen, die mich bei allem, was ich tat, in Qual versetzte“ (Vida 2,5). Zu dieser zeitweiligen falschen Orientierung, wie sie Teresa in ihrer Jugend erlebte, hat sicherlich der frühe Tod ihrer Mutter beigetragen, der sie im Alter von 13 Jahren traf. In dieser Verlusterfahrung wandte sie sich an die Gottesmutter Maria. „Als ich zu begreifen begann, was ich verloren hatte, ging ich todtraurig zu einem Bild Unsrer Lieben Frau und bat sie unter vielen Tränen, meine Mutter zu sein“ (Vida 1,7).

Als sich ihre ältere Halbschwester María zwei Jahre nach dem Tod der Mutter mit Martín de Guzmán y Barrientos verehelichte, hielt ihr Vater den Augenblick für gekommen, Teresa zur weiteren Erziehung ins Internat der Augustinereremitinnen Santa María de Gracia zu schicken. Dort wurde in Teresa wieder die „Wahrheit ihrer Kindheit“ geweckt. Durch die Lebensweise der Schwestern und vor allem durch persönliche Gespräche über das Evangelium sowie durch das Zeugnis der Novizenmeisterin, Doña María Briceño (1498–1584), über ihre Berufung nahm in Teresa der Widerstand gegen das Ordensleben ab. Es ist beeindruckend, wie wahrhaftig Teresa die inneren Kämpfe beschreibt, die sie in dieser Zeit durchmachte. „Ich schaute mehr auf das, was meinen Gefühlen und meiner Eitelkeit wohltat, als auf das, was meiner Seele gut getan hätte. Diese guten Gedanken, ins Kloster zu gehen, kamen manchmal und gingen bald wieder, doch konnte ich mich nicht zum Eintritt entschließen" (Vida 3,2). Nach eineinhalbjährigem Aufenthalt im Internat wurde sie schwer krank. Auf dem Weg zu ihrer Schwester, wo sie genesen sollte, verbrachte sie einige Tage bei ihrem Onkel. „Seine Beschäftigung bestand im Lesen guter Bücher in der Muttersprache und darin, daß er die meiste Zeit über Gott und die Nichtigkeit der Welt sprach. Er bat mich, ihm vorzulesen, und obwohl ich keine Freundin seiner Bücher war, tat ich doch so" (Vida 3,4). Die gelesenen „Worte Gottes" prägten sich Teresa tief ein und lösten eine existentielle Angst in ihr aus, die sie unausweichlich mit ihrer Lebensentscheidung konfrontierte. Welchen Lebensweg sollte sie einschlagen? Was war der Sinn ihres Lebens? Was wollte Gott von ihr? Was hatte angesichts ihres eigenen Todes Bestand vor Gott? Sollte sie heiraten oder in ein Kloster eintreten? „Wenn mein Wille es auch noch nicht fertigbrachte, sich dem Eintritt ins Kloster zuzuwenden, so sah ich doch ein, daß es wohl die beste und sicherste Lebensform sei" (Vida 3,5). Die letzte innere Klarheit hinsichtlich ihrer Ordensberufung erhielt sie wiederum durch die Lektüre eines Buches. „Was mir Leben gab, war, daß ich schon Freude an guten Büchern hatte. Ich las in den Briefen des hl. Hieronymus, die mir so viel Mut machten, daß ich mich entschloß, es meinem Vater zu sagen" (Vida 3,7). Dies war 1533. Doch Teresas Vater konnte sich nicht entschließen, seiner Lieblingstochter die Einwilligung zum Eintritt in ein Kloster zu geben. So verbrachte Teresa noch zwei weitere Jahre im elterlichen Haus, bis sie sich entschied, ohne die Erlaubnis ihres Vaters heimlich von zu Hause fortzugehen. Das war nicht der einzige Verlust, den Teresas Vater erfahren mußte: Sieben Söhne wanderten nach Ameri-

Es handelt sich hierbei um die spanische Übersetzung von: Juan de Molina, *Las epístolas de San Jerónimo con una narración de la guerra de las Germanías*, Valencia 1520.

ka aus; der erste und älteste Hernando bereits 1534, Rodrigo unmittelbar nach Teresas Eintritt. Die Auswanderung war ein typisches Phänomen von Judenkonversen, denen die soziale Anerkennung in ihrer Heimat versagt blieb. So versuchten auch Teresas Brüder, ihre Vergangenheit abzuschütteln und sich in der „neuen Welt" eine eigene Existenz aufzubauen. Teresa verfolgte die familiären Geschehnisse stets wachsam und mit Interesse.

Bei der Überlegung zur Wahl ihrer Lebensform bestimmte sie mehr Furcht vor der Hölle als Gottesliebe (vgl. Vida 3,6). Als Teresa am 2. November 1535 in das Kloster Encarnación (Inkarnation, Menschwerdung) in Ávila eintrat, kostete sie dieser Schritt viel Selbstüberwindung. „Ich erinnere mich (...), daß der Schmerz, den ich empfand, als ich das Haus meines Vaters verließ, (...) nicht stärker sein kann, als wenn ich stürbe, denn mir scheint, daß sich mir jeder Knochen von sich aus loslöste" (Vida 4,1).

Teresa sagt sehr wenig darüber, warum sie ausgerechnet das Kloster Encarnación in Ávila gewählt hat. Daß sie dort eine Freundin hatte, scheint nur ein sehr schwaches Motiv zu sein. Wahrscheinlich hatte Teresa keine sehr große Auswahl, denn in vielen Klöstern galten die *Estatutos de limpieza de Sangre.* Um „standesgemäß" leben und den Adelstitel weiter führen zu können, mußte Teresa sich ein Kloster in ihrer Heimatstadt aussuchen, in dem die Reinheitsstatuten keine Geltung hatten. Ob sie sich vor ihrem Eintritt mit der Spiritualität des Ordens bzw. des Klosters auseinandersetzte, kann man ihren Schriften nicht entnehmen.

2. Leben im Kloster Encarnación 1535–1562

„Er schenkt sich uns erst ganz, wenn wir uns ihm ganz schenken."

Das Karmelitinnenkloster Encarnación

Teresas Wahl fiel auf ein „Kloster des Ordens Unserer Lieben Frau vom Berge Karmel". Dieser aus einer Eremitengemeinschaft am Berge Karmel an der Quelle des Propheten Elia in Palästina Ende des 12. Jahrhunderts erwachsenen Gemeinschaft wurde vom Patriarchen von Jerusalem, Albertus Avogadro (ca. 1150–1214), um 1208 eine Lebensregel gegeben, die besonders von der Heiligen Schrift inspiriert ist. In ihrem Zentrum stand die Weisung, „Tag und Nacht im Gesetz des Herrn zu betrachten und im Gebet zu wachen" (Karmelregel, Kap. 7). In ihrem Leben unaufhörlichen Gebetes in der Nachfolge Jesu Christi orientierten sich die Karmeliten vor allem an zwei für ihre Spiritualität prägenden Gestalten: am Propheten Elia und an der Gottesmutter Maria. Die durch die Vertreibung aus dem hl. Land und die Niederlassung in Europa eingeleitete Mendikantisierung (Umformung des rein eremitischen Ordens in einen Bettelorden mit gemeinschaftlichen Elementen durch entsprechende Veränderung der Karmelregel) des Ordens im 13. Jahrhundert hatte tiefgreifende Veränderungen in der Lebensweise zur Folge, die auch in den Milderungen der Karmelregel durch die Päpste Innozenz IV. (1243–1254) und Eugen IV. (1431–1447) ihren rechtlichen Niederschlag fanden. Die daraus erwachsende Spannung zwischen eremitischer kontemplativ ausgerichteter Spiritualität und seelsorglicher Tätigkeit führte zu einer Identitätskrise. Im Zuge der apologeti-

Der Prophet **Elia** gilt schon bei den Kirchenvätern als Prototyp des monastischen Lebens, als Vater der Mönche. Die Karmeliten verehren ihn als Vater und Führer ihres Ordens.

Die Regel des Karmel findet sich in: KEES WAAIJMAN, *Der mystische Raum des Karmel: Eine Erklärung der Karmelregel*, 1997, S. 22–33 (Kurztitel = **Karmelregel**).

schen Bemühungen gegenüber den anderen Mendikantenorden entstand eine reiche literarische Wirksamkeit der Karmeliten auch an den Universitäten. Das wirkungsgeschichtlich einflußreichste Werk ist neben zahlreichen Eliakommentaren die *Institutio primorum monachorum.* Durch die Verbreitung der Skapulierfrömmigkeit erfreute sich der Orden auch bei den Gläubigen rasch großer Beliebtheit. Doch erst durch die 1452 von Papst Nikolaus V. (1447–1455) promulgierte Bulle *Cum Nulla* (Bullarium, Bd. 1, S. 233 f.) wurden unter dem Ordensgeneral Johannes Soreth (1451–1471) erstmals in Geldern und am Niederrhein Frauen in den Orden aufgenommen. Meist handelte es sich um bereits bestehende Konvente von *Beginen, Beatinnen, Mantellatinnen* und frommen Jungfrauen, die die Karmelregel als Lebensgrundlage annehmen wollten.

Institutio primorum monachorum: die geistliche Regel des Karmel, entstand im 14. Jahrhundert. Der Anfang des umfangreichen Werkes ist in deutscher Sprache zugänglich: *Das Buch der ersten Mönche,* hrsg. von Camillus Lapauw, 1980.

Bullarium Carmelitarum plures complectus summorum pontificum constitutiones, 2 Bde, hrsg. von Eliseo Monsignano, Rom 1715–1718 (Kurztitel = **Bullarium**).

Begine (lat. beguinae – fromme Jungfrauen und Witwen): führte ohne eigentliche Klostergelübde ein klosterähnliches Gemeinschaftsleben. ***Beata*** (span. – Laienschwester, Begine): die vor allem in Spanien übliche Bezeichnung für Beginen) ***Mantellatin***: Bezeichnung für Mitglieder eines Dritten Ordens, die in der Welt leben, aber durch die Annahme einer Ordensregel und ein Versprechen eine geistliche Bindung an einen bestehenden Orden eingegangen sind. Sie gab es bei den Dominikanern, Franziskanern, Karmeliten u. a.

Das Kloster Encarnación, in das Teresa eintrat, war das erste Beaterio dieser Art in Kastilien, das der Karmelregel folgte. Die kleine Gemeinschaft von Beatinnen ohne öffentliche Gelübde, ohne Klausur und typische Elemente des monastischen Lebens wurde am 25. Juni 1479 kanonisch errichtet, nachdem ihnen im Auftrag des Bischofs die Karmelregel und der Habit übergeben worden waren. 1484 ließ sie sich in einem kleinen Haus in der Calle del Lomo nieder, das in der Nähe des Handelszentrums der Stadt, dem Mercato Chico, lag. Bald zeigte sich, daß das Haus für die Bedürfnisse der Beatinnen unzureichend war: Es hatte keinen Garten, lag mitten in der Stadt, besaß keine Krankenstation und kein Rekreationszimmer und konnte von allen Seiten eingesehen werden. Allerdings grenzte es von einer Seite an die ehemalige jüdische Synagoge, die Kirche *Todos los Santos,* die der Bischof ihnen 1485 geschenkt hatte. Mit dem Eintritt von Doña Beatriz Guiera, die bei den Dominikanerinnen zur Nonne erzogen worden war, erfuhr das Gemeinschaftsleben eine Monastisierung (Umwandlung in ein Kloster, verbunden mit der Veränderung der Rechtsstellung und der Lebensverpflichtungen: Chorgebet, öffentliches Gehorsamsgelübde, klösterliche Strukturen). Am 18. November 1500 wurde zum ersten Mal eine öffentliche Profeß abgelegt. Um der eigenen Lebensweise besser entsprechen zu können, plante man auf einem außerhalb der Stadtmauern gelegenen Grundstück, auf dem sich ein ehemaliger jüdischer Friedhof befand, einen Neubau. Das Gebäude wurde groß und weitläufig angelegt und umfaßte Chor und Kirche *Corpus Christi Domini Nostri* (der Leib Christi unseres Herrn), Einzelzellen und Schlafräume, Kapitelsaal, Speiseraum, Sprechzimmer, Pforte etc. Die Einweihung des Klosters am 4. April 1515 fällt mit dem Tauftag der hl. Teresa zusammen. Nach der Übersiedelung erlebte das Kloster einen großen Zulauf. Die Zahl der Schwestern stieg von 1535–1565 von 40 auf ca. 180 an, dazu kamen noch Angestellte, Verwandte und Gäste. Dieses rasche Wachstum des Konventes führte zu großen finanziellen Schwierigkeiten und einer Verarmung, die gravierende Folgen für die Lebensweise der Schwestern hatte. Obwohl man von Doten, Schenkungen, Almosen, Erträgen aus Besitztümern, Pacht, Mietzins und der eigenen Arbeit lebte, fehlte es viele Jahre selbst am nötigen Brot, weil die Ausgaben des Klosters dreimal so hoch waren wie die Einnahmen. 1565 bekam jede Schwester pro Tag 150 Gramm Brot und Fleisch zu essen. Aus diesem Grund waren viele auf familiäre Unterstützung angewiesen. Soziale Klassenunterschiede, die aus der jeweiligen Herkunft der Schwestern resultierten, fanden im Kloster ihre Entsprechung in der Trennung von adligen Doñas und einfachen Señorías und einer standesgemäßen Lebensweise. Die wohlhabenden Doñas konnten große Einzelzellen mit eigener Kü-

Doten: Beim Eintritt ins Kloster mitgebrachtes Vermögen, das nicht verbraucht werden darf. Nur die Zinserträge fließen dem Kloster zu.

che erwerben, während die Mehrzahl der Schwestern im gemeinsamen Dormitorium schlafen mußte. Die Übernahme von Ämtern und Diensten für die Gemeinschaft wurde vergütet und Privateigentum, Aufenthalte außerhalb des Klosters und die Pflege guter Beziehungen zu Wohltätern waren eine wichtige Überlebensgrundlage. Das Gemeinschaftsleben war auf ein Minimum reduziert. Aufgrund der Armut bekam jede Schwester nur zwei Habite, einen für den Alltag und einen für offizielle Akte. Sie wurden aber nur bei besonderen Anlässen wie dem täglichen Chorgebet, beim Kapitel, bei der heiligen Messe etc. getragen. Daher stellte das äußere Erscheinungsbild der Kommunität einen Spiegel der vorherrschenden Heterogenität dar. Alle Schwestern lebten zwar nach einer gemeinsamen Ordnung, waren zum Chorgebet, zur heiligen Messe und zu den Akten der täglichen Frömmigkeit verpflichtet, aber die Übungen der Frömmigkeit waren individuell sehr unterschiedlich ausgeprägt. Das Stundengebet wurde gesungen. Es ist nicht sicher, ob der Konvent das ordenseigene *Breviarium Carmelitarum* verwendete oder das bis zur Einführung des *Breviarium Romanum* 1568 für die Diözese Ávila gültige *Breviarium Abulense* (Stundengebetbuch der Diözese), das wahrscheinlich billiger zu bekommen war. Alle 15 bis 20 Tage durften die Schwestern normalerweise kommunizieren, alle fünf Tage war der Empfang des Bußsakramentes vorgesehen. Zur Spendung der Sakramente kamen die Karmeliten aus dem Kloster *El Carmen,* die seit 1378 in Ávila bei der Pfarrkirche St. Silvester ansässig waren.

Die Karmeliten folgten vor der Einführung des Römischen Breviers dem Ritus vom Heiligen Grab in Jerusalem.

Als Doña Teresa de Ahumada ins Kloster Encarnación eintrat, hatte es den Ruf, eine offene Gemeinschaft zu sein.

Teresas erste Ordensjahre

Teresa durchlebte zuerst eine einjährige Probezeit, bevor sie am 2. November 1536 das Ordensgewand empfing. Teresa erinnert sich: „Sofort verspürte ich ein großes inneres Glück in jener Lebensform zu stehen, das mich bis heute nie mehr verlassen hat, und Gott verwandelte die Trockenheit meiner Seele in tiefste Beseligung. Alles, was mit dem Kloster zu tun hatte, machte mir Freude" (Vida 4,2). Vor der Einkleidung legte ihr Vater Don Alonso ihre Mitgift fest: Sie bestand aus 75.000 Maravedís (Münzgeld) sowie jährlich 25 Fanegras Weizen oder 200 Golddukaten. Ferner übernahm er die Kosten für die Einkleidung und die Profeß. Diese Mitgift wurde am 31. Oktober 1536 vom Kapitel angenommen, ihr Wert entsprach der Mitgift der gehobenen Mittelschicht. Ihrem Stand entsprechend verfügte Teresa im Kloster über eine eigene, sehr geräumige, zweistöckige Zelle mit einem eigenen Oratorium und einer eigenen Kochgelegenheit (vgl. Vida 32,10). Nach dem einjährigen Noviziatsjahr, in dem sie in die Spiritualität und Lebensweise ihres Klosters eingeführt wurde, legte sie am 3. November 1537 unter dem Ordensgeneral Nicolás Audet (1481–1562) mit „Entschlossenheit und Zufriedenheit" in die Hände der Priorin Francisca del Aguila ihre Profeß ab. Man kennt nicht den genauen Wortlaut der Profeßformel Teresas, man weiß aber, daß die Formel vor dem Konzil von Trient nur das Gelübde des Gehorsams umfaßte. Mit der Profeß wurde Teresa endgültig in den Orden und in die Klostergemeinschaft aufgenommen und hatte Sitz und Stimme im Kapitel.

Kurz nach ihrer Profeß wurde Teresa schwer krank, hatte starke Herzbeschwerden und wurde immer häufiger bewußtlos. Daraufhin entschloß sich ihr Vater, sie zu einer Heilerin nach Becedas zu bringen, das etwa 80 Kilometer von Ávila entfernt ist. Auf dem Weg dorthin verbrachte sie auch eine Zeit bei ihrem Onkel Don Pedro de Cepeda. Von ihm erhielt sie das *Tercer parte del libro llamado Abecedario* des Franziskaners Francisco de Osuna (1492–1541), das ihr das innere Beten nahebrachte. Denn wie sollte sie im Gebet wachen? „Obwohl ich in diesem ersten Jahr gute Bücher gelesen hatte (denn von den anderen wollte ich nichts mehr wissen, da

Das Werk des Franziskaners, der zur Gruppe der *recogidos* (Gesammelte) gehörte, erschien erstmals 1527. Seitdem wurde es oft aufgelegt. Die letzte spanische Ausgabe: FRANCISCO DE OSUNA, *Tercer abecedario espiritual*, hrsg. von Saturnino López Santidrián, Madrid 1998. Auf Deutsch gibt es nur eine minimale Teilübersetzung von Erika Lorenz. Der Text ist im Internet zugänglich unter: http://www.serviciocatolico.com/Biblio/espiritualidad/franciscoosuna/oo-index.html

ich schon begriffen hatte, welchen Schaden sie mir zufügten), wußte ich doch nicht, wie ich beim Beten vorgehen noch wie ich mich sammeln sollte. So freute ich mich sehr über dieses Buch und entschloß mich, diesen Weg mit all meinen Kräften zu gehen" (Vida 4,7). Durch Francisco de Osuna wurde Teresa ins *Gebet der Sammlung* eingeführt und mit der Gedankenwelt der *devotio moderna* konfrontiert. Teresa übte sich fortan darin, in das Innere ihrer selbst einzutreten, das Denken von allem Gegenständlichen abzuziehen (nichts zu denken) und den Geist zum Übernatürlichen zu erheben. Bitter empfand sie es, daß sie keinen im Gebet *erfahrenen* Lehrmeister oder Beichtvater fand. Die ersten zwanzig Jahre ihres Ordenslebens versuchte sie daher, sich die Gebetsmethoden allein durch autodidaktische Aneignung von geistlicher Literatur zu erschließen, so daß die Bücher ihr Lehrmeister wurden (vgl. Vida 4,7), aber es fehlte ihr jemand, der ihr geholfen hätte, die praktischen Schwierigkeiten zu überwinden. Ihr fehlte ein Korrektiv. „(...) das war meine Art zu beten: Wenn ich an einen bestimmten Abschnitt der Leidensgeschichte dachte, stellte ich ihn mir innerlich vor, obwohl ich die meiste Zeit mit dem Lesen guter Bücher verbrachte, worin meine ganze Erholung bestand. Denn Gott hat mir weder Talent zum diskursiven Nachdenken mit dem Verstand verliehen noch die Begabung, mich meiner Vorstellungskraft zu bedienen (...) Wenn es dem Willen und Empfinden an etwas Konkretem fehlt, (...) bleibt die Seele gleichsam ohne Stütze und Betätigung, und folglich setzen ihr die Einsamkeit und Trockenheit sehr zu, und die Gedanken liefern ihr schwere Kämpfe" (Vida 4,7). Während sie bei ihrem Onkel auf den Beginn der Kur bei der Heilerin wartete, setzte sie sich intensiv mit dem Leiden auseinander. Sie las den Hiobkommentar Gregors des Großen, der ihr in den kommenden Jahren eine große innere Stütze werden sollte. Im Rückblick erlebte Teresa diese Zeit vor der Kur wie eine von Gott gefügte Phase der Vorbereitung, um die Krankheit überstehen zu können.

Gebet der Sammlung: deutsche Wiedergabe des spanischen Ausdrucks *oración de recogimiento*.

Teresa verwendete die kastilische Übersetzung: *Los Morales de* San Gregorio Papa, Doctor de la Iglesia, übers. von Alonso Álvarez de Toledo, Sevilla 1514.

Denn die Kur hatte entsetzliche Folgen: „Nach zwei Monaten war ich durch die Medikamente mit dem Leben fast am Ende, und die Schärfe des Herzleidens, zu dessen Heilung ich gekommen war, hatte sich sogar noch verschlimmert. (...) Wegen des großen Kräfteverfalls, und weil ich ständig Fieber hatte und ganz erschöpft war, (...), war ich so abgemagert, daß sich meine Nerven unter unerträglichen Schmerzen zu verkrampfen begannen“ (Vida 5,7). Aus diesem Grund wurde Teresa von Becedas in ihr Elternhaus zurückgebracht. Dort erlitt sie eine totale Lähmung und fiel in ein viertägiges Koma. Man dachte, sie sei tot, aber sie erwachte, doch sie blieb gelähmt. Acht Monate lang konnte sie nur einen kleinen Finger bewegen, danach traten langsame Besserungen ein. Was mag diese Zeit der Prüfung für Teresa bedeutet haben? Sie bezeugt: „Es sieht so aus, als habe der Herr damit, und daß ich begonnen hatte, das innere Beten zu pflegen, vorgesorgt, damit ich alles mit soviel Gleichmut aushalten konnte. Ich war ständig mit ihm im Gespräch und hatte dabei folgende Worte Hiobs die ganze Zeit über in meinem Kopf und sagte sie mir vor: ‚Da wir das Gute aus der Hand des Herrn angenommen haben, warum ertragen wir dann nicht auch das Schlimme‘ (Hiob 2,10)? Ich glaube, das gab mir Kraft“ (Vida 5,8). Die Lähmung dauerte noch fast drei Jahre, von ihrem 25. bis zu ihrem 27. Lebensjahr. Aber Teresa gab die Hoffnung auf Genesung nicht auf. „(...) mein Verlangen, gesund zu werden, bestand deshalb, um im Gebet allein zu sein, wie ich es gewohnt war, denn im Krankenzimmer ging das nicht.“ Teresa glaubte, daß sie Gott als Gesunde mehr dienen könnte, und daher begann sie, um ihre Genesung zu beten. Das schier Unglaubliche trat ein: Eines Tages konnte sie wieder laufen. Die Lähmung war auf die Fürbitte des hl. Josef verschwunden. „(...) er hat gezeigt, wer er ist, da er bewirkte, daß ich aufstehen und herumlaufen konnte und nicht länger gelähmt war“ (Vida 6,8). Kann man erahnen, was diese Erfahrung körperlicher Ohnmacht und das völlige Angewiesensein auf fremde Hilfe für die junge Frau bedeutet haben mag? Wußte sie, woran sie litt? Wie ging sie mit ihrer Erkrankung um? Wie änderte sich in dieser Zeit des Geworfenseins auf Gott ihre Beziehung zu ihm?

Vorsichtig deutete Teresa den inneren Wandel an, der sich in ihr vollzog und der sie die Angst überwinden lehrte, mit der sie eingetreten war: „Etwas Großes war es, daß er mir die Gnade, die er mir geschenkt hatte, im Gebet geschenkt hatte, denn dieses ließ mich begreifen, was es heißt, ihn zu lieben“ (Vida 6,3).
Dennoch wurde Teresa auch nach ihrer Genesung von vielen Versuchungen bedrängt. Die schlimmste war, daß sie aus vermeintlicher Demut wegen ihrer Sünden und Unzulänglichkeiten das innere Gebet unterließ. Ihrem Vater gegenüber, den sie selbst in dieser Gebetsform unterwiesen hatte, schämte sie sich deswegen sehr. In ihrer Lebensbeschreibung bekennt sie, gemäß der im Kloster üblichen Gepflogenheit häufig das Gespräch mit Bekannten und Wohltätern gesucht zu haben, um sich abzulenken. Es fehlte ihr eine geistliche Begleitung und Unterweisung. Als ihr Vater schwer erkrankte, kehrte sie für eine Zeitlang in ihr Elternhaus zurück, um ihm beizustehen. Als er in ihrem Beisein am 26. Dezember 1543 starb, empfand sie seinen Tod sehr schmerzlich. „Obwohl ihn zu verlieren für mich der Verlust meiner ganzen Habe und Wonne bedeutete (denn das war er für mich stets), brachte ich den Mut auf, ihm meinen Schmerz nicht zu zeigen, (...) auch wenn es mir vorkam, als würde man mir die Seele herausreißen, als ich sein Leben langsam zu Ende gehen sah, denn so lieb hatte ich ihn“ (Vida 7,14). Die Öffnung des väterlichen Testaments bereitete ihr eine weitere Enttäuschung und Ernüchterung: Ihr Vater war finanziell bankrott. Weil es ihm als „Adligem“ untersagt gewesen war, einem Einkommenserwerb nachzugehen, hatte er von den Mitgiften seiner Ehefrauen leben müssen. Nach der Testamentseröffnung brachen heftige familiäre Streitigkeiten aus, die bis zu Prozessen führten. Auf diese Weise wurde Teresa noch einmal mit den Folgen ihre Herkunft aus Judenkonversen-Kreisen konfrontiert und in ihrer Ablehnung von „Standesidealen“ bestärkt. Neben dem Verlust ihres Vaters, der sie bisher immer auch finanziell unterstützt hatte, bedeutete ferner die Auswanderung von insgesamt sieben Brüdern Teresas nach Amerika für sie eine neue Erfahrung von Einsamkeit. So blieb sie noch eine Zeitlang bei ihrem Onkel Francisco Álvarez de Cepeda und suchte Trost und Rat beim

Vincente Barrón: der erste Dominikaner, der einen großen geistlichen Einfluß auf Teresa ausübte, Professe von St. Esteban in Salamanca, Professor von Santo Tomás in Ávila. Teresa schätzte seine Gelehrsamkeit sehr.

Beichtvater ihres Vaters, Vincente Barrón; dieser ermutigte sie, wieder mit dem inneren Beten zu beginnen. „So begann ich es (das innere Beten) wieder aufzunehmen, wenn auch nicht ebenso die Gelegenheiten zur Sünde zu vermeiden und habe es nie wieder aufgegeben. Ich führte nun ein äußerst zermürbendes Leben, denn beim Beten erkannte ich meine Verfehlungen noch klarer. Einerseits rief Gott mich immer wieder, andererseits lief ich der Welt nach. Alles, was mit Gott zu tun hatte, machte mich ganz glücklich, aber zugleich hielten mich die weltlichen Dinge gefangen. Es sah so aus, als wollte ich diese beiden Gegensätze miteinander in Einklang bringen" (Vida 7,17). Unter der geistlichen Leitung von Vincente Barrón verblieb sie die folgenden Jahre.

Während man ihrer *Vida* über den folgenden Lebensabschnitt nur wenige äußere Ereignisse entnehmen kann, wird aus der Chronik des Klosters Encarnación ersichtlich, wie sie ihre Verantwortung als *Kapitularin* wahrnahm. Im Juli 1545 war sie beim Notar zugegen, als die Streitigkeiten um mit der Dotation (Schenkung) Don Bernardo Robles verbundenen testamentarischen Verpflichtungen durch ein Reskript vorläufig geklärt wurden. Denn die Schwestern waren den immensen Gebetsverpflichtungen nicht mehr nachgekommen, die der Verstorbene als Gegenleistung für ein beträchtliches Vermögen erbeten hatte. Die Verpflichtung der Dotation, daß ständig eine Schwester mit einer brennenden Kerze in der Kirche vor dem Allerheiligsten für den Verstorbenen beten sollte, wurde in die tägliche Rezitation der sieben Bußpsalmen abgewandelt. Diese Dotation war viele Jahrzehnte Anlaß zu Streitigkeiten. Denn einerseits war der Konvent aufgrund der großen Armut auf dieses Geld angewiesen, andererseits war er mit der Praxis der zusätzlichen Gebetsverpflichtungen überfordert. Im Spätsommer 1548 begab sich Teresa zusammen mit ihrer jüngsten Schwester Juana auf eine Pilgerfahrt

Kapitularin: Schwester mit feierlichen Gelübden, die daher Stimmrecht im ***Kapitel***, dem Entscheidungsgremium des Klosters, hat.

zum Schrein „Unserer Lieben Frau von Guadalupe“, einem in Kastilien sehr bekannten Marienwallfahrtsort. Die näheren Umstände und der Grund für diese Wallfahrt sind nur schwer zu ermitteln. Es könnte mit den testamentarischen Prozeßstreitigkeiten oder mit der Gefährdung ihrer Brüder in Quito zusammenhängen. Oft weilte sie außerhalb des Klosters, sei es aus Krankheitsgründen, aus materieller Not, oder auf Wunsch ihrer Oberen, was dem Fortschritt ihres geistlichen Lebens sehr abträglich war, wie sie selbst berichtet: „Für mich war der Nachteil dieses Ausgehens schon groß, auch wenn ich diejenige war, die davon am meisten Gebrauch machte, weil einige Personen, denen meine Oberen nicht absagen konnten, mich gern in ihrer Gesellschaft hatten, so daß sie, dazu gedrängt, es mir auftrugen. Und so konnte ich, wie es sich nach und nach ergab, nur noch selten im Kloster weilen“ (Vida 32,9). Diese ständig wechselnden Aufenthalte blieben nicht ohne Folgen. Bis 1554 durchlebte sie eine Phase innerer Zerrissenheit und Trockenheit. „Wenn ich in den Freuden der Welt weilte, war es mit Schmerz, sobald mir einfiel, was ich Gott schuldete. Wenn ich bei Gott weilte, beunruhigten mich meine Bindungen an die Welt. Das ist ein so harter Kampf, daß ich nicht weiß, wie ich das auch nur einen Monat lang aushalten konnte, geschweige denn so viele Jahre“ (Vida 8,2). In dieser Zeit hatte Teresa trotz persönlicher Anstrengungen große Schwierigkeiten mit dem inneren Beten. „Und ganz, ganz oft gab ich einige Jahre lang mehr auf mein Verlangen acht, daß die Zeit, die ich mir zu bleiben vorgenommen hatte, bald zu Ende ginge, und darauf, auf das Schlagen der Uhr zu lauschen als auf andere gute Dinge. (…) Und das ist gewiß, daß die Gewalt, die mir der Böse oder auch meine schlechten Gewohnheiten antaten, nicht zum inneren Beten zu gehen, und die Traurigkeit, die mich beim Eintritt in den Gebetsraum befiel, so unerträglich waren, daß ich meinen ganzen Mut zusammennehmen mußte, (…) um mich zu zwingen; doch am Ende half mir der Herr. Und nachdem ich mir diese Gewalt angetan hatte, fand ich zu mehr Ruhe und Wonne als zu manch anderen Zeiten, in denen ich mich danach sehnte, Gebete zu verrichten“ (Vida 8,7). Teresa schrieb den Mangel an geistlichem Fortschritt ihrer

Unentschiedenheit, dem unzureichenden Gottvertrauen und der nicht konsequent gelebten Hingabe zu. „Ich suchte nach Abhilfe, machte Anstrengungen, verstand aber wohl nicht, daß all das wenig nützt, wenn wir unser Vertrauen nicht ganz auf Gott setzen, nachdem wir das Vertrauen auf uns ganz und gar aufgegeben haben“ (Vida 8,12). In der Konfrontation mit dem eigenen Unvermögen erkannte sie, daß das Gebet keine Technik ist, die man methodisch erlernen kann, sondern die lebendig gelebte Beziehung zu Gott. „Wie gewiß ist es doch, daß du den erträgst, der es erträgt, daß du bei ihm bist! Was für ein guter Freund bist du, Herr! Wie verwöhnst und erträgst du ihn dauernd und erwartest, daß er sich deiner Art angleicht, und erträgst in der Zwischenzeit seine“ (Vida 8,6). Die kurzen Gebetserfahrungen weckten in Teresa die Sehnsucht nach Gott selbst, nach dem wahren Leben, nach der Befreiung aus den schlechten Lebensgewohnheiten und falschen Kompromissen, die Sehnsucht nach der endgültigen Bekehrung.

Die Bekehrung – der Einbruch des göttlichen Lichtes

In der Fastenzeit 1554 wurde sie beim Eintritt in ihr Oratorium zutiefst vom Mysterium des Leidens Christi erschüttert, das sie beim Anblick einer Darstellung des verwundeten Christus erfaßte. „Das, was ich empfand, weil ich mich für diese Wunden kaum dankbar gezeigt hatte, war so gewaltig, daß es mir war, als würde es mir das Herz zerreißen. Aufgelöst in Tränen warf ich mich vor ihm nieder und flehte ihn an, mir ein für allemal Kraft zu geben, ihn nicht mehr zu beleidigen“ (Vida 9,1). Dies ist die entscheidende Wende ihres Lebens: ihre endgültige Bekehrung. Sie öffnete sich für das Wirken Gottes und wurde durch die Erfahrung seiner Liebe zu ihr, die sich ihr im Leiden Christi offenbarte, angeregt, ihr Vertrauen allein auf Gott zu setzen. Aus diesem Grund teilt das Datum ihrer Bekehrung im Alter von 39 Jahren Teresas Leben: es beginnt ein irreversibler Prozeß der Umformung ihres Lebens in das Leben Christi. So bezeugt sie es im Rückblick: „Es ist ein anderes, neues

Leben. Das bis hierher war meines; das, was ich gelebt habe, seitdem ich diese Gebetserfahrungen zu erläutern begann, ist, wie mir scheint, das, was Gott in mir lebte. (...) Der Herr sei gepriesen, daß er mich von mir selbst befreit hat" (Vida 23,1). Unmittelbar nach diesem Ereignis fielen Teresa die *Confessiones* von Augustinus in die Hände, die im Januar 1554 auf Kastilisch erschienen waren. Die Lebensbeschreibung und vor allem die Erzählung der Bekehrung des Kirchenvaters Augustinus beeindruckten sie sehr und ermutigten sie auf ihrem eigenen Weg, so daß sie sich nun verstärkt dem inneren Beten widmete und bestrebt war, alle Gelegenheiten zum Sündigen zu vermeiden. „Was, mein Gott, macht doch eine Seele durch, wenn sie die Freiheit verliert, die sie hatte, um Herrin zu sein, und was für Qualen erleidet sie! Ich glaube, daß meine Seele von der göttlichen Majestät große Kräfte erlangte, und daß sie meine Hilferufe hören und bei meinen Tränen mitfühlen mußte" (Vida 9,8f.). Befreit von sich selbst erfährt Teresa erstmals mystische Erlebnisse: das Gebet der Ruhe bis zur Vereinigung mit Gott.

Aurelius Augustinus: einer der vier lateinischen Kirchenlehrer, verfaßte eine geistliche Autobiographie, die B*ekenntnisse – Confessiones,* die wirkungsgeschichtlich bis heute zu den einflußreichsten Schriften geistlicher Literatur zu rechnen ist. Teresa las die erste spanische Übersetzung: Aurelius Augustinus, *Confessiones,* übers. von Sebastián Toscano, Salamanca 1554.

Obwohl sie im Gebet die Gewißheit hatte, sich nicht zu täuschen, war sie nach dem Gebet verunsichert. Angst und Unruhe befielen sie. „Als ich sah, daß sich meine Angst immer mehr verschlimmerte, weil mein Gebet tiefer wurde, schien mir, daß dahinter entweder ein großes Gut oder etwas ganz Schlimmes steckte. Ich verstand nämlich sehr wohl, daß das, was da in mir war, etwas Übernatürliches war" (Vida 23,5). War das, was sie da erlebt hatte, wirklich dem Wirken Gottes zu verdanken, oder war es ein Produkt ihrer Einbildungskraft oder eine List des Teufels, um sie vom Gebet abzuhalten? Teresa konnte zu dieser Zeit weder ihre eigenen Erfahrungen in Worte fassen noch fand sie selbst eine Erklärung für das, was sie erlebte. „(...) da bestand die Schwierigkeit, daß ich zu dem, was mein Beten war, weder viel noch wenig sagen konnte, denn die Gnade, verstehen zu können, was es ist, und es auch sagen zu können, hat Gott mir erst vor kurzem geschenkt" (Vida 23,11). Auf der Suche nach Gewißheit und Befreiung aus ihrer Angst zog sie nun zum einen Beichtväter und Theologen zu Rate, zum anderen griff sie erneut nach dem bewährten Mittel der Lektüre von geistlichen Werken in ihrer Muttersprache. Im Ringen um eine ihr gemäße Ausdrucksmöglichkeit für ihre Gebetserfahrungen fand sie zunächst geeignete Hilfestellung bei dem Werk *Subida del Monte Sion* von Bernardino de Laredo (1482–1540). „Als ich Bücher durchschaute, um zu sehen, ob ich damit mein Beten, das ich hatte, beschreiben könnte, fand ich in einem mit dem Titel *Aufstieg auf den Berg* dort, wo es um die Einung der Seele mit Gott geht, alle Anzeichen, die ich bei jenem Nichtsdenken aufwies, denn das war es, was ich meistens sagte: daß ich an nichts denken konnte, wenn ich dieses Gebet hatte. Und so unterstrich ich Stellen, die zutrafen" (Vida 23,12). Bezeugt ist auch ihre Lektüre der *Via Spiritus* von Bernarbe de Palma, *Audi filia* von Luis de León (1527–1591), *Arte para Servir a Dios* von Alonso de Madrid, den *Collationes* von Cassian (ca. 360–435), der *Vita Christi* von Ludolf von Sachsen (1300–1378), den Werken *Libro de la oración y meditación, Guia de pecadores, Manual de diversas oraciones* von Luis de Granada (1504–1588), der *Nachfolge Christi* von Thomas von Kempen (1380–1471) und der Schriften von Pedro de Alcantara (1499–1562). Wahrscheinlich kannte sie auch das Opus *Exercitatorio de la vida espiritual* vom repräsentativsten Vertreter der *devotio moderna*, des Benediktiners García de Cisneros (1455–1510). Er hatte mit seinem Buch eine Kompilation von Büchern dieser einflußreichen geistlichen Bewegung geschaffen und mit großer Nüchternheit und praktischem Sinn eine Methode des inneren Gebetes entfaltet. Wirkungsgeschichtlich bedeutsam war seine Einführung der zweistündigen Betrachtungszeit für das Gemeinschaftsleben. Doch Teresa war nicht nur durch die Lektüre mit den neuen geistlichen Bewegungen

Nähere Informationen zu Bernardino de Laredo und Francisco de Osuna unter: http://www.franciscanos.org/enciclopedia/menud.html

vertraut. Spätestens seit der Errichtung des Studienkollegs San Gil in Ávila hatte die Heilige auch von der neuen geistlichen Gemeinschaft der Jesuiten gehört. Was sie von deren Lebens- und Gebetsweise aus dem Exerzitienbüchlein des hl. Ignatius vernommen hatte, war ihr so sympathisch, daß sie sogar erwog, neue Kontakte zu diesen Patres aufzubauen „Aber ich fühlte mich nicht würdig, mit ihnen zu sprechen, und auch nicht stark genug, ihnen zu gehorchen, was mir noch mehr Angst machte, denn mit ihnen umzugehen und doch die zu sein, die ich war, kam mich sehr schwer an" (Vida 23,3). Dabei erlag sie der Täuschung, das Aufgeben ihrer schlechten Gewohnheiten sei die Voraussetzung für den Umgang mit ihnen. „Er weiß schon, daß die ganze Abhilfe für eine Seele im Umgang mit Freunden Gottes besteht, doch es führte kein Weg dahin, daß ich mich dazu entschlossen hätte. Ich wartete darauf, mich erst zu bessern" (Vida 23,4). Da sie die Angst immer mehr bedrängte, im Gebet einer Täuschung zu unterliegen, suchte sie zunächst Magister Gaspar Daza († 1592) auf, einen Weltpriester von Ávila, der den Ruf eines begnadeten Predigers hatte und in Kontakt zu kirchlichen Reformkreisen wie den Spiritualen stand. Gaspar Daza machte sie auch mit seinem Freund, dem Edelmann Francisco de Salcedo (der sich nach dem Tod seiner Frau zum Priester der Diözese Ávila weihen ließ, † 1580) bekannt, der dem inneren Beten sehr ergeben war. Woher rührte Teresas Angst vor einer dämonischen Täuschung, die sie in dieser Zeit sehr bedrängte? Ist es nur das Unverständnis ihrer eigenen Erfahrung und ihrer Deutung, oder hatte sie eine konkrete Veranlassung?

Teresa war durch ihre umfassende Lektüre geistlicher Schriftsteller in der Muttersprache und durch persönliche Kontakte gut informiert über die verschiedenen geistlichen Strömungen ihrer Zeit, insbesondere über deren Verhältnis zur Kirche und ihre Gebetspraxis. Insbesondere die *Alumbrados* und *Illuminaten,* die *Dejados* und die *Spiritualen* hatten eine große Verbreitung in den

Alumbrados (span. die Erleuchteten): mystische Bewegung, die zunächst von reformierten Franziskanern gefördert wurde und den passiven Aspekt der Vereinigung der Seele mit Gott betonte.

Illuminaten (die Erleuchteten): Vertreter des *Illuminismus*, falsche „Mystiker", die behaupteten, eine unmittelbare Beziehung zu Gott zu haben. Die menschliche Seele könne eine solche Vollkommenheit erlangen, daß sie das Wesen Gottes selbst verstehe. Der Empfang der Sakramente sei nicht nötig, und das Ziel des vollkommenen Christenlebens bestehe in der völligen Aufhebung der eigenen Aktivität, im Verlust der Individualität und im Eingehen in Gott.

Dejados (span. *dejar* – loslassen): Propheten der Passivität, die alle äußeren Werke ausschlossen, um für die Liebe Gottes empfänglich zu werden. Sie bildeten eine geistliche Sekte um ihren Führer Ruiz de Alcaraz.

verschiedensten Schichten der Gesellschaft. Der Humanismus war an den Universitäten Gegenstand lebhafter Auseinandersetzung, und man fürchtete, auch in Spanien könnten die reformatorischen und lutherischen Gedanken Fuß fassen. Doch Teresa stand dem innerlichen Christentum eines Erasmus von Rotterdam (1466–1536) mit seiner Unterbewertung des mündlichen Gebetes fern (vgl. Vida 32,11; 33,5; 31,4). Auch die Verachtung des „mündlichen wie des liturgischen Gebetes" der Alumbrados konnte sie nicht befürworten. Teresa rechnete sich am ehesten der Gruppe der sogenannten Spiritualen zu, die dem inneren Gebet gegenüber dem mündlichen den Vorrang einräumten, ohne aber letzteres abzuwerten oder geringzuschätzen. Durch Skandale aus den Kreisen der Alumbrados und Espirituales, insbesondere durch den aufsehenerregenden Inquisitionsprozeß gegen die Äbtissin des Klarissenklosters von Cordoba, Magdalena de la Cruz, und María de Santo Domingo war das Mißtrauen der Theologen und der kirchlichen Hierarchie gegenüber den spirituellen Bewegungen groß. Denn das innere Beten konnte zu einer Kultivierung privater Inspiration werden, die sich der Kontrolle der Kirche entzog, während man das öffentliche Gebet der Kirche in seiner vorgegebenen Struktur als notwendig für die Gesellschaft erachtete. Daher mußte Teresa fürchten, sie könnte mir ihren mystischen Erfahrungen und Visionen wie eine dieser „Betrügerinnen" betrachtet werden, oder erliege im schlimmsten Fall gar selbst einer Täuschung.

„Da in diesen Zeiten bei einigen Frauen schlimme Wahnbilder und Täuschungen aufgetreten waren, die der Böse ihnen vorgaukelte, begann ich mich zu fürchten" (Vida 23,2). „Als ich sah, daß sich meine Angst

immer mehr verschlimmerte, weil mein Gebet tiefer wurde, (...) merkte (ich), daß meine Seele nicht die Kraft hatte, um da allein in so großer Vollkommenheit herauszukommen" (Vida 23,5). In dieser Verfassung wandte sich Teresa an Gaspar Daza, der sie mit großer Entschlossenheit wie eine starke Seele zu führen begann. Doch Teresa fühlte sich in der Unterredung mit ihm wie auch mit seinem Freund Francisco de Salcedo nicht verstanden. Im Gegenteil: Deren rigoroses Vorgehen schadete ihr und stürzte sie in tiefe Traurigkeit. „Da ich merkte, daß er die Angelegenheiten meiner Seele als etwas ansah, mit dem ich auf einmal fertig zu werden hatte, sah ich ein, daß viel mehr Behutsamkeit vonnöten war. Schließlich begriff ich, daß ich mit den Hilfsmitteln, die er mir gab, keine Abhilfe finden würde, denn sie waren für eine vollkommenere Seele gedacht; und wenn ich auch in den Gnadengeschenken Gottes schon fortgeschritten war, stand ich bei den Tugenden und der Einübung ins Absterben noch ganz am Anfang. (...) Wenn ich nie mit jemandem anderen hätte sprechen können als nur mit ihm, wäre meine Seele, glaube ich, nie weitergewachsen" (Vida 23,8 f.).
Teresa konnte ihre ersten mystischen Erfahrungen nicht in Worte fassen. Daher ließ sie Gaspar Daza und Francisco de Salcedo ein Exemplar der *Subida del Monte Sion* zukommen, in dem sie alle Passagen unterstrich, in denen sie ihre Gebetsweise wiedergegeben sah (vgl. Vida 23,12). Als sie auch mit diesem Mittel an einer Grenze anlangte, versuchte sie aus innerer Notwendigkeit, erstmals einen Bericht über ihren inneren Seelenzustand abzufassen, den sie beiden übergab. Nach eingehender Prüfung kamen beide zu der Ansicht, sie sei entweder krank oder werde im Gebet vom Teufel irregeleitet. Weil sie sich jedoch einer endgültigen Beurteilung der geschilderten Phänomene nicht gewachsen fühlten, verwiesen sie Teresa an die Väter der Gesellschaft Jesu. Auf diese Weise machte Teresa Bekanntschaft mit Diego de Cetina S.J. (1531–1568). Der Dialog mit ihm wurde richtungsweisend für ihre weitere geistliche Entwicklung, denn er gebot ihr, zum inneren Gebet zurückzukehren, sich gegen mystische Erfahrungen und Wonnegefühle zu wehren und stets einen Abschnitt der Leidensgeschichte zum Gegenstand des in-

neren Gebets zu machen. Auf diese Weise wurde Teresas Denken auf die Menschheit Christi ausgerichtet. Teresa fühlte sich zum ersten Mal verstanden – wenn P. Cetina sie auch nicht aus eigener mystischer Erfahrung heraus verstand –, denn der Jesuit führte sie über den Weg der Liebe zu Gott, indem er ihr viel Freiheit ließ. „Er führte mich auf solchen Wegen, daß es aussah, als würde ich ein anderer Mensch. (...) Er ließ mich getröstet und gestärkt zurück, und der Herr half mir und auch ihm, meine Verfassung zu verstehen, und wie er mich zu lenken hatte" (Vida 23,17 f.). Daher war Teresa sehr betrübt, als er versetzt wurde, und hatte Angst vor einem geistlichen Rückschritt.

Um sie auf andere Gedanken zu bringen, wurde sie 1557 von Doña Guiomar de Ulloa, einer eng befreundeten Witwe, eingeladen, einige Zeit bei ihr zu verbringen. Diese vermittelte ihr sogleich einen neuen Beichtvater aus der Gesellschaft Jesu, unter dessen Leitung Teresa ihre erste exstatische Entrückung erlebte (vgl. Vida 24,5). Die Früchte dieser Gotteserfahrung waren Mut, Kraft, Entschlossenheit und die lang ersehnte innere Freiheit. „Gott sei für immer gepriesen, der mir in einem Nu die innere Freiheit schenkte, die ich bei all den Anstrengungen, die ich seit vielen Jahren unternommen hatte, aus mir heraus nicht erreichen konnte, wo ich mir doch ziemlich oft so viel Gewalt antat" (Vida 24,8). Im Haus von Doña Guiomar de Ulloa machte Teresa weitere wichtige und entscheidende Bekanntschaften. 1558 vertraute sie sich der geistlichen Leitung von P. Baltasar Álvarez S.J. (1533–1580) an, der ein Schüler von Juan de la Plaza war. Als dieser Teresa im Alter von 26 Jahren kennenlernte, war er mystisch total unerfahren und las in aller Eile alle ihm zugänglichen mystischen Autoren. In der *Vida de la Madre Teresa de Jesús* von Francisco de Ribera wird von ihm das Eingeständnis überliefert: „Alle diese Bücher habe ich gelesen, um Teresa

Baltasar Alvarez S.J.: einer der bedeutendsten Beichtväter der hl. Teresa. Er war in der Gesellschaft Jesu Novizenmeister, Rektor des Kollegs von Salamanca, Vizeprovinzial von Kastilien, Provinzial von Toledo und Peru und Visitator von Aragón.

FRANCISCO DE RIBERA, *La Vida de la Madre Teresa de Jesús, fundadora de las Descalças y Descalços, compuesta por el Doctor F. de R., de la Compañía de Jesús, y repartida en cinco libros*, Salamanca 1590, I, 1, C. 11, 85.

von Jesus zu verstehen.“ Da Teresas mystische Erfahrungen beständig zunahmen, setzten sich einige Gelehrte mit ihrem Beichtvater zusammen, um sich über ihren Seelenzustand zu beraten. Sie versetzten Teresa mit ihrem negativen Urteil, ihre Erfahrungen seien eine Täuschung des Satans, in Schrecken und innere Unruhe. Man versuchte „den Bösen durch geistliche Repressalien“ in Schranken zu weisen. Daher wurden Teresa sowohl der tägliche Kommunionempfang als auch das innere Gebet untersagt. „Als man mir das innere Beten verweigerte, hatte ich den Eindruck, daß er (Christus) verärgert war. Er sagte mir, daß ich ihnen sagen sollte, daß das schon Tyrannei sei“ (Vida 29,6). Weil ihre eigene Erfahrung im starken Gegensatz zum Urteil ihrer Beichtväter stand, wurde sie von neuem in Angst und innere Einsamkeit gestürzt. Denn obwohl sie die Gebetszeiten unterließ, traten die mystischen Phänomene nun mitten im Alltag in unterschiedlichsten Situationen auf. „Als man mir aufzutragen begann, diese Proben (z. B. sich bekreuzigen) auszuführen und Widerstand zu leisten, nahmen die Gnadenerweise noch viel mehr zu“ (Vida 29,7). Diese weckten in Teresa noch größere Sehnsucht nach der Begegnung mit Gott. „Ich sah mich geradezu sterben vor Sehnsucht, Gott zu sehen, und wußte nicht, wo ich dieses Leben suchen sollte, es sei denn durch den Tod“ (Vida 29,8.). Teresa belastete es in dieser Situation sehr, daß sie keinen Seelenführer hatte, der sie verstand. Wenngleich ihre bisherigen Beichtväter den Reformkreisen angehörten, so war doch keiner mit mystischen Erfahrungen unter ihnen. Unter dieser Unerfahrenheit hatte Teresa sehr zu leiden. Aber sie wurde von Gott in dieser Bedrängnis getröstet: *„Hab keine Angst, Tochter, ich bin es und ich werde dich nicht im Stich lassen; fürchte dich nicht.* (...) allein durch diese Worte war ich so beruhigt, voller Kraft und Mut, Gewißheit, und so voll Ruhe und Licht, daß ich meine Seele in einem Nu ganz verändert erlebte. (...) Seine Worte sind Taten“ (Vida 25,18). Doch diese Ruhe sollte nicht lange anhalten, denn kurz nachdem P. Baltasar ihre geistliche Leitung übernommen hatte, verlor sie den von Kindheit an wichtigsten Lehrmeister: ihre Bücher.

Der Index von Fernando de Valdés

Fernando de Valdés (1483–1568): Professor für Kanonisches Recht in Salamanca, Bischof von Elne, Oviedo, León, ab 1546 Erzbischof von Sevilla, von 1547–1566 Großinquisitor, führte den Prozeß gegen den Erzbischof von Toledo, Bartolomé de Carranza, Promotor der Gründung der Universität Oviedo.

Unter dem Großinquisitor Fernando de Valdés (1483–1568), einem guten Organisator und Juristen, hatte sich die Inquisition zu einer Organisation mit einer wirksamen Struktur bezüglich ihrer territorialen Gliederung, ihrer wirtschaftlichen Gewährleistung und einer umfassenden, kompetenten Personalbesetzung mit reichen bischöflichen Privilegien und Vollmachten entwickelt. Waren die Aktionen der Inquisition bisher auf Personen bezogen gewesen, wurde nun das Buch zum Gegenstand der Unterdrückung und Verfolgung. Es waren zwar bereits in Paris und Löwen kleine Kataloge mit gefährlich eingestuften Büchern erschienen, aber ohne gravierende Konsequenzen. Als 1556 mit der Resignation Karls V. (1500–1558) sein Sohn, Philipp II. (1527–1598), König von Kastilien wurde, strebte man weiter im Sinne der Staatsraison nach der politischen und religiösen Einheit des Landes. Als Antwort auf die Reformation entschied sich Philipp II. für die Anwendung von repressiven Mitteln und suchte sein Land vor Gefahren von außen abzuschotten. 1559 wurde spanischen Studenten verboten, im Ausland zu studieren. Da die gefährlichen Ideen (des Protestantismus und Humanismus) durch den Buchdruck rasche Verbreitung finden konnten, wurde eine Buchzensur erlassen. Drukker bedurften einer Druckgenehmigung; spanische Bücher, die im Ausland hergestellt wurden, durften nicht mehr verkauft werden, Privatpersonen war es untersagt, von Ausländern Bücher zu erwerben. Die Inquisition konnte gegen jeden vorgehen, der ein verbotenes Buch besaß. 1558 kam es zu einer ersten Verbrennung sogenannter verbotener Bücher. Doch dies war nur das Vorspiel für das Erscheinen des *Catalogus librorum* am

Catalogus librorum, *qui prohibentur mandato Illustrissimi et Reverendi.* D. D. FERDINANDI DE VALDES HISPALENSIS ARCHIEPISCOPI INQUISITORIS GENERALIS HISPANIAE. NECNON ET SUPREMI SANCTAE INQUISITIONIS SENATUS, Valladolid 1559. Faksimileedition: *Tres Indices expurgatorios de la Inquisición española en el siglo XVI.*, Madrid 1952.

17. August 1559. Der *Indice inquisitorial de Francisco de Valdés* wurde maßgeblich von Francisco Sancho und Melchior Cano ausgearbeitet. Francisco de Valdés nahm selbst nur die letzte Redaktion vor. Der Index bestand aus fünf Sektionen, die nach Sprachen (lateinisch, spanisch, deutsch, niederländisch und *vulgari sermone)* aufgeteilt waren. Unter Androhung der Exkommunikation wurden alle volkssprachlichen Bibelübersetzungen *(en Romance)* verboten. Unter Verbot standen ferner: alle Bücher ohne Angabe von Titel, Autor, Name des Druckortes; alle Bücher in hebräischer Sprache oder in einer Volkssprache, die das mosaische Gesetz und jüdische Riten enthielten; der Koran; alle von Häretikern in der Volkssprache verfaßten Werke (z. B. Martin Luther); alle seit 1550 in Spanien erschienenen Katechismen und alle spirituellen und erbaulichen Werke, insbesondere niederländischer und deutscher Mystiker. Auf dem Index standen: Juan de Ávilas (1499–1569) *Audi filia,* Werke von Francisco de Borja (1510–1572), Luis de Granada (1504–1588), Pedro de Alcantara (1499–1562), Bartolome de Carranza (1503–1576), Francisco de Evia, Johannes Tauler (um 1300–1361), Dionysios dem Kartäuser (1402–1471), Savonarola (1452–1498) und vieler anderer. Mit der Liquidierung der volkssprachlichen und geistlichen Literatur und der damit verbundenen Unterdrückung des geistlichen Gedankengutes wollte man die Angst und Unsicherheit eliminieren, die mit dem Aufkommen neuer geistlicher Strömungen verbunden war. In den meisten indizierten, geistlichen Werken standen allerdings keine Häresien, sondern viele Autoren galten schon als verdächtig, wenn sie das innere Gebet, die so genannte *oratio mentalis,* favorisierten. Man meinte, eine anspruchs-

Mit diesem Verbot wollte man die Verbreitung des Katechismus des Erzbischofs von Toledo, Bartolomé de Carranza (1503–1576) verhindern, dem die Inquisition einen grausamen Prozeß bereitete und der nach 17jähriger Haft in Rom starb.

Oratio mentalis (span. *oración mental):* läßt sich im Deutschen nicht adäquat übersetzen. Der lateinische Begriff *mens* beinhaltet soviel wie Vernunft, Gemüt und Herz. In der augustinischen Anthropologie, die Teresa durch die Lektüre franziskanischer Spiritualität verinnerlicht hatte, umfaßt *mens* die drei Seelenvermögen Verstand, Gedächtnis und Willen. Die Bezeichnung *oratio mentalis* meint daher eine Gebetsweise, die alle Seelenvermögen der menschlichen Person umgreift und vom Innersten des Menschen ausgeht.

volle Darstellung und Vermittlung der Glaubensinhalte überfordere das Verständnis der meisten Gläubigen.
Teresa war vom Erlaß des Index tief betroffen, weil viele von ihr hoch geschätzte Werke nun verboten waren. Ihre Schilderung des Ereignisses bedarf keines weiteren Kommentars, aber ist erschütternd, wenn man bedenkt, welche Folgen das Bücherverbot für die geistige und geistliche Entwicklung Spaniens hatte.
„Als viele in der Volkssprache geschriebene Bücher weggenommen wurden, damit sie nicht mehr gelesen würden, litt ich sehr darunter, denn es verschaffte mir Erholung, manche von ihnen zu lesen, aber das konnte ich nun nicht mehr, weil man sie nur noch auf lateinisch zuließ. Da sagte der Herr zu mir: *Sei nicht betrübt, denn ich werde dir ein lebendiges Buch geben.* Ich konnte nicht verstehen, warum mir das gesagt worden war, denn ich hatte damals noch keine Visionen. Nachher aber, nur ganz wenige Tage später, verstand ich es sehr wohl, denn da fand ich in dem, was ich vor mir sah, so viel zum Nachdenken und zur Sammlung, und der Herr erwies mir so viel Liebe, um mich auf vielfältigste Weise zu unterweisen, daß ich nur mehr ganz wenig oder gar keinen Bedarf an Büchern hatte. Seine Majestät (Gott) war das wahre Buch, in dem ich alle Wahrheiten sah. Gepriesen sei dieses Buch, das alles, was man lesen und tun soll, so tief eingeprägt hält, daß man es nicht mehr vergessen kann" (Vida 26,5).
Hiermit spielte Teresa auf die erste Vision Christi an, die ihr am 29. Juni 1560 zuteil wurde. „Als ich am Fest des glorreichen Petrus im Gebet verweilte, sah ich, oder besser gesagt, spürte ich neben mir, denn ich sah weder etwas mit den Augen des Leibes noch mit denen der Seele, sondern es war mir, als wäre Christus neben mir, und ich sah, daß er es war (...). Da ich völlig ahnungslos war, daß es eine derartige Vision geben konnte, überfiel mich anfangs eine große Furcht und ich tat nichts als weinen" (Vida 27,2). Die Erfahrung der beständigen Gegenwart Christi war der ungeahnte Ersatz für den Verlust der Bücher.

Vision (von lat. *visio* – Erscheinung, Anblick, Schau, geistige Vorstellung): außerordentliche mystische Gnade, die je nach den menschlichen Fähigkeiten verschiedene Formen annimmt (siehe S. 180).

Die Idee der Reform

In der Folgezeit widerfuhren Teresa Visionen sehr häufig und sie tauschte sich darüber auch mit ihrer Freundin, Doña Guiomar de Ulloa, aus, in deren Haus sie häufig zu Gast war. Durch diese Aufenthalte hatte Teresa die Möglichkeit, weitere Kontakte zu Reformkreisen zu knüpfen. Zunächst lernte sie dort María Diaz (1495–1572) kennen, die in Ávila wie eine Heilige verehrt wurde. Diese fromme Beatin lebte auf Geheiß ihres Beichtvaters von 1557 an sechs Jahre lang als Dienstmagd bei Doña Guiomar, bevor sie sich als Reklusin in San Millán (Ávila) niederließ.
Im Sommer 1560 traf Teresa auf Vermittlung von Doña Guiomar das erste Mal mit Pedro de Alcántara OFM (1499–1562) zusammen (vgl. Vida 30,3). Der geistliche Austausch mit diesem Heiligen sollte wegweisend für ihr weiteres Leben werden, denn er war der erste Mensch, der sie *aus* (eigener mystischer) *Erfahrung* verstand (vgl. Vida 30,2). „Nahezu gleich an den Anfängen sah ich schon, daß er mich aus Erfahrung verstand, was genau das war, was ich brauchte. Damals konnte ich mich nämlich noch nicht so gut verstehen wie jetzt, um es dann ausdrücken zu können. Erst danach hat Gott es mir geschenkt, die Gnaden, die mir Seine Majestät erweist, verstehen und ausdrücken zu können. Darum war es nötig, daß jemand, der mich ganz verstehen und mir erklären würde, was das war, es selbst durchgemacht hatte. (…) Dieser heilige Mann gab mir in allem Licht und erklärte mir alles“ (Vida 30,4 f.). Beide blieben in brieflichem Kontakt (vgl. Vida 30,7). Pedro de Alcántara sprach sowohl mit ihrem Beichtvater Baltasar Álvarez als auch mit Francisco de Salcedo, um sie davon zu überzeugen, daß Teresa weder krank noch von einem Teufel besessen sei (vgl. Vida 30,6). Durch die Bekanntschaft mit ihm lernte Teresa die Reformbewegung und Spiritualität des Franziskanerordens in seiner konkreten Entfaltung kennen. Die geistlichen Gespräche mit Priestern aus Reformkreisen, ihre wachsende innere Sehnsucht nach einem Leben ausschließlich mit und für Gott (Vida 32,8) weckten in Teresa eine merkliche Unruhe

und ließen sie ernsthaft überlegen, was sie für Gott tun könne. „Dabei dachte ich mir, daß das erste wohl wäre, der Berufung zum Ordensleben, die mir Seine Majestät verliehen hatte, nachzukommen, indem ich meine Regel mit der mir größtmöglichen Vollkommenheit beobachtete“ (Vida 32,9). Doch war ihr dies im Kloster Encarnación möglich? War sie nicht gezwungen, ihr Kloster immer wieder zu verlassen, um zu überleben? Zweifel und Ängste plagten sie, doch sie konnte sich nicht entschließen, ihr Leben wirklich zu ändern. Da erlebte sie 1560 eine Vision der Hölle (Vida 32,1–3), die ihr den Ernst der Entscheidung offenbarte und sich tief in ihr Gedächtnis einprägte. „Ich verspürte ein Feuer in meiner Seele (...). Das ist aber noch gar nichts im Vergleich zum Todeskampf der Seele: eine Beklemmung, Bedrückung und so spürbare Bedrängnis, mit einem so verzweifelten und deprimierenden Überdruß (...). Ich weiß tatsächlich nicht, wie ich dieses innere Feuer und diese Verzweiflung ins Wort bringen soll, zusätzlich zu den äußerst heftigen Qualen und Schmerzen. Ich sah zwar nicht, wer sie mir zufügte, aber ich fühlte, wie ich, nach dem, wie mir vorkam, verbrannt und zerrissen wurde“ (Vida 32,2). Später erkannte Teresa „daß ich diese Qualen und Bedrückung im Geist wirklich verspürte, wie wenn der Leib sie gerade erlitte.“ Trotz des inneren Entsetzens über diese Erfahrung der Gottferne betrachtete sie diese Vision als eine große Gnade, weil sie ihr half, „die Angst vor den Bedrängnissen und Widersprüchen dieses Lebens zu verlieren“ und ihr die Kraft gab, alles Beschwerliche auf sich zu nehmen und ihr Leben zu ändern (vgl. Vida 32,4). „Nachdem ich dies und noch andere großartige Dinge und Geheimnisse von der Herrlichkeit, die den Guten, und der Qual, die den Bösen zuteil wird, gesehen hatte, die mir der Herr, weil er ist, der er ist, zeigen wollte, kam in mir der Wunsch hoch, den Menschen zu entfliehen und mich endlich ganz und gar aus der Welt zurückzuziehen. Mein Geist kam nicht zur Ruhe, aber es war keine beunruhigende Ruhelosigkeit, sondern eine köstliche“ (Vida 32,8). Als sie sich nun im September 1560 mit einigen Mitschwestern und ihrer Freundin Doña Guiomar de Ulloa zu einem geistlichen Austausch in ihrer Zelle traf, warf María de Ocampo

Unbeschuht: hier gleichbedeutend mit „reformiert". Die geistlichen Bewegungen und Ordensgemeinschaften in Spanien, die zu einem strengen, observanten Leben zurückgekehrt waren, hatten sich diesen Namen als Abgrenzung von nicht-reformierten Gemeinschaften zugelegt.

ein, man könnte doch ein Kloster nach Art der *Unbeschuhten* gründen (vgl. Vida 32,10). Daraufhin schmiedeten Teresa und ihre Freundin Pläne, doch Teresa zögerte noch vor einem konkreten Schritt zurück. Sie wehrte sich gegen den Gedanken, ihr Kloster zu verlassen (vgl. Vida 32,10), weil sie dort sehr zufrieden war. Da vernahm sie eines Tages nach dem Empfang der hl. Kommunion die Weisung, sich mit allen Kräften für die Errichtung eines Klosters einzusetzen, es nach dem hl. Josef zu benennen und dem Rat ihres Beichtvaters zu folgen. Teresa war betrübt: „Hier fühlte ich mich nun unter Druck gesetzt, und da ich sah, daß nun etwas beginnen würde, was viel Unruhe mit sich brächte, war ich voller Zweifel, was ich tun sollte" (Vida 32,12). Baltasar Álvarez riet ihr, sich mit ihrem Provinzial, P. Ángel de Salazar, zu besprechen. Weil Doña Guiomar de Ulloa bereit war, die Neugründung auch finanziell zu unterstützen, wandten sich beide an den Provinzial. Dieser stimmte ihren Plänen zu und war sogar bereit, das Kloster unter seiner Jurisdiktion zu errichten. Daraufhin erbaten Doña Guiomar de Ulloa und ihre Mutter vom Apostolischen Stuhl die jurisdiktionellen Vollmachten für eine Klostergründung „unter der Jurisdiktion des Ordens". Teresa selbst holte den Rat von vielen Gelehrten ein, zunächst von Pedro de Alcántara und Pedro Ibánez O. P. Im Gespräch mit Pedro Ibánez brachte sie aber nur natürliche Gründe zur Sprache und verschwieg die Visionen, durch die sie sich zu diesem Werk angetrieben fühlte. Trotz anfänglicher ne-

Ángel de Salazar war seit 1560 Provinzial von Kastilien, er trat 1535 in Los Valles in den Karmelitenorden ein und war Prior in verschiedenen Klöstern sowie Visitator der Provinz Portugal. Seine genauen Lebensdaten sind nicht bekannt. Er starb wahrscheinlich kurz nach seiner Vernehmung beim Seligsprechungsprozeß Teresas von Ávila um 1596.

Pedro Ibánez war ein großer Freund und Ratgeber der Heiligen. Er legte am 5. April 1540 in San Esteban in Salamanca seine Profeß bei den Dominikanern ab und war später Professor in Valladolid und Ávila, Rektor des Studienkollegs von Valladolid und mehrfach Prior. Er starb am 2. Februar 1565 in Trianos.

gativer Voreingenommenheit – wie er gestand – sicherte ihr der Gelehrte nach einer einwöchigen Bedenkzeit seine Unterstützung zu, gab ihr Handlungsanweisungen und überzeugte auch einige mit Teresa bekannte Geistliche von der Richtigkeit ihres Unterfangens. Nun wurde in Eile ein geeignetes kleines Haus erworben. Aber als bekannt wurde, daß Teresa die Absicht hatte, ein Kloster in strenger Zurückgezogenheit nach Art der Unbeschuhten zu gründen, brach der Sturm der Entrüstung über sie herein. „Geschwätz, Gelächter und Gerede, daß es Unsinn sei (...). Die Schwätzereien und der Aufruhr in meinem eigenen Kloster waren so groß, daß es dem Provinzial schwer ankam, sich gegen alle zu stellen, und er deshalb seine Meinung änderte und es nun *nicht* mehr unter seine Jurisdiktion nehmen wollte" (Vida 32,14 f.). Als ihr Unternehmen nun zu scheitern schien, wurde Teresa im Kloster Encarnación angefeindet. Auch von Baltasar Álvarez vernahm sie heftige Vorwürfe wegen des Skandals, den sie ausgelöst hatte. Da durch Indiskretion das Gerede laut geworden war, sie hätte Offenbarungen und werde durch diese zur Gründung bewogen, warnte man sie vor der Inquisition. „Man kam in großer Angst zu mir, um mir zu sagen, daß wir schwere Zeiten hätten und es sehr wohl sein könne, daß man mir etwas anhänge und damit zu den Inquisitoren liefe" (Vida 33,5). Teresas Reaktion war von erstaunlicher Gelassenheit und tiefem Gottvertrauen beseelt: „Das belustigte mich und brachte mich zum Lachen, denn in dieser Hinsicht hatte ich nie etwas befürchtet, weil ich sehr gut von mir wußte, daß ich in einer Glaubenssache – falls mich jemand gegen die geringste Zeremonie der Kirche verstoßen sähe – oder wegen irgendeiner Wahrheit der Heiligen Schrift bereit wäre, tausend Tode zu sterben. (...) Und wenn ich glaubte, daß es da etwas gäbe, würde ich sie schon selbst aufsuchen; wenn mir aber etwas angehängt würde, würde der Herr mich schon befreien, und mir bliebe der Gewinn davon" (Vida 33,5). Dennoch hüllte sie sich vorerst in Schweigen – erstaunt über das innere Wachstum an Gottesliebe, das sie durch die vielen Prüfungen an sich gewahrte. In Pedro Ibánez fand sie in dieser schwierigen Zeit einen treuen Freund und Helfer. Als dieser Ávila verließ, vertraute sie die Führung ihrer See-

Gaspar de Salazar wurde 1529 in Toledo geboren, trat 1552 in die Gesellschaft Jesu ein und war Leiter von mehreren Studienkollegen in Ávila, Madrid, Toledo, Belmonte, Marchena und Cuenca. Mit Teresa verband ihn eine etwas problematische Freundschaft. Er starb am 27. September 1593.

le Gaspar de Salazar, dem neuen Leiter des Jesuitenkollegs, an. Unter seiner Leitung wurde sie im Sommer 1561 von Gott wieder dazu gedrängt, mit der Errichtung des Klosters fortzufahren. Erneut wandte sie sich mittels Doña Guiomar de Ulloa an den Apostolischen Stuhl, um ein Gründungsbreve unter der Jurisdiktion des Bischofs von Ávila zu erbitten. In der Zwischenzeit war Teresa heimlich damit beschäftigt, das erworbene Haus in ein Kloster umbauen zu lassen. Die finanziellen Sorgen belasteten sie hierbei sehr. „Manchmal sagte ich ganz niedergeschlagen: „Mein Herr, wieso trägst du mir Sachen auf, die undurchführbar scheinen?" (Vida 33,11). Als sie nicht mehr wußte, wie sie die Handwerker bezahlen sollte, ließ Teresas Bruder Lorenzo, dem sie von ihrem Plan geschrieben hatte, ihr große Geldmittel aus Quito zukommen (vgl. Cartas 2, vom 23. Dezember 1561). Teresa schrieb diese unerwartete Hilfe der Fürbitte des hl. Josef zu, den sie sehr verehrte und nach dem sie ihr Kloster aus Dankbarkeit benennen wollte. Dann erhielt Doña Teresa de Ahumada völlig unvermittelt mitten in der geschäftigen Vorbereitung Weihnachten 1561 von ihrem Provinzial das formale Gehorsamsgebot, sich mit einer Gefährtin nach Toledo zu Doña Luisa de la Cerda, der Tochter des Herzogs von Medinaceli zu begeben, um diese wegen des Todes ihres Gatten zu trösten. Doch nur weil ihr Christus zu verstehen gab, daß es für die Klostergründung gut wäre, wenn sie bis zum Eintreffen des Gründungsbreves nicht in Ávila sei, begab sie sich nach Toledo in den Palast dieser adligen Dame. Die Erfahrungen, die Teresa dort im Umgang mit dem Hochadel machte, zeigen, mit welcher Freiheit sie sich von den gesellschaftlichen Umgangsformen und dem Standesdenken distanzierte. „Als ich dort war, gewährte er mir die allergrößten Gnaden, und diese verliehen mir eine solche innere Freiheit (...), daß ich mit diesen so vornehmen Damen, denen zu dienen eine große Ehre für mich hätte sein können, immer mehr mit der Freiheit umging,

Die Briefe – *Cartas* finden sich in: Obras Completas, Bd. 2 (Kurztitel = **Cartas**).

wie wenn ich ihresgleichen wäre. (...) Ich sah, (...) für wie gering man das Herrsein zu halten hat, wie man mehr Sorgen und Nöte hat, je höher es ist, und dazu noch die Sorge, die ihrem Stand entsprechende Aufmachung zu wahren" (Vida 34,3 f.). Obwohl Teresa der sechsmonatige Aufenthalt außerhalb des Klosters sehr schwerfiel, war er jedoch für die Entwicklung ihrer persönlichen Berufung entscheidend. Denn durch die Kontakte, die sie in Toledo knüpfen konnte, erneuerte und vertiefte sich ihr eigenes Verständnis des karmelitanischen Lebens. Zum einen traf Teresa García de Toledo O.P. wieder, der bis 1555 Prior des Dominikanerklosters Santo Tomás in Ávila gewesen war. Frucht ihrer Gespräche sollte Teresas erste Abfassung der *Vida* werden, mit der sie diesen Gelehrten für das innere Beten gewinnen konnte. Zum anderen wurde Teresa dort von einer Beatin des Karmel namens María de Jesús aufgesucht, der Gott ebenfalls wie Teresa den Auftrag gegeben hatte, ein Kloster zu gründen. Zwei Wochen beratschlagten beide Frauen miteinander, wie die Lebensweise ihrer Klöster beschaffen sein sollte. Durch diese Gespräche wurde sich Teresa der eigenen Unkenntnis in einigen wichtigen Fragen der Ordensspiritualität und -geschichte bewußt. Doch sie war zum Umdenken bereit. „Bis ich mit ihr gesprochen hatte, war mir nicht zur Kenntnis gelangt, daß unsere Regel – bevor sie gemildert wurde – geboten hatte, kein Privateigentum zu besitzen, und ich war auch nicht dafür gewesen, das Kloster ohne festes Einkommen zu gründen" (Vida 35,2). Allerdings verunsicherten sie die neuen Informationen in dem Maße, daß sie sich entschied, den Rat von gelehrten Theologen in der Frage einzuholen, ob man die Gründung eines Klosters in absoluter Armut verant-

García de Toledo wurde 1515 bei Toledo geboren, er ist der erste Adressat der *Vida* der hl. Teresa. Als Jugendlicher gelangte er nach Mexiko, wo er bei den Dominikanern eintrat. 1545 nach Spanien zurückgekehrt, war er Prior von Alcalá de Henares und Novizenmeister. Seine Tätigkeit führte ihn nach Peru, wo er 1577 zum Provinzial der dortigen Provinz gewählt wurde. Er starb 1590 im Dominikanerkonvent San Ginés de Talavera.

María de Jesús (1522–1580): Gründerin des Karmel von Alcalá de Henares. Als sehr junge Witwe trat sie in Andalusien in einen Karmel ein, den sie aber wieder verließ, um in Granada ein Kloster nach der Ursprünglichen Regel zu gründen. Sie pilgerte zu Fuß nach Rom, um das Gründungsbreve zu erlangen.

worten könne. Als sie ihren treuen Freund Pedro Ibánez fragte, ob sie die geplante Gründung in absoluter Armut vornehmen solle, schickte er ihr zwei Seiten mit theologischen Gegenargumenten. Daraufhin antwortete sie ihm empört, sie wolle sich nicht der Theologie bedienen, um am Ende ihr Armutsgelübde nicht in aller Vollkommenheit zu erfüllen; er erweise ihr in diesem Fall mit seinen Studien keinen Gefallen. Erneut war es Pedro de Alcántara, den sie wegen seiner Erfahrung zu einer Unterredung nach Toledo bat. „Denn da dieser ein großer Liebhaber der Armut war und sie seit so vielen Jahren gelebt hatte, wußte er sehr wohl, welchen Reichtum sie (die Armut) bedeutet, und so half er mir sehr und trug mir auf, das weitere Bemühen keinesfalls zu unterlassen. Mit diesem zustimmenden Gutachten eines Menschen, der besser darüber urteilen konnte, weil er es aus langer Erfahrung wußte, entschloß ich mich, keine weiteren mehr einzuholen" (Vida 35,5). Seiner Vermittlung war es zu verdanken, daß der Bischof Alvaro de Mendoza bereit war, die geplante Gründung unter seine bischöfliche Jurisdiktion zu nehmen. Nachdem Teresa erkannt hatte, daß es vollkommener sei, die Gründung nach der Ursprünglichen Regel und in absoluter Armut vorzunehmen, mußte sie ihre Freundin Doña Guiomar erneut dafür gewinnen, ein weiteres Breve vom Apostolischen Stuhl für eine Gründung in Armut zu erwirken. Da ereilte sie völlig unerwartet im Juli 1562 die Nachricht ihres Provinzials, sie dürfe in ihr Kloster zurückkehren. Als Teresa mit der Rückkehr noch zögerte, weil im August im Kloster Encarnación Wahlen bevorstanden, erhielt sie den Auftrag, unverzüglich aufzubrechen, da in Ávila ein Kreuz für sie bereitliege. „Ich solle mutig hingehen, denn er würde mir schon helfen, und ich solle gleich hingehen. Ich war wie am Boden zerstört und tat nichts als weinen, weil ich glaubte, daß das Kreuz darin bestände, Oberin zu sein" (Vida 35,8). Teresa konnte sich diese Eile,

Vgl. Brief von Pedro de Alcántara vom 14. April 1562 über die Armut, in: *Documenta Primigenia*, 4 Bde, hrsg. von Instituto Historico Teresiano (Monumenta Historica Carmeli Teresiana [Kurztitel = **MHCT**] I–IV), Rom 1973 ff. hier: MHCT I, S. 17.

Vgl. Brief von Pedro de Alcántara an Bischof Alvaro de Mendoza von 1561/62, in: BMC II, S. 127.

ihre eigene Unruhe und Unfähigkeit zu beten nicht erklären. Aber sie fügte sich in Gottes Willen, obwohl es ihr bei Doña Luisa de la Cerda sehr gut ging.

Die Gründung San José

Kaum war sie in Ávila angekommen, traf das am 7. Februar von der Pönitentiarie ausgestellte Apostolische Reskript für die geplante Gründung aus Rom ein (vgl. MHCT I, S. 9). Pedro de Alcántara vermochte es, den Bischof bei einer gemeinsamen Unterredung davon zu überzeugen, das Kloster trotz der geplanten Armut anzunehmen. Wenn man bedenkt, wie viele Klöster es zu diesem Zeitpunkt bereits in Ávila gab und wie es um deren finanzielle Situation bestellt war, ist die Begeisterung des Ortsbischofs erstaunlich. Teresa nahm eine Erkrankung ihres Schwagers, Juan de Ovalle, zum Anlaß, mit Erlaubnis ihrer Oberin das Kloster zu verlassen, um auf diese Weise unauffällig die letzten Umbauarbeiten in die Wege zu leiten. „Alles geschah unter strenger Geheimhaltung, denn wenn es nicht so gewesen wäre, hätte man gar nichts tun können, da die Leute dagegen waren“ (Vida 36,3). Weil die Heilige den Widerstand des Provinzials, ihrer Mitschwestern und der Stadtbevölkerung fürchtete, wollte sie sie vor vollendete Tatsachen stellen. Das Haus, das in ein Kloster umgebaut wurde, war arm und klein, aber für jede Schwester war eine Zelle vorgesehen, denn es sollten nicht mehr als 13 Schwestern Aufnahme finden. Daneben waren kleine Gemeinschaftsräume wie der Chor, der Rekreationsraum, ein Kapitelsaal und eine einfache Küche vorhanden. Es gab sogar einen kleinen Garten, in dem Teresa Einsiedeleien errichten wollte. Nachdem die hl. Teresa das Breve zur Gründung erhalten hatte und alles mit dem Bischof abgesprochen war, legte man den 24. August 1562 als Gründungstag für das neue Kloster fest. Teresa stellte das Kloster unter den Schutz des hl. Josef, den sie aufgrund zahlreicher persönlicher Gebetserhörungen sehr verehrte.

Die ersten vier Kandidatinnen wurden auf Vermittlung von befreundeten Priestern aus den Reformkreisen Ávilas ohne Mitgift aufgenommen: auf

Empfehlung von Pedro de Alcántara *Antonia del Espíritu Santo,* von Gaspar Daza *Ursula de los Santos,* von María Diaz und Doña Guiomar de Ulloa *María de la Cruz,* von Julián de Ávila dessen leibliche Schwester *María de San José.* Im Auftrag des Bischofs wurde ihnen in Anwesenheit von Teresa und zwei Mitschwestern von Gaspar Daza das Ordenskleid übergeben. Das Allerheiligste wurde eingesetzt und das Kloster errichtet. „Es war mir auch ein großer Trost, das, was mir der Herr so eindringlich befohlen hatte, getan und an diesem Ort eine weitere Kirche errichtet zu haben, eine für meinen Vater, den glorreichen hl. Josef, die es noch nicht gab" (Vida 36,6). Alles schien vollbracht. Doch sobald die Gründung bekannt wurde, regte sich scharfer Protest von Seiten des Stadtrates: Teresa hatte es versäumt, für ihre Gründung eine Erlaubnis der Stadt einzuholen. So drohten ihr nun von allen Seiten massive Schwierigkeiten. Die Oberen der Stadt forderten die sofortige Auflösung des Klosters, denn sie hegten die Befürchtung, ein in absoluter Armut errichtetes Kloster könne der Stadt zur Last fallen. Aus diesem Grund wurde bereits am 30. August 1562 der königliche Rat der Stadt, die Junta, einberufen, bei dem auch Teresas wohlgesonnene Freunde und Wohltäter, Pedro Ibánez, Baltasar Álvarez, Gaspar Daza und Domingo Bañez anwesend sein konnten und sich für den Erhalt des Klosters aussprachen. Die Stadt Ávila führte noch zwei Jahre lang einen Prozeß gegen das Kloster, doch ohne Erfolg. Teresa war bei der Zusammenkunft des Stadtrates nicht zugegen, denn sie hatte auf Befehl ihrer neuen Priorin, María Cimrbón, sofort ins Kloster Encarnación zurückkehren müssen. Denn obwohl Teresa mit dem Apostolischen Reskript die Erlaubnis erhalten hatte, ein Kloster nach der Ursprünglichen Regel des Karmel zu gründen, bedeutete dies nicht, daß sie auch in diesem Kloster wohnen durfte. Denn rechtlich betrachtet, stand sie als Profeßschwester von Encarnación nach wie vor unter der Jurisdiktion des Ordens. Daher bedurfte es der Erlaubnis ihres höheren Oberen, damit Teresa nach San José zurückkehren durfte. In der Zwischenzeit machte sie eine sehr schwere Zeit durch: Anfeindungen, Beschimpfungen und Unverständnis von seiten ihrer Mitschwestern, ein Verhör durch den Provinzial, in dem sie sich für ihr Verhalten vor dem

Konvent rechtfertigen mußte. Sie mußte in dieser Phase der Ungewißheit lernen, aus dem Vertrauen auf Gottes Hilfe zu leben und alle Sorgen ihm zu übergeben. „Manchmal sah es so aus, als wäre alles verloren (…). Ich ging zu Gott und sagte ihm: „Herr, dieses Haus gehört nicht mir, für dich wurde es errichtet, jetzt, wo niemand da ist zum Verhandeln, möge es Eure Majestät tun" (Vida 36,17). Als am 5. Dezember das Apostolische Reskript ausgestellt wurde, das den Schwestern von San José ein Leben in absoluter Armut gestattete, war Teresa immer noch in der Encarnación. Erst Ende des Jahres durfte sie auf Vermittlung von P. Pedro Ibáñez nach San José zurückkehren und erhielt am 22. August 1563 vom Provinzial die Erlaubnis, dort zu verbleiben (MHCT I, S. 27). Mit Genehmigung von Papst Pius IV. durfte Teresa de Ahumada mit Zustimmung des Provinzials und des Nuntius A. Crivelli am 21. August 1564 zur Observanz von San José übertreten (MHCT I, S. 31). Teresa, die im Kloster Encarnación standesgemäß „Doña Teresa de Ahumada" angeredet wurde, änderte nun ihren Namen. Zum Zeichen dafür, daß man in ihrem Kloster alle weltlichen Bindungen und die familiäre Herkunft hinter sich lassen sollte, nannte sie sich nun Teresa de Jesús. Damit wollte sie nicht nur ihre besondere Beziehung zum menschgewordenen Sohn Gottes, Jesus Christus, zum Ausdruck bringen, sondern sich vom Standesdenken distanzieren. Jede Schwester sollte gleichermaßen in dem neuen Namensprädikat den ihr von Gott zugesprochenen Adel, ihre Würde und ihre persönliche Berufung erkennen. Teresa war die Tilgung von Standesunterschieden sehr wichtig. Aus diesem Grund nahm sie weder in der Organisation der Gemeinschaft noch in der Gesetzgebung auf die Reinheitsstatuten Rücksicht. Nicht die von der Gesellschaft vorgegebenen Maßstäbe und Ideale sollten ihr gemeinsames Leben des Gebets prägen, sondern die gegenseitige Liebe, Demut und Freiheit von allen falschen Bindungen (vgl. Camino 4,4).

Camino de Perfección, dt.: Teresa von Jesus, *Weg der Vollkommenheit (Codex von Valladolid)*, übers. von Mirjam Haab, 3. Aufl. 1998 (Kurztitel = **Camino**).

Wie in der Ursprünglichen Regel vorgesehen führte Teresa daher in San José die Gütergemeinschaft als ein wichtiges Prinzip ihrer Lebensweise wieder ein. „Keiner der Brüder soll sagen, daß etwas sein Eigentum sei, sondern alles sei euch gemeinsam" (Karmelregel, Kap. 11). Als Teresa und ihre Mitschwestern durch die Bulle Papst Pius IV. am 17. Juli 1565 die Bestätigung erhielten, nach der Ursprünglichen Regel des Karmel in Armut leben zu dürfen, erhielten sie auch einen offiziellen Namen, der ihre Lebensgrundlage juristisch zum Ausdruck brachte: „Unbeschuhte Schwestern Unserer Lieben Frau vom Karmel nach der Ursprünglichen Regel".

Die Regel war für Teresa das entscheidende geistliche Vermächtnis der Väter und stellte das Verbindungselement zu den eremitischen Anfängen des Ordens dar, so daß sie nicht müde wurde, die Schwestern zu deren Nachahmung zu ermuntern (vgl. Camino 11,4). „Was nützt es mir, daß meine Vorfahren heilig waren, wenn ich später so schlecht bin, daß ich das Bauwerk durch üble Gewohnheit verwüstet zurücklasse? Es ist klar, daß die Nachkommenden sich nicht so sehr an die erinnern, die vor vielen Jahren gelebt haben, wie an die, die sie vor Augen haben. (...) Wenn eine ihren Orden irgendwie in Verfall geraten sieht, soll sie sich vielmehr darum bemühen, ein solcher Stein zu sein, mit dessen Hilfe das Gebäude wieder aufgebaut werden kann" (Fundaciones 4,6 f.). Daher wollte Teresa in San José das unaufhörliche Gebet als Fundament der Regel sichern, indem sie jeder Schwester täglich zwei Stunden für das innere Gebet einräumte. Die Voraussetzungen für ein intensives Leben in der Gegenwart Gottes sollten durch Schweigen, Einsamkeit und ein Leben in der Abgeschlossenheit und Verborgenheit der Klausur ermöglicht werden. Fasten- und Abstinenzbestimmungen sowie andere Formen von Bußübungen, wie sie bei anderen Reformrichtungen in rigoroser Weise praktiziert wurden, betrachtete Teresa lediglich als Hilfsmittel zur Förderung des geistlichen Lebens. Sollte das Gebet echt sein, so brauche es diese Stütze, da weichliches Leben und Gebet sich nicht miteinander vertragen (vgl. Camino 4,2). Die Heilige maß kluger Ausgewogenheit, Maßhaltung und vor allem einem von Liebe geprägten menschlichen Verhalten

Las Fundaciones, dt.: TERESA VON AVILA, *Die Klostergründungen,* übers. von Antonio Sagardoy/Anneliese Reiter, 1998 (Kurztitel = **Fundaciones**).

allerdings viel größeres Gewicht bei als asketischen Leistungen (vgl. Camino 4,1 f.). Um das gegenseitige freundschaftliche Miteinander zu fördern, wollte sie, daß sich die Schwestern täglich zur gemeinsamen Erholungszeit trafen (vgl. Fundaciones 13,5; Constitutiones 27). Ihr Verständnis der Regel und des Gemeinschaftslebens legte Teresa zwischen 1562 bis 1565 in einem eigenständigen Entwurf von Konstitutionen nieder, den sie 1567 überarbeiten und später als einheitsstiftendes Band gemeinsam mit der Ursprünglichen Regel zu ihren Gründungen mitnehmen sollte.

Constitutiones de 1567 in: Obras Completas, Bd. 1, S. 1268–1295 (Kurztitel = **Constitutiones**).

Von 1563 bis 1567 lebte Teresa de Jesús nun im Kloster San José ein Leben des Gebetes mit seinen alltäglichen Übungen des Gemeinschaftslebens. Sie selbst bezeichnete diese Zeit als die ruhigste ihres Lebens, wenngleich mit der Gründung von San José ihre eigentliche Sendung in der Kirche und ihre literarische Wirksamkeit schon ihren Anfang nahmen. Angeregt durch García de Toledo und Domingo Bañez überarbeitete sie dort ihre *Vida,* die sie 1562 zum ersten Mal im Palast von Doña Luisa de la Cerda niedergeschrieben hatte, und fügte einen kleinen Traktat über die Stufen des Gebets (Vida 11–21) und über die Gründung ihres Klosters (Vida 32–36) hinzu. Sie schrieb ihre Lebensbeschreibung zum Teil wie unter ekstatischer Eingebung vor allem für eine kleine Gruppe geistlich Interessierter nieder, um in einen geistlichen Dialog mit ihnen einzutreten (vgl. Vida 38,22). Als Teresa diese Überarbeitung beendet hatte, übergab sie das Manuskript den beiden genannten Theologen zur Prüfung und begann mit der Abfassung des *Camino de Perfección,* den sie als geistliches Handbuch zur Unterweisung ihrer Schwestern und als Kommentar zu den Konstitutionen konzipierte. Entscheidend hierfür war sicherlich, daß durch den Index von Fernando de Valdés wichtige Bücher über die *oratio mentalis* nicht mehr zugänglich waren. Daher mußte Teresa notwendigerweise einen Weg suchen, um ihre Schwestern in diese Gebetsform einzuführen. Anhand eines Kommentars zum Vaterunser, das jede Schwester in ihrer Muttersprache beten durfte, schuf sie auf diese Weise eine Auslegung der zentralen Weisung der Karmelregel,

„Tag und Nacht im Gesetz des Herrn zu betrachten und im Gebet zu wachen" (Karmelregel, Kap. 7). Dabei versuchte sich Teresa von den bereits genannten einseitigen und für die Inquisition verdächtigen geistlichen Strömungen abzugrenzen, die nur das mündliche oder nur das innere Beten als den Weg zur Vollkommenheit propagierten. „Legt alle Furcht ab, wo es nichts zu fürchten gibt! Und will euch jemand welche einjagen, so zeigt ihm demütig euren Weg. Sagt ihm daß ihr eine Regel habt, die euch ohne Unterlaß zu beten befiehlt (...) und daß ihr sie halten müßt. Wendet er daraufhin ein, damit sei das mündliche Gebet gemeint, so fragt ihn ausdrücklich, ob denn nicht Verstand und Herz ganz bei dem sein müßten, was ihr sprecht. Bejaht er dies – eine andere Antwort ist ja nicht möglich –, so gibt er damit zu, daß ihr euch dem inneren Gebet und sogar der Beschauung widmen müßt, wenn Gott sie euch schenkt" (Camino 21,10).

Durch die Begegnung mit einem Franziskanermissionar namens Alonso de Maldonado, der ihr im Sprechzimmer von seiner Missionsarbeit erzählte, erfuhr Teresas Gebet eine apostolische Ausrichtung und Weite. Ihr Blick wurde auf die Probleme der Zeit gerichtet: die vielen Millionen ungetaufter Indios in Amerika, die Religionskriege in Frankreich, die Reformation in Deutschland. Erschüttert suchte sie nach einem Weg, auf dem sie etwas zur Änderung dieser Situation beitragen und für die Bekehrung der Heiden tun könne. Da vernahm sie in einer Christusvision folgende Verheißung: „Warte ein wenig, Tochter, und du wirst große Dinge sehen" (Fundaciones 1,8). Im Rückblick auf ihr Leben brachte Teresa diese Worte mit der nun einsetzenden weitläufigen Gründungstätigkeit in Verbindung, die durch ihre Begegnung mit dem Ordensgeneral Giovanni Battista Rossi ausgelöst wurde.

Teresas Sendung und das Konzil von Trient

Giovanni Battista Rossi wurde im Mai 1564 zum General des Ordens Unserer Lieben Frau vom Berge Karmel gewählt. Als das Konzil von Trient im *Decretum de reformatione regularium exhibitum exami-*

> *Concilium Tridentinum. Diariorum, actorum, epistularum, tractatuum nova collectio*, hrsg. von Societas Goerresiana, IX, 1924, 1036–1069.

> *Decretum de regularibus et monialibus*, in: *Conciliorum oecumenicorum decreta*, hrsg. vom Instituto per le science religiose, Bologna 1962.

nandum patribus die 20 novembris 1563 und dem *Decretum de regularibus et monialibus publicatum in eadem sessione non et ultima Tridentina sub Pio IV* die Ordensoberen zur Reform des Ordenslebens verpflichtete und ihnen die Sorge für die vollkommene Beobachtung der *disciplina regularis* übertrug, war Giovanni B. Rossi für die Umsetzung der Dekrete in den Konventen des Karmel verantwortlich und sollte durch die Abhaltung von General- und Provinzkapiteln sowie durch kanonische Visitationen einer Erschlaffung der Observanz vorbeugen. Am spanischen Hof hingegen setzte man kein großes Vertrauen in die Reformbeschlüsse des Trienter Konzils, da man die Realisation dieses Minimalprogramms in Zweifel zog. Weil dem spanischen König Philipp II. (1527–1598) aber viel an der Rückführung der Klöster zur Klausurobservanz gelegen war, richtete er am 15. November 1563 eine entsprechende Petition an den Papst und versuchte, von diesem besondere Konzessionen für die Leitung und die Reform der verschiedenen Orden zu erwirken. Bis 1564 war der Orden unsrer lieben Frau vom Berge Karmel nicht mit besonderer Aufmerksamkeit bedacht worden. Dies geschah erst, als man sich am spanischen Hof um die Reform aller Orden bemühte. Um Spanien zu reformieren, wollte der spanische König Philipp II. vom Papst die Erlaubnis erwirken, innerhalb seines Landes Generalvikare für die einzelnen Orden einsetzen zu dürfen. Denn man befürchtete, die Generäle würden nur solche Visitatoren bestellen, die keine wirkliche Reform durchführten. Die Realisation dieses Vorhabens hätte eine gefährliche Autonomie der spanischen Ordensprovinzen zur Folge gehabt, und der spanische Karmel wäre nur rein nominell vom Ordensgeneral in Rom abhängig gewesen, wenn der Papst dieser Forderung entsprochen hätte. Papst Pius V. (1504–1572) übermittelte König Philipp II. seine Antwort am 24. Februar 1566 mit einem Breve, das die Durchführung von Reformen bei den Karmeliten in Spanien regelte. Der Ordensgeneral der Karmeliten sollte in den spanischen Klöstern seines Ordens eine kanonische Visitation vornehmen. Mit dieser Reise entsprach der Ordensgeneral auch einer Bitte des spanischen Königs, die dieser bereits anläßlich der Wahl Giovanni Rossis zum Ausdruck gebracht hatte. Der neue Ordensgeneral brach daraufhin im April 1566 mit drei Gefährten auf einem Esel nach Spanien auf. Am 10. Juni suchte er zunächst den spanischen König auf, um ihn um die Anerkennung seines Amtes zu bitten, bevor er mit der Visitation der Klöster begann. Von Juni bis November 1566 visitierte er Andalusien, von November bis Januar 1567 Portugal, von Februar bis April Kastilien, von Mai bis Juli Aragón und von Juli bis September Katalonien. Im Rahmen dieser Reise erreichte er am 16. April 1567 Ávila, wo er die Klöster El Carmen und Encarnación einer Visitation unterzog.

Vida de Santa Teresa de Jesús por el maestro JULIÁN DE ÁVILA *primer capellán de la santa. Obra inédita, anotada y adicionada por don Vicente de la Fuente,* Madrid, 1881.

Wie Julián de Ávila, der Kaplan der Schwestern von San José in seiner *Vida de Santa Teresa* erzählt, setzte Bischof Alvaro de Mendoza den General davon in Kenntnis, daß unter seiner Jurisdiktion ein Kloster mit 13 Schwestern stünde, das nach der Ursprünglichen Regel des Karmel lebe. Als Teresa von der Ankunft des Generals in Ávila erfuhr, ergriff sie die Initiative und lud ihn nach San José ein. Giovanni Rossi erkundigte sich ausgiebig nach ihrem Verständnis der karmelitanischen Berufung, nach ihrer Lebensweise, dem kirchlichen Geist, dem kontemplativen Gebetsleben, ihrer Armut und Abgeschlossenheit, ihrem Gemeinschaftsleben und nach ihrem Apostolat. Er war von dem, was er in San José erlebte, so berührt, daß er seine Anerkennung nicht verbergen konnte: „Er freute sich, unsere Lebensweise und ein (wenn auch unvollkommenes) Abbild des Anfangs unseres Ordens zu sehen, und wie die Regel in voller Strenge beachtet wurde“ (Fundaciones 2,3). Daher kam er während seines Aufenthaltes in Ávila noch öfter nach San José zum geistlichen Gespräch mit Teresa, die diese Gelegenheit nutzte, um ihm ihr geistliches Leben zu offenbaren. Er sicherte ihr zu, daß sie nicht ins Kloster Encarnación zurückkehren müsse. Ohne Zweifel hatte Giovanni Rossi bemerkt, daß sich die Lebensweise in San José in wesentlichen Punkten mit den Reformideen des Trienter Konzils deckte, insbesondere was die Klausur, die Abschaffung des Privatbesitzes, die Reduktion der Konventgröße und die Erfüllung der regularen Verpflichtungen anging. Daher war sein Bestreben darauf gerichtet, diese Schwestern dem Orden zu bewahren und sie für die Reform des Ordens in Spanien zu gewinnen. Um eine Reform von den Wurzeln her herbeizuführen, wollte er das Hauptaugenmerk nicht mehr allein auf Abschaffung von Dekadenzerscheinungen richten, sondern wollte durch die Gründung von neuen, intakten geistlichen Gemeinschaften ein Gegengewicht im Orden schaffen. Aus diesem Grund stellte er Teresa de Jesús am 27. April 1567 ein Patent aus, das sie ermächtigte, ohne Beschränkung im Königreich Kastilien Nonnenklöster nach der Ursprünglichen Regel und der Lebensweise von San José zu gründen, und das ihr erlaubte, im Namen des Ordens Häuser, Kirchen und Grundstücke zu erwerben. Um eine potentielle Intervention und Störung des Reformvorhabens durch Provinziale und Obere zu vermeiden, ordnete er an, die neuen Gründungen sollten unter seiner unmittelbaren Jurisdiktion stehen und Teresa sei in Zukunft unmittelbar dem General zu Gehorsam verpflichtet. Am 16. Mai 1567 modifizierte er das Patent dahingehend, daß er Andalusien ausdrücklich von dem Gründungsgebiet ausnahm und die Formulierung „nach der Lebensweise von San José“ wegließ. Wahrscheinlich hatte Teresa Giovanni B. Rossi bei seinem Besuch den Entwurf ihrer Konstitutionen gezeigt. Aus diesem Grund wird verständlich, warum das zweite Patent ausdrücklich auf diese Konstitutionen Bezug nahm. Erneut stand Teresa vor einer Lebenswende. „So stand ich da als arme Unbeschuhte Nonne, mit keiner Hilfe von irgendeiner Seite außer vom Herrn, beladen mit Vollmachten und guten Wünschen, aber ohne irgendeine Möglichkeit, sie in die Tat umzusetzen“ (Fundaciones, 2,6).

3. Teresas Gründungstätigkeit 1567–1582

„Warte ein wenig und Du wirst große Dinge sehen."

Ausgestattet mit dem Auftrag, in Kastilien Klöster der Reform zu gründen, suchte Teresa von nun an alle Kraft zur Erfüllung dieser Sendung einzusetzen. In den folgenden 15 Jahren gründete sie insgesamt 17 Klöster, 15 Frauen- und zwei Männerklöster. Durch die gute Quellenlage läßt sich dieser Lebensabschnitt der Heiligen anhand ihrer Aufzeichnungen, ihrer Briefe und der Aussagen beim Seligsprechungsprozeß genau rekonstruieren. Teresa war meist unterwegs, ob zu Fuß, auf dem Maultier oder im Planwagen – ohne auf die Witterung Rücksicht nehmen zu können. Ihre Reisen nach Malagón, Valladolid, Toledo, Duruelo, Pastrana, Madrid, Salamanca, Alba de Tormes etc. hatten bald ein skandalumwobenes Geschwätz zur Folge, weil sie eine klausurierte Nonne war (vgl. Relaciones 19). Doch „Wie zeigt ihr doch Eure Macht darin, einer Ameise Kühnheit zu verleihen" (Fundaciones 2,7). Teresas Kontaktfreudigkeit, ihre Fähigkeit, sympathisch auf andere zu wirken, ihre Bildung und ihre geistlichen Erfahrungen waren gute Voraussetzungen für ihre Sendung, die sie mit Klugheit und Geschick einzusetzen verstand.

Relaciones in: Obras Completas, Bd. 1, S. 1092–1183 (Kurztitel = **Relaciones**).

Zuallererst suchte sich Teresa Unterstützung bei ihrem langjährigen Beichtvater, Baltasar Álvarez, der inzwischen Rektor des Jesuitenkollegs in Medina del Campo geworden war. Teresa war darauf bedacht, diesmal alle notwendigen Formalitäten vor Beginn der Gründung zu erfüllen. Daher ließ sie durch P. Baltasar die kirchliche und städtische Erlaubnis für eine Klostergründung in Medina del Campo einholen. Obwohl Spaniens Wirtschaft florierte und ideale Voraussetzungen für eine expansive Gründungstätigkeit gegeben waren, stieß Teresa bei den örtlichen Behörden und der ansässigen Bevölkerung auf Widerstand, weil man die Errichtung eines Klosters ohne feste Einkünfte und unter Verzicht auf feste Dotationen zur Finanzierung des Lebensunterhaltes der Schwestern als soziale Gefährdung betrachtete (vgl. Fundaciones 3,1). Um ein Kloster ohne Einkünfte zu gründen, mußte Teresa die örtlichen Gegebenheiten, die zur Verfügung stehenden Finanzierungsmittel, die Einkunftsquellen und die regelmäßig erforderlichen Ausgaben berücksichtigen, wollte sie die Existenz des Klosters ohne wirtschaftliche Rückendeckung durch Einkommen aus Zinserträgen oder durch regelmäßige Unterstützung durch Gründer oder staatliche Behörden sichern. Ihre bestehenden Kontakte zu Geistlichen und Händlerkreisen sowie der Reichtum der großen Handelsstadt Medina del Campo beeinflußten mit Sicherheit Teresas Ortswahl für das neue Kloster. Obwohl sie vorerst lediglich das Geld einer Anwärterin für eine vorläufige Unterkunft hatte, bediente sie sich der Vermittlung von P. Antonio de Heredia, dem Prior des Karmelitenklosters von Medina del Campo, um ein Haus zu erwerben. Ihm gelang es auch, eines ausfindig zu machen, wenngleich es sehr baufällig war. Nachdem Teresa bereits mit sechs Schwestern und dem Kaplan Julián de Ávila aufgebrochen war, ergaben sich große Schwierigkeiten mit dem in der Nähe ihres zukünftigen Klosters gelegenen Kloster der Augustinerchorherren. Um diese zu beheben, suchte Teresa den Rat von Domingo Bañez in Arévalo auf, der ihr bereits bei der Gründung von San José beigestanden hatte. Die Gründung selbst wurde am 15. August 1567 unter abenteuerlichen Bedingungen vorgenommen. Denn weil Teresa kein Aufsehen erregen und Konflikte vermeiden wollte, war sie darauf bedacht, nachts von dem neuen Kloster Besitz zu ergreifen. Doch dies hätte ihr und ihren Begleiterinnen beinahe Kopf und Kragen gekostet, da man um Mitternacht die Stiere für den Stierkampf am kommenden Tag durch die Straßen trieb. „Daß wir keinem begegneten, war ein Werk der übergroßen Barmherzigkeit des Herrn. So versunken, wie wir waren, bemerkten wir überhaupt nichts“ (Fundaciones 3,7). Die ganze Nacht über wurde geputzt, um eine kleine Kapelle zu errichten und das Allerheiligste einsetzen zu können. Aber am nächsten Morgen mußte Teresa einsehen, daß sie voreilig gehandelt hatte. Denn das Haus war so baufällig, daß sie unmöglich schon mit so vielen Schwestern dort leben konnte. Nachdem sie fast eine Woche auf der Straße zugebracht hatten, fand man endlich eine Unterkunft zur Miete. Aus diesem Fehler sollte Teresa in der Zukunft lernen. Obwohl Teresa meist aus einem inneren Impuls heraus zu einer Klostergründung veranlaßt wurde, mußte sie die einzelne Situation und Anfragen, die an sie herangetragen wurden, prüfen. Dabei wurde von ihr verlangt, den Kern des karmelitanischen Lebens zu sichern und zugleich Flexibilität in der konkreten Umsetzung zu zeigen. Das wird sehr schön an der zweiten Gründung Teresas in Malagón ersichtlich. Auf dem Rückweg von Alcalá de Henares, wo sie im Januar 1568 das von María de Jesús gegründete Reformkloster besucht hatte, um die gemeinsame Lebensweise aufeinander abzustimmen, traf sie in Toledo Doña Luisa de la Cerda. Diese reiche altchristliche Dame bot Teresa die Stiftung eines Klosters auf ihrem Landgut Malagón an. Was sollte sie tun? Dieses Angebot widersprach Teresas Vorstellungen, denn es wäre unverantwortlich gewesen, in einem so kleinen Ort ein Kloster in absoluter Armut und ohne Einkünfte zu errichten. Daher schien ihr die Observanz der Regel nicht gesichert, weil sie in den Konstitutionen von 1567 ausdrücklich nur Almosen und Arbeit als Einkünfte vorgesehen hatte. Teresa weigerte sich aus diesem Grund zunächst auf das Ersuchen von Doña Luisa de la Cerda einzugehen. Aber weil sie nichts unterlassen wollte, was zur Ehre Gottes gereichen könnte, zog sie Gelehrte zu Rate. Als diese ihr mitteilten, daß das Konzil von Trient die Gründung von Klöstern mit Einkünften nicht verboten hatte, gab sie nach, aber bestand darauf, daß die Schwestern, wenngleich das Kloster mit ausreichenden Einkünften abgesichert würde, die gleichen Konstitutionen wie in den anderen Klöstern befolgen müßten und kein Privateigentum haben dürften. Nachdem ihr Christus in einer Vision zu verstehen gegeben hatte, daß ihm in diesem Kloster eifrig gedient werden würde, war Teresa beruhigt und reiste zu einer weiteren Gründung nach Valladolid ab, nicht ohne Doña Luisa de la Cerda zuvor gebeten zu haben, ihre *Vida* an P. Juan de Ávila zu schicken.

Bereits kurz nach der Begegnung mit dem Ordensgeneral Giovanni Rossi hatten Teresa und Bischof Alvaro de Mendoza erwogen, daß es für die geistliche Entwicklung der Reform von Nutzen wäre, wenn es auch Karmeliten gäbe, die nach der Ursprünglichen Regel lebten. Der General hatte ihrer Bitte entsprochen und am 10. August 1567 für den Provinzial eine entsprechende Vollmacht ausgestellt, in der Teresa implizit erwähnt wird. Danach durften in Kastilien zwei Konvente von „Kontemplativen Karmeliten nach der Ursprünglichen Regel in Einsamkeit" errichtet werden. Seit Teresa diese Nachricht erhalten hatte, begab sie sich auf die Suche nach geeigneten Personen für dieses Unterfangen. Sie fand mit ihrer Idee sofort begeisterte Zustimmung beim Prior von Medina del Campo, Antonio de Heredia, der schon den Übertritt zu den Kartäusern erwogen hatte. Aber Teresa zweifelte noch daran, ob er für ihr Vorhaben die erforderlichen Eigenschaften mitbrächte. „(...) er versprach mir, der erste zu sein. Ich hielt das für einen Scherz und sagte ihm das auch; denn obwohl er immer ein guter Pater war, (...) schien er mir doch für einen solchen Beginn nicht geeignet" (Fundaciones 3,16). Als sie während ihres kurzen Aufenthaltes in Medina del Campo einen jungen Karmeliten namens Juan de San Matías (später Juan de la Cruz) kennenlernte, der sich ebenfalls mit dem Gedanken trug zu den Kartäusern zu gehen, um dort ein Leben in größerer Einsamkeit und intensiven Gebets führen zu können, wurde ihr bewußt, daß sie nicht länger warten konnte. Teresa offenbarte ihm ihre Pläne und konnte ihn für ihr Reformvorhaben gewinnen (vgl. Fundaciones 3,16f.). Nach einiger Wartezeit in Ávila wurde ihr von einem Edelmann ein Haus in einem sehr abgelegenen Dorf namens Duruelo angeboten, welches sie auf dem Weg nach Valladolid in Augenschein nahm. Da sie auf dieser Reise wieder Medina del Campo passieren mußte, konnte sie ihren beiden Anwärtern über den Zustand der Örtlichkeiten Bericht erstatten. Beide

Juan de la Cruz / Johannes vom Kreuz (1542–1591) war in den Karmel von Medina del Campo eingetreten und ließ sich von Teresa für die Reform des Ordens gewinnen, deren Gelingen er als Vertrauter und Seelenführer förderte. Als erster Unbeschuhter Karmelit gründete er 1568 Duruelo, war danach an vielen Gründungen beteiligt und in Leitungsfunktionen tätig. Ausgezeichnet mit außerordentlichen mystischen Gnaden und großer lyrischer Begabung verfaßte er während der 9monatigen Gefangenschaft im Klostergefängnis von Toledo 1578 durch Reformgegner des eigenen Ordens einige seiner berühmtesten Gedichte. Aus dem Kommentar dieser Gedichte entstanden in den folgenden Jahren seine Hauptwerke: *Cántico espiritual, La Subida del Monte Carmelo, Noche oscura del alma* und *Llama de amor vivo*. 1675 selig- und 1726 heiliggesprochen, wurde er 1926 zum Kirchenlehrer erhoben.

waren sehr froh, mit dem kontemplativen Leben beginnen zu können, und um die Erlaubnis des Provinzials bemüht. Teresa nutzte die Gelegenheit und nahm den jungen Pater als Begleiter zur Gründung von Valladolid mit, um ihn dort mit der Lebensweise der Schwestern vertraut zu machen, während P. Antonio sich um Einrichtungsgegenstände bemühte. Teresa bemerkte nicht ohne Humor: „Er kam sehr zufrieden nach Valladolid, um mit mir zu sprechen, und teilte mir mit, was er gesammelt hatte: es war allerdings sehr wenig. Nur mit Uhren war er gut ausgestattet – er hatte nämlich fünf aufgetrieben, was mir großen Spaß bereitete. (...) Zum Schlafen besaß er aber – wie ich glaube – noch nichts" (Fundaciones 14,1). So nahm das erste Männerkloster der Reform in der Einsamkeit von Duruelo in ärmlichsten Verhältnissen am 28. November 1568 seinen Anfang. Als Teresa den beiden drei Monate später auf dem Weg nach Toledo über Valladolid und Medina del Campo einen Besuch abstattete, war sie erstaunt, als sie den ehemaligen Prior beim Kirchputz überraschte: „Was ist das, mein Vater? Was ist mit Eurer Ehre geschehen? Er gab mir zur Antwort und brachte darin die große Zufriedenheit zum Ausdruck, die er verspürte: ‚Ich verfluche die Zeit, in der ich sie hatte'" (Fundaciones 14,6). Nachdem Teresa sich von ihrem Lebenswandel überzeugt hatte, bat sie sie, ihre Bußübungen zu mäßigen und reiste sehr getröstet ab, um in der bedeutenden Handelstadt Toledo ein Kloster zu errichten. Sie war damit sehr in Eile, da sie schon in Valladolid durch einen Händler namens Alonso Álvarez Martínez, mit dem sie guten Kontakt hatte, dazu gedrängt worden war, nach Toledo zu kommen. Der Schilderung Teresas ist zu entnehmen, daß es sich hierbei wohl um Kontakte zu ehemaligen Judenkonversen handelte (vgl. Fundaciones 15,1 f; 15,15). Im Laufe der Verhandlungen mit Alonso Álvarez Martínez zeigte es sich, daß dieser Bedingungen stellte, auf die Teresa nicht eingehen konnte. Daher wäre sie am liebsten abgereist, weil es sehr schwer war, die kirchliche Erlaubnis für die Klostergründung zu erhalten. Denn der Erzbischof von Toledo, Bartolomé de Carranza (1503–1576), wurde seit 1559 wegen der Herausgabe eines Katechismus durch den Inquisitor Francisco de Valdés in Haft gehalten und befand sich, als Teresa 1569 zur Gründung nach Toledo kam, im Gefängnis der Engelsburg in Rom. Daher mußte Teresa mit dem kommissarischen Leiter der Diözese, Don Gómez Tello Girón verhandeln. Nachdem Teresa zwei Monate lang vergeblich versucht hatte, die Erlaubnis zu bekommen, war sie zum Zeitpunkt ihrer Unterredung so bestimmend, daß sie Erfolg hatte: „Als ich vor ihm stand, erklärte ich ihm, es sei hart, daß es Frauen gäbe, die in großer Strenge, Vollkommenheit und Zurückgezogenheit zu leben wünschten, während diejenigen, die nichts davon durchmachten, sondern ein Leben in Behaglichkeit führten, Werke verhindern wollten, die einen so großen Dienst an Unserem Herrn bedeuten. Dies und noch ziemlich viel anderes sagte ich ihm, und zwar mit einer so großen Entschlossenheit, die mir der Herr eingab. Meine Worte rührten sein Herz derart, daß er mir die Erlaubnis erteilte, noch bevor ich ihn verließ“ (Fundaciones 15,5). Obwohl Teresa endlich die Gründungserlaubnis hatte, war es ihr trotz der Beziehungen zu Doña Luisa de la Cerda und zahlreichen Händlern nicht gelungen, ein Haus zu mieten. Die Umstände, durch die Teresa zu einem Haus gelangte, machen deutlich, daß ihre Mitschwestern durchaus nicht ganz frei vom Standesdenken ihrer Zeit waren. Denn als ihnen ein Franziskanerpater einen jungen armen Mann schickte, der ihnen in allem behilflich sein sollte, schien ihnen das nicht schicklich. „Seine Kleidung war nämlich nicht danach, um mit Unbeschuhten Karmelitinnen zu verkehren“ (Fundaciones 15,6). Als Teresa ihn dennoch bitten wollte, ein Haus zur Miete für sie ausfindig zu machen, erntete sie nur Gelächter: „Diese (ihre Mitschwestern) lachten sehr über mich und meinten, ich solle das nicht tun“ (Fundaciones 15,7). Doch bereits am nächsten Tag hatten sie Dank seiner Hilfe ein Haus gefunden, in dem sie ein Jahr lang zur Miete wohnen konnten. Die Gründung von Toledo war einc der schwierigsten, die Teresa bisher vorgenommen hatte, weil sie anfangs auf materielle Unterstützung verzichten mußte. Sie war nur im Besitz von zwei Strohsäcken und einer Decke. Die Inbesitznahme des Hauses erfolgte wiederum mitten in der Nacht. Dabei kam es zu einer lustigen Episode, da einige Mitbewohner noch nicht ausgezogen waren und aus dem Schlaf geschreckt wurden, als Teresa einen vermauerten Raum als Kirche einrichten wollte. „Als gerade der Morgen anbrach, hatten wir alles fertig, und wir begannen, die zugemauerte Tür zu öffnen, die in einen ziemlich kleinen Hof führte. Aus Angst, daß sie uns verraten könnten, hatten wir es nicht gewagt, den Frauen etwas zu sagen. Als sie nun – noch im Bett liegend – die Schläge hörten, erhoben sie sich entsetzt, und wir hatten ziemlich viel damit zu tun, sie zu besänftigen" (Fundaciones 15,10). Auch von Seiten des Domkapitels drohte man ihr mit der Exkommunikation, weil der Vertreter des Erzbischofs zu diesem Zeitpunkt nicht da war. Aber letztendlich konnte das Kloster am 14. Mai 1569 doch errichtet werden, und man gelangte bald mit den Stiftern zu einer Einigung. Die Schwestern bedauerten es, als die entbehrungsreiche Zeit des Anfangs vorüber war, und Teresa selbst lernte den großen Wert der Armut tiefer schätzen: „Ab diesem Zeitpunkt wuchs in mir der Wunsch, arm zu sein, und mir blieb die innere Freiheit, die weltlichen Güter geringzuschätzen. Ihr Mangel läßt ja das innere Wohl wachsen, das eine ganz andere Befriedigung und Ruhe mit sich bringt" (Fundaciones 15,15). Mit der Aufnahme von Kandidatinnen war Teresa sehr vorsichtig. Zum einen war sie bei der Gründung von Klöstern auf finanzielle Unterstützung angewiesen, zum anderen wollte sie sich nicht abhängig machen und genötigt sein, ungeeignete Personen aufzunehmen. An der Gründung von Toledo wird deutlich, wie Teresa hierbei vorging. Sie nahm sogenannte Doten nur als Almosen d. h. als Schenkung für das Kloster an (vgl. Fundaciones 16,2). Auf diese Weise blieben die Unabhängigkeit der Gemeinschaft gegenüber der Kandidatin und die Gleichheit der Schwestern sowie die persönliche Armut der einzelnen gewahrt. Freilich blieb die Aufnahme einer Kandidatin ohne Vermögen die Ausnahme, weil Teresa auch die Ende des 16. Jahrhunderts einsetzende Rezession der Wirtschaft bei ihrer Gründungstätigkeit berücksichtigen mußte. Da Chorschwestern mindestens zur Rezitation des lateinischen Officiums in der Lage sein mußten, war eine gewisse Grundbildung Voraussetzung für das Ordensleben. Wenn man berücksichtigt, daß nur circa sechs Prozent der weiblichen Bevölkerung des Lesens und Schreibens mächtig waren, konnte Teresa ihre Schwestern vornehmlich nur aus bürgerlichen oder adligen Kreisen rekrutieren. Wichtig war auch der Gesundheitszustand der Kandidatinnen, da ihre

Lebensweise sehr streng war. Teresa war sich darüber im klaren, daß die Auswahl und Eignung der Schwestern für den Fortbestand der Gründungen und die Entfaltung der Reform großen Einfluß hatte. Daher kam dem Tugendleben, der charakterlichen Eignung und dem Gebetseifer ein hoher Stellenwert zu. „Denn von den Anfängen hängt meiner Meinung nach die Zukunft ab; die Nachkommenden gehen ja nur auf dem Weg weiter, den sie vorfinden“ (Fundaciones 9,1). Daß Teresa sich bei ihrer Gründungstätigkeit nicht geschont hat, sondern immer wieder große Strapazen auszustehen hatte, verschwieg sie auch in ihrem Gründungsbericht nicht. „In den 15 Tagen zwischen der Gründung des Klosters in Toledo und dem Vorabend des Pfingstfestes mußte ich die Kirche in Ordnung bringen, Sprechgitter einsetzen und andere Dinge beschaffen, was viel Arbeit bedeutete (…). Ich hatte in diesen Tagen bis zur Erschöpfung mit Handwerkern zu tun“ (Fundaciones 17,1). Die Schwestern, die sie für diese Gründung ausersehen hatte, waren gerade eingetroffen, als Teresa vom Diener der Fürstin von Eboli, einer bei Hof sehr einflußreichen und intriganten Persönlichkeit, förmlich den Befehl erhielt, nach Pastrana zu kommen, um dort ein Schwesternkloster zu gründen. Teresa war über dieses Ansinnen sichtlich empört und dachte nicht daran, ihr zu willfahren, weil sie die junge Gründung noch nicht allein lassen wollte. Als sie jedoch im Gebet darüber nachdachte, wie sie ihre Absage formulieren könnte, ohne die Fürstin zu beleidigen, bekam sie von Christus die Anweisung, sofort nach Pastrana zu fahren und die Regel und die Konstitutionen mitzunehmen, weil es um mehr als um eine Gründung gehe. Anfang Juni 1569 begab sich Teresa also erneut auf Reisen. Auf dem Weg nach Pastrana machte sie in Madrid bei Leonore Mascareñas halt, die gerade zwei Eremiten beherbergte, die zu einer Eremitengemeinschaft in der Nähe von Sevilla gehörten und bei Pastrana vom Fürsten Ruy Gómez ein Gelände erhalten hatten. Sie waren auf dem Weg nach Rom, weil sie nicht wußten, welcher bestehenden Ordensgemeinschaft sie sich anschließen sollten. Teresa übergab dem einen der Eremiten, Mariano de San Benito, die Regel und die Konstitutionen des Ordens und überzeugte ihn, daß er seine eremitische Lebensweise weiterführen könnte, wenn er die Ursprüngliche Regel des Karmel annehme. Als sich dieser daraufhin zum Eintritt in den Orden entschloß, war Teresa hocherfreut darüber, ein weiteres Männerkloster der Reform errichten zu können. Nachdem man durch Vermittlung des Bischofs Alvaro de Mendoza beim Provinzial eine Gründungserlaubnis eingeholt hatte, konnten die Eremiten in Pastrana in den Orden aufgenommen werden. Teresa selbst schneiderte die Ordenskleidung für die beiden und ließ P. Antonio zu deren geistlicher Ausbildung nach Pastrana kommen. Auch über die Errichtung eines Schwesternklosters konnte sich Teresa mit Ruy Gómez einigen, nachdem dieser die Launen seiner Ehefrau, der Fürstin von Eboli, in Schranken gewiesen hatte. Teresa war auch nicht bereit gewesen nachzugeben, da es ihr zu diesem Zeitpunkt viel wichtiger war, die Eremiten in den Orden aufzunehmen. Als der Ordensgeneral die Gründung von zwei Konventen nach der Ursprünglichen Regel genehmigt hatte, hatte er für diese Männerklöster keine eigenen Konstitutionen erlassen, sondern nur vier Grundsätze aufgestellt. Die Unbeschuhten sollten keine Beschuhten aus Kastilien oder Andalusien aufnehmen, sie sollten keine neuen Konvente ohne schriftliche Genehmigung des Generals errichten, jeder Konvent dürfe maximal 20 Personen betragen, und man dürfte die Grenzen Kastiliens nicht überschreiten. Bisher war es zu keinen unüberwindlichen Konflikten mit den kirchlichen Behörden oder mit der Ordensleitung gekommen, im Gegenteil, in einem Brief an die Priorin von Medina del Campo war Giovanni Rossi voll des Lobes über Teresas Gründungen: „Sie gereicht dem Orden zu größerem Fortschritt als viele Karmelitenbrüder in Spanien“ (MHCT II, S. 317). Mit dem Breve *Singularis fervensque* Papst Pius V. vom 20. August 1569 sollte sich die jurisdiktionelle Grundlage der Reform der Karmeliten ändern. Papst Pius V. hatte hierin (und in einem weiteren Breve für Andalusien) die Dominikaner Pedro Fernández und Francisco de Vargas zu Visitatoren für die Karmeliten in Kastilien bzw. Andalusien ernannt und diese mit weitreichenden päpstlichen Vollmachten hinsichtlich der Personen und Häuser ausgestattet. Da insgeheim auch der Nuntius von Spanien für die Reform der Ordensleute verantwortlich war und der Ordensgeneral Giovanni Rossi durch das Konzil von Trient mit der Durchführung der Reform in seinem Orden beauftragt war, kam es nun zu unguten jurisdiktionellen Verwicklungen, weil die Kompetenzen der einzelnen nicht aufeinander abgestimmt wurden. Um die Visitation der Dominikaner von außen zu kontrollieren, hatte Giovanni Rossi sofort nach der Ernennung der Visitatoren eine Expertenkommission eingesetzt, die die Patente der Apostolischen Visitatoren prüfen sollte. Für Kastilien gehörten Alonso González, Ángel de Salazar und Antonio de Jesús zu dieser Kommission. Das Vorgehen dieser Visitatoren sollte in den kommenden Jahren Quelle zahlreicher Spannungen sein. Doch für Teresa bestand in der Autorität der Apostolischen Visitatoren kein Zweifel.

Im Jahr nach der Gründung von Pastrana war die Heilige häufig unterwegs. Sie wohnte im Juli 1570 der Profeß der beiden Eremiten Mariano de San Benito und Juan de la Miseria bei und gelangte über Medina del Campo, Alba de Tormes und Valladolid nach Toledo, wo sie schwer erkrankte. Zu diesem Zeitpunkt erneuerte der Ordensgeneral die Vollmachten, die er Teresa für die Gründung von Klöstern in Kastilien ausgestellt hatte, und bezeichnete sie in diesem Schreiben als „Vicaria del general". Laut dem Patent vom 6. April 1571 wurde die Gültigkeitsbegrenzung ausschließlich für Kastilien aufgehoben, aber von der Erlaubnis des Apostolischen Visitators abhängig gemacht (MHCT I, S. 111). Der Kerngedanke war nicht nur, durch die Ausbreitung der Reform neue lebendige Stätten des Gebets zu schaffen, sondern auch durch die verborgene Präsenz vor allem in den Städten all jene betend zu unterstützen, die im Dienst der Lehre und Verkündigung stehen. Teresas Ortswahl war daher nicht primär von wirtschaftlichen Erwägungen geleitet, sondern sie wollte für die Menschen, die mit ihren Problemen zu ihren Klöstern kamen, im Gebet vor Gott eintreten. Als sie daher die Möglichkeit erhielt, in der Universitätsstadt Salamanca eine Neugründung vorzunehmen, zögerte sie nicht. Auf Anregung von P. Martín Gutiérrez holte Teresa für die geplante Gründung die Erlaubnis des Bischofs von

Martín Gutiérrez (1524–1573) war ein großer Freund und Vertrauter Teresas. Nach seinem Eintritt in die Gesellschaft Jesu 1550 studierte er in Salamanca Theologie und war Rektor von verschiedenen Studienhäusern der Gesellschaft. Er veranlaßte die Inkorporation des Kollegs von Salamanca in die Universität und wurde in Frankreich durch Hugenotten umgebracht, als er auf dem Weg nach Rom war.

Salamanca, Don Pedro González de Mendoza, ein. Nachdem die Heilige von Ávila aus durch Vermittlung einer Bekannten ein Studentenhaus mieten konnte, begab sie sich mit einer Gefährtin auf den Weg nach Salamanca, beseelt von der Freude, eine neue Stätte des Gebets errichten zu können. „Hatte ich eine Reise erst einmal begonnen, kam sie mir leicht vor, wenn ich mir vor Augen hielt, für wen ich sie unternahm, oder wenn ich daran dachte, daß man in jenem Haus den Herrn preisen und das Allerheiligste Sakrament einsetzten würde. Eine Kirche mehr zu sehen ist ein besonderer Trost für mich – wenn ich mich an die vielen erinnere, die von den Lutheranern zerstört wurden" (Fundaciones 18,5).
Nicht ohne Humor erzählt Teresa die Erlebnisse der ersten Nacht, die sie nach ihrer Ankunft am 1. November 1570 mit ihrer Mitschwester in dem geräumten Studentenhaus verbrachte. Auf Stroh liegend war diese ganz verängstigt und fragte sich, was wohl werden würde, wenn sie nun stürbe. Teresa sichtlich gereizt wegen der Strapazen der Reise und den bereits durchwachten Nächten gab zur Antwort: „Schwester, falls dies wirklich geschieht, werde ich darüber nachdenken, was ich zu tun habe; jetzt lassen Sie mich schlafen" (Fundaciones 19,5).
Teresa war noch keine zwei Monate an diesem Ort und hatte auch noch kein Haus für die Schwestern kaufen können, als sie schon nach Alba de Tormes gerufen wurde, um dort auf ausdrücklichen Rat von Domingo Bañez die Stiftung eines Klosters mit festen Einkünften anzunehmen. Teresa macht in ihrem Gründungsbericht in bezug auf die Gründerin einige gesellschaftskritisch sehr interessante Bemerkungen, die zeigen, wie sie sich von den geltenden Reinheitsstatuten und den gängigen Wertvorstellungen distanzierte: „Die Gründerin des Klosters (…), Teresa de Layz, war die Tochter vornehmer Eltern, adelig und von reinem Blut. Da sie nicht so reich waren, wie es der hohe Adel ihrer Eltern erforderte, wohnten sie in einem Ort namens Tordillos (…) . Es ist schade, daß Menschen, weil die Welt derart auf Eitelkeiten ausgerichtet ist, lieber die Abgeschiedenheit so kleiner Orte und den Verzicht auf Unterricht und viele andere Dinge, die der Seele Licht vermitteln, in Kauf nehmen, als auch nur einen von den Punkten aufzugeben, die das mit sich bringt,

was sie Ehre nennen" (Fundaciones 20,2). Teresa nahm diese Gründung wegen der wirtschaftlichen Situation auch nur widerwillig an, wie sie bekannte: „Um viele Klöster ohne Einkünfte zu gründen, mangelt es mir niemals an Mut und Vertrauen, weil ich sicher bin, daß Gott sie nicht im Stich lassen wird. Für Klöster mit Einkünften aber – dazu noch mit zu geringen – fehlt mir jeglicher Mut. Ich halte es für besser, sie nicht zu gründen" (Fundaciones 20,13). Nachdem die Gründungsformalitäten rasch erledigt waren, kehrte sie bereits im Februar 1571 nach Salamanca zurück, um den Schwestern auf der Suche nach einem Haus behilflich zu sein.

Priorin des Klosters Encarnación

Teresa konnte den Kauf eines Hauses in Salamanca nicht mehr ausführen, weil der Apostolische Visitator für Kastilien, Pedro Fernández, ihr nach seiner Visitation im Kloster Encarnación in Ávila befahl, die sofortige Leitung dieses Klosters zu übernehmen. Teresa wollte dies ganz und gar nicht, da sie dadurch ihr Reformwerk gefährdet sah. Ferner verlangte Pedro Fernández von Teresa und allen Schwestern, die das Kloster Encarnación verlassen hatten, daß sie ihre Profeß nach der Ursprünglichen Regel erneuerten und ein Leben nach der gemilderten Regel widerriefen. Teresa kam dieser Aufforderung am 13. Juli 1571 in San José nach und mußte den Wortlaut in Gegenwart von fünf Zeugen laut vorlesen, mit eigener Hand unterschreiben und notariell ausfertigen. *„Ich, Teresa von Jesus, Nonne Unserer Lieben Frau vom Berge Karmel, Profeßschwester des Klosters Encarnación zu Ávila, befinde mich gegenwärtig im Kloster San José zu Ávila, wo man die Ursprüngliche Regel befolgt. Bis jetzt habe ich sie hier befolgt mit Genehmigung unseres hochwürdigsten Pater Generals, Giovanni Battista Rossi, und nun, nachdem die Prälaten mir gebieten, ins Kloster Encarnación zurückzukehren, möchte ich sie auch dort befolgen. Es ist mein Wille, sie (die Ursprüngliche Regel) mein ganzes Leben lang zu befolgen, und so verspreche ich es und widerrufe alle Breven, die die Päpste zur Milderung der*

Ursprünglichen Regel erlassen haben. Und mit der Hilfe unseres Herrn hoffe und verspreche ich es so bis zu meinem Tod zu halten. Und weil dies der Wahrheit entspricht, bekräftige ich es mit meinem Namen. Gegeben am 13. Juli 1571. Teresa von Jesus, Karmelitin" (MHCT I, S. 113). Diese so genannte „Renuntiation der gemilderten Regel" markierte den rechtlichen Abschluß einer langen Entwicklung und wurde vom Apostolischen Visitator am 6. Oktober desselben Jahres angenommen. Am selben Tag mußte Teresa auch das Amt der Priorin im Kloster Encarnación antreten. Wie sie in ihren „Relationen" zu verstehen gibt, tat sie dies nur im ausdrücklichen Gehorsam gegenüber Gott, der ihr dies aufgetragen hatte: „Da sagte der Herr zu mir: O Tochter, Tochter! Die im Menschwerdungskloster sind Schwestern von mir, und du zögerst noch? Auf, hab Mut; schau, ich will es, und es ist nicht so schwierig, wie du denkst, und auf dem Weg, auf dem ihr glaubt, daß diese anderen Häuser verlieren, wird das eine und das andere gewinnen, denn meine Macht ist groß" (Relaciones 20).

Teresa hatte eine schwierige Aufgabe zu bestehen, denn auch die Schwestern im Kloster Encarnación wehrten sich mit allen Kräften gegen ihre Ernennung. Weil man ihr Wahlrecht übergangen hatte, wollten sie gegen diese Verfahrensweise protestieren. Viele fürchteten sich vor rigorosen Änderungen. Als Teresa in Begleitung des Provinzials Angel de Salazar von ihrem Amt Besitz ergreifen sollte, kam es zu einer Tragödie. Die Türen des Klosters waren verschlossen. Man öffnete ihnen nicht. Da mußte sich Teresa durch einen Schleichweg, dem Kommunionfenster in der Kirche, den Zugang verschaffen. Man berief ein Kapitel ein, auf dem der Provinzial das Ernennungsschreiben verlas. Daraufhin stimmten einige das *Te deum* an, andere dagegen stießen Klagegesänge aus. Teresa selbst äußerte sich nur sehr zurückhaltend in bezug auf diese Amtszeit, was einen nachdenklich stimmen kann. Da aus dieser Zeit über 100 Briefe erhalten geblieben sind, kann man ihnen entnehmen, daß Teresa unter der vielen Arbeit, der großen Armut und kaum vorhandenen wirtschaftlichen Mitteln und ihrer eigenen schlechten Gesundheit sehr zu leiden hatte. Sie empfand große Einsamkeit, da sie niemanden hatte, mit dem sie vertraulich sprechen konnte. Nach und nach versuchte sie, einige Mißstände abzustellen, indem sie den Schwestern den Besuch des Sprechzimmers nur noch zu Gesprächen mit den Eltern gestattete und bemüht war, sie zu größerer Zurückgezogenheit und zum Gebet anzuleiten. Sehr realistisch bemerkte sie in einem Brief vom 7. November 1571: „Die Gewohnheiten zu ändern, bedeutet den Tod für sie." Teresa war als Priorin für die äußere Leitung der Kommunität verantwortlich, aber sie wußte, daß es eines guten Beichtvaters und Seelenführers bedurfte, um die Schwestern auch innerlich auf den Weg der Umkehr zu führen. Daher rief sie zwei Unbeschuhte Karmeliten nach Ávila, die den Schwestern in den kommenden fünf Jahren die Beichte abnehmen sollten: den hl. Juan de la Cruz und P. Germán de San Matías. Sie wohnten in einem kleinen Häuschen am Rande des Klostergeländes. Da bisher immer Beschuhte Karmeliten vom Kloster *El Carmen* in Ávila zu den Schwestern gekommen waren, bedeutete diese Maßnahme Teresas einen gravierenden Eingriff. Trotz aller äußeren Schwierigkeiten empfing Teresa gerade in dieser Amtszeit besondere Gnadenerweise Gottes: Am 19. Januar 1572 erschien ihr die Gottesmutter während des Salve über dem Sitz der Priorin (vgl. Relaciones 25), auf den sie bei ihrer Amtseinführung zum Zeichen dafür, daß Maria die eigentliche Priorin des Klosters sein möge, ihr Gnadenbild gestellt hatte. „(...) ich sah die Mutter Gottes mit einer großen Schar von Engeln auf den Priorinnensitz herabkommen und dort Platz nehmen. (...) und sie sagte zu mir: „Das hast du gut gemacht, mich hier aufzustellen; ich werde beim Lob, das ihr meinem Sohn entgegenbringt, zugegen sein und es ihm darbringen" (Relaciones 25,1–2). Am 18. November desselben Jahres erreichten ihre mystischen Erfahrungen ihren Höhepunkt, während sie aus der Hand des hl. Juan de la Cruz die heilige Kommunion empfing. Oft war gerade der Empfang der heiligen Kommunion, die Vereinigung mit dem menschgewordenen Sohn Gottes, für sie der Augenblick tiefster Gotteserfahrungen. Aber an diesem Tag wurde ihr die Gnade der geistlichen Vermählung zuteil – eine metaphorische Umschreibung für die bleibende Vereinigung Teresas mit Jesus Christus. Eine sprachliche Annäherung an dieses Geheimnis, das sich menschlichem Verstehen entzieht, versuchte Teresa gegenüber ihrem Beichtvater: „Da sagte mir Seine Majestät (Gott): „Hab keine Angst, Tochter, daß jemand dazu beitragen könnte, um dich von mir zu trennen. (…) Siehe diesen Nagel! Er ist das Zeichen, daß du von heute an meine Braut bist. Bist jetzt hattest du das nicht verdient; von jetzt an wirst du nicht nur auf meine Ehre achten, weil ich dein Schöpfer, dein König und dein Gott bin, sondern weil du meine wahre Braut bist: Meine Ehre ist bereits deine, und deine meine" (Relaciones 35). Die Vereinigung mit Christus bedeutet für Teresa Anteilhabe am Erlösungsmysterium Christi. Der Kreuzesnagel, den sie empfing, ist daher tiefster Ausdruck der erlösenden Liebe des Gekreuzigten zu ihr. Durch diese Erfahrung bekam das Leiden im eigenen Leben für Teresa ein neues Gewicht, es war Anteil am erlösenden Leiden Christi und Teil der Nachfolge. Die Vereinigung mit dem Leiden Christi war für Teresa eine Kraftquelle, um alle Schwierigkeiten dieser Amtszeit zu überstehen, die aber auch schöne menschliche Erlebnisse einschloß. So waren der Eintritt und die Profeß von P. Jerónimo de la Madre de Dios (Jerónimo Gracián) für sie eine ganz besondere Freude. In den Fundaciones beschreibt sie sehr ausführlich seine Berufungsgeschichte (vgl. Fundaciones 23). Von Anfang an empfand Teresa für diesen gelehrten jungen Pater, der in den folgenden Jahren wichtige Ämter innerhalb des Ordens bekleiden sollte, eine besondere Zuneigung. „Denn nach dem äußerst zufriedenstellenden Eindruck, den er auf mich machte, dachte ich mir, die Menschen, die ihn mir gegenüber gelobt hatten, hätten ihn gar nicht gekannt" (Fundaciones 24,1).

Jerónimo de la Madre de Dios (1545–1614) wurde am 6. Juni 1545 als 13tes von 20 Geschwistern in Valladolid geboren. Ausgestattet mit glänzenden intellektuellen Gaben war er schon mit 19 Jahren Magister der Artes. Während des Theologiestudiums wandte er sich unter der Leitung der Jesuiten dem inneren Beten zu. Im Alter von 24 Jahren wurde er zum Priester geweiht und trat 1572 als Doktor der Theologie in Pastrana in den Orden ein. Von 1582–85 leitete er die Unbeschuhten Karmeliten als erster Provinzial. Infolge ordensinterner Richtungskämpfe wurde er im Februar 1592 aus dem Orden ausgestoßen und geriet im Oktober 1593 für eineinhalb Jahre als Sklave in türkische Gefangenschaft. Nachdem er die Freiheit zurückerlangt hatte, lebte er bis zu seinem Tod 1614 als Beschuhter Karmelit in Rom und in Belgien.

Trotz aller Probleme im Kloster Encarnación blieb Teresa nicht einmal die Hälfte ihrer Amtszeit dort. Der Visitator erlaubte ihr Ende Juli 1573, nach Salamanca zurückzukehren, um für die Schwestern ein Haus zu erwerben. Zu diesem Zeitpunkt wurden mit Zustimmung der Visitatoren die ersten Konvente der Unbeschuhten in Andalusien gegründet. Dieses Vorgehen sollte in den kommenden Jahren zu heftigen Auseinandersetzungen führen, da dies gegen die ausdrückliche Anordnung und ohne Rücksprache mit dem Ordensgeneral geschah.

Immer wieder hatte Teresa von den Schwestern in Pastrana gehört, daß die Fürstin von Eboli ihnen große Schwierigkeiten bereitete. Die Situation war eskaliert, als diese Fürstin direkt nach dem Tod ihres Mannes in „ihre" Gründung eingetreten war, aber die klausurierte Lebensweise der Schwestern nicht ertragen konnte. Voller Verbitterung war sie wieder ausgetreten und schikanierte die Schwestern derart, daß sich Teresa gezwungen sah, ihre Oberen zu bitten, dieses Kloster aufzuheben. In aller Eile bereitete sie mit Erlaubnis des Apostolischen Visitators in Segovia eine Neugründung vor. Nachdem am 19. März 1574 die Gründung erfolgt war, konnten die Schwestern ohne Wissen der Fürstin am 7. April von Pastrana nach Segovia in ihr neues Kloster flüchten. „Ich aber hatte die größte Freude auf der Welt, als ich die Schwestern wieder in Ruhe sah, da ich ja sehr gut darüber unterrichtet war, daß sie an der Verärgerung der Fürstin keine Schuld hatten" (Fundaciones 17,17). Jedoch sollte Teresa diese Freude teuer zu stehen kommen, weil die Fürstin ihre *Vida* nun aus Rache über den Abzug der Schwestern aus Pastrana bei der Inquisition denunzierte.

Teresa standen sehr unruhige Jahre bevor, in denen ihr Reformwerk einer harten Prüfung unterzogen wurde. Hierfür waren vor allem zwei Faktoren verantwortlich: zum einen die Prüfung ihrer Person und ihrer *Vida* durch die Inquisition und damit zusammenhängend der Rechtgläubigkeit ihres Reformwerkes innerhalb der Kirche, zum anderen die Folgen der jurisdiktionellen Veränderung für die Ordensreform der Karmeliten nach dem Tod von Papst Pius V. Da beide Faktoren ungefähr zeitgleich auftraten, wurde dadurch eine Atmosphäre der Verdächtigung hervorgerufen, die bis zur Verfolgung der Unbeschuhten Karmeliten führte.

Eskalation des Konflikts

Auslöser der Spannungen war die Gründung von einigen Klöstern der Reform in Andalusien entgegen der Anordnung des Ordensgenerals, aber auf Geheiß der direkten päpstlichen Vollmacht des Apostolischen Visitators. Der General erkannte diese Gründungen und die Autorität der Apostolischen Visitatoren nicht als rechtmäßig an und belegte alle Brüder, die den Visitatoren Gehorsam leisteten und in den unrechtmäßig errichteten Klöstern lebten, als ungehorsame Rebellen mit der Exkommunikation und mit anderen Kirchenstrafen. An P. Gracián schrieb der Ordensgeneral, er benehme sich wie ein Novize, der nichts von der Struktur eines Ordens verstehe. Sein Verhalten sei Ungehorsam und könne niemals zum Dienst Gottes gereichen (vgl. MHCT I, S. 171). Als Papst Gregor XIII. (1572–1585) am 13. August 1574 mit dem Breve *Cum sicut accepimus* die Vollmachten der Visitatoren aufhob (vgl. MHCT I, S. 192), wurde der General wieder mit seiner ordentlichen Jursidiktionsgewalt über die Konvente in Spanien betraut. Doch da das, was die Visitatoren in die Wege geleitet hatten, rechtsgültig war und nicht rückgängig gemacht werden konnte, bestand das Problem weiterhin. Für den Nuntius und die römische Kurie besaßen die Konvente in Kastilien und Andalusien kanonische Existenz, und die Oberen und Konventualen hatten päpstliche Legitimität; für den General und den Orden dagegen waren die Konvente der Unbeschuhten in Andalusien illegitim. Teresa versuchte dem General, Giovanni Rossi, die verwickelte Situation in einem Brief vom 18. Juni 1575 zu erläutern, um zwischen beiden Parteien zu vermitteln. Aber der Brief erreichte den General zu spät, da dieser die Provinziale und Delegierten des Ordens Pfingsten 1575 zu einem Generalkapitel nach Piacenza (Lombardei) einberufen hatte. Während der Vorbreitungszeit des Kapitels traf ein Breve Papst Gregors XIII. ein, das dem Kapitel die Vollmachten einräumte, alle Konvente, die in der bisherigen Amtsperiode ohne Erlaubnis des Generals gegründet worden waren, aufzuheben (vgl. Bullarium, Bd. 2, S. 183–184). Auf dem Kapitel wurde im Zusammenhang mit der Abfassung der „Statuten zur Umsetzung des Trienter Konzils“ im Orden auch über die Unbeschuhten Karmeliten in Spanien gesprochen. Das Kapitel ließ nur die Patente in Kraft, die der Ordensgeneral zwischen 1567–1574 erlassen hatte. Der General bestimmte, daß alle Religiosen, die entgegen den allgemeinen Statuten gewählt seien, sich im Ungehorsam gegenüber dem Prior und dem General befänden: Die *Konventualen,* die sich in unrechtmäßig errichteten Klöstern befänden, seien von ihren Ämtern suspendiert und von diesen Orten zu entfernen. Die rebellischen Mitbrüder in den Klöstern von Granada, Sevilla, La Pegnola müßten diese Klöster binnen drei Tagen verlassen. Die Provinziale wurden unter Androhung von Kirchenstrafen zur Umsetzung dieser scharf abgefaßten Beschlüsse (vgl. MHCT I, S. 210–216) verpflichtet. Man wollte zum Status quo von 1570 zurückkehren und die Eingriffe der Visitatoren in die Ordensangelegenheiten rückgängig machen. Obwohl die Schwestern unter der direkten Jurisdiktion des Generals standen, wurde Teresa selbst weder von den Kapitularen (vgl. Randnote S. 31) noch vom Definitorium erwähnt. Auch wurde keine einzige ihrer Gründungen als illegitim betrachtet. Weder wurde ein Kloster aufgehoben, noch wurden die Schwestern exkommuniziert.

Konventuale (lat. *conventus* – Zusammenkunft): Ausdruck für ein Mitglied einer Klostergemeinschaft.

Definitorium: vier- bis fünfköpfiges Leitungs- und Beratungsgremium des Ordensgenerals, das auf Zeit gewählt wird.

Allerdings hob der General die Vollmachten auf, die er Teresa erteilt hatte, und befahl ihr, sich in ein Kloster ihrer Wahl zurückzuziehen. Die Spannungen eskalierten. Denn nachdem der Nuntius von Spanien, Nicolás Ormaneto (1516–1577), von den Entscheidungen des Kapitels Kenntnis erhalten hatte, versuchte er die Konvente der Unbeschuhten in Andalusien zu erhalten und ernannte P. Jerónimo Gracián am 3. August 1575 zum Kommissar und Reformator aller Karmeliten von Andalusien und der Unbeschuhten Karmeliten von Kastilien (MHCT I, S. 221–223). Es kam zu einem offenen Konflikt zwischen dem Generalat und dem Nuntius, der die Reform der Unbeschuhten schützen wollte. Einige Karmeliten wollten die Beschlüsse des Kapitels von Piacenza in Kastilien und Andalusien umsetzen. So kam es zu Verfolgungen der Unbeschuhten.

Teresa befand sich zum Zeitpunkt des Kapitels von Piacenza in Sevilla. Nachdem sie ihre Amtszeit im Kloster Encarnación beendet hatte, war sie ins Kloster San José zurückgekehrt. Im Januar 1575 brach sie zur Gründung eines weiteren Klosters nach Beas auf, wo sie im Februar zum ersten Mal mit P. Jerónimo Gracián zusammentraf. Weil sich im Hinblick auf eine Klostergründung in Caravaca Schwierigkeiten ergaben, befahl ihr P. Jerónimo Gracián als Apostolischer Kommissar, besser zunächst in Sevilla ein Kloster zu errichten. Auf dem Weg nach Sevilla erneuerte Teresa ihr Gehorsamsgelübde und entschied sich, in allem den Anordnungen von P. Gracián Folge zu leisten. Dieses vielfach mißverstandene Gelübde hatte sich Teresa reiflich überlegt, wie sie in den „Relationen" 39–40 zu verstehen gibt. Wie man aus ihren Worten entnehmen kann, sehnte sie sich nach einer kontinuierlichen geistlichen Führung und wollte nicht ständig die Beichtväter wechseln (vgl. Relaciones 40,3). Dennoch mußte sie einen harten inneren Kampf durchleben, bis sie sich zu diesem Gehorsamsgelübde durchringen konnte. „Genau dieser Widerstand beschämte mich, und ich hatte den Eindruck, daß es da etwas gäbe, was ich nicht für Gott machen würde, wo sich mir doch jetzt die Gelegenheit bot, etwas zu tun, wovor ich immer geflohen bin. (...) An den Zweifeln, die sich bei mir einstellten, ob es denn ein Dienst für Gott wäre oder nicht, lag es, glaube ich, daß ich zögerte. Nach einer Zeit des Kampfes gab mir der Herr ein großes Vertrauen ein, so daß mir schien, daß ich dieses Versprechen um des Heiligen Geistes willen tat" (Relaciones 40,6 f.).

Teresa legte dieses Gelübde am 24. Mai 1575 kurz vor der Ankunft in Sevilla ab.

Die Schilderung dieser Gründung in den *Fundaciones* vermittelt dem Leser einen lebhaften Einblick in die Widrigkeiten, denen Teresa bei der Verwirklichung ihrer Sendung ausgesetzt war. Die missionarische Dimension von Teresas Gründungstätigkeit gab ihr die Kraft zum Durchhalten. Bereits auf der Reise machten ihr Hitze und Krankheit sehr zu schaffen. „Wir unterbrachen die Fahrt zwar während der Mittagszeit, doch ich sage euch, Schwestern, wenn wir wieder auf die Wagen aufstiegen, auf die die Sonne mit aller Kraft hinuntergebrannt hatte, so war es, als ob wir in das Fegefeuer kämen“ (Fundaciones 24,6). Neben P. Gracián wurde sie noch von sechs Schwestern, Julian de Ávila, Antonio Gaitán und einem Unbeschuhten Bruder begleitet. Die Schwestern reisten in einem geschlossenen Planwagen, um nicht gesehen zu werden. Als sie den Fluß Guadalquivir mit einer Fähre überqueren mußten, verlor der Fährmann das Seil, so daß sie nur gerettet werden konnten, weil die Fähre an einer Sandbank hängenblieb (vgl. Fundaciones 24,10). Aber Teresa fand dieses Unglück weitaus weniger schlimm als bei den Bewohnern von Cordoba Gegenstand des Stadtgesprächs zu werden. Schon die Durchreise durch die Stadt gestaltete sich problematisch; erst mußten sie lange auf die Einreiseerlaubnis warten, dann einen Teil des Wagens absägen, um die Brücke passieren zu können. Als sie daraufhin in einer kleinen Kirche die heilige Messe feiern wollten, weil Pfingsten war, zeigte sich, daß sie voller Menschen war. Es kam zu einer Auseinandersetzung zwischen Teresa und ihrem Kaplan. Teresa wollte ohne heilige Messe weiterfahren. Doch P. Julian entschied es anders. „Und da er Theologe war, hatten wir alle seiner Ansicht zu folgen. Wir stiegen in der Nähe der Kirche aus. Obwohl niemand unser Gesicht sehen konnte, weil wir immer einen langen Schleier davor trugen, genügte es schon, uns mit diesem Schleier, mit den weißen Mänteln und den Hanfschuhen zu sehen, um alle in Aufregung zu versetzen. So geschah es auch. Das Entsetzen darüber muß in mir wohl das Fieber ganz vertrieben haben“ (Fundaciones 24,13). Als sie endlich in Sevilla angekommen waren, mußten die Patres gestehen, daß sie Teresa vorenthalten hatten, daß sie noch keine Erlaubnis zur Gründung des Klosters vom Erzbischof hatten und daß dieser keine Klöster ohne Einkünfte befürworte. Teresa mußte einige Wochen auf die Erlaubnis warten und erhielt sie erst, nachdem sie mit dem Erzbischof ein deutliches Wort gewechselt (vgl. Fundaciones 24,21) und sein Mißtrauen durch ihre persönliche Überzeugungskraft und Ausstrahlung entkräftet hatte. Denn Teresa hatte viel Charme, den sie klug und selbstbewußt einzusetzen verstand. Allerdings konnte sie ihr Erstaunen darüber nicht verbergen, daß sich in dieser reichen Handelsstadt keine Mittel fanden, um ein Kloster zu kaufen (vgl. Fundaciones 25,1). Hätte ihnen nicht ihr leiblicher Bruder Lorenzo finanzielle Unterstützung gewährt, wären sie nicht in der Lage gewesen, ein Haus zu erwerben.

Teresa fühlte sich aus vielen Gründen in dieser Stadt nicht wohl: „Ich weiß nicht, ob es am Klima in diesem Land liegt, daß dort die Dämonen (…) mehr Macht haben, um die Menschen in Versuchung zu führen; anscheinend schickt Gott sie ihnen. Mir haben sie jedenfalls so zugesetzt, daß ich in meinem ganzen Leben nie kleinmütiger und feiger war als dort. (…) Meine Verfassung unterschied sich völlig von der, die ich üblicherweise habe, (…) so sehr, daß mir klar wurde, daß der Herr teilweise seine Hand von mir nahm und sich zurückzog, um mich verstehen zu lassen, daß wenn ich bisher Mut gehabt hatte, es nicht der meine gewesen war" (Fundaciones 25,1). Teresa wollte über die Sorgen, die sie in Sevilla durchzustehen hatte, in den *Fundaciones* nicht sprechen (vgl. Fundaciones 26,2), aber man kann die Zusammenhänge aus ihrer Korrespondenz teilweise rekonstruieren. „Mir scheint, keine Gründung – abgesehen von der ersten in Ávila – hat mich so viel gekostet wie diese, weil es sich meistens um innere Schwierigkeiten handelte" (Fundaciones 26,2). Bei den inneren Schwierigkeiten, von denen Teresa hier andeutungsweise spricht, handelt es sich um die Folgen des Konzils von Piacenza: die Exkommunikation einiger Unbeschuhter Karmeliten, darunter jene von P. Gracián und P. Mariano. In einem ausführlichen Brief an den Ordensgeneral, Giovanni B. Rossi, versuchte Teresa, zwischen beiden Parteien zu vermitteln. „Um der Liebe unseres Herrn willen bitte ich Sie, mir die Gnade zu erweisen und Milde walten zu lassen. Beachten Sie, daß dies aus vielen Gründen, die Sie vielleicht in der Ferne nicht so kennen wie ich hier, ratsam ist, und daß wir Frauen, wenn wir auch zum Ratgeben nicht geeignet sind, doch manchmal das Richtige treffen. Ich sehe nicht ein, welcher Nachteil daraus entstehen könnte, wenn Sie jene (die Unbeschuhten in Andalusien) wieder annehmen (…). Und wie nützlich es wäre, wenn man merkte, daß Euere Paternität die Reform des Ordens durch einen Ihnen treu ergebenen Sohn gerne sehen (...)" (Cartas 102,8). Leider zeitigten Teresas Bemühungen wenig Erfolg und die Verfolgungen der Unbeschuhten Karmeliten nahmen so zu, daß sie in ihren Briefen Decknamen verwenden mußte. Sie selbst nannte sich zum Beispiel Laurentia, die Inquisitoren nannte sie Engel, die Unbeschuhten Karmeliten Schmetterlinge. Auch Teresa selbst wurde nun das Opfer von Verdächtigungen und Denunziationen.

Andalusien war in jenen Jahren eine Enklave von geistlichen Eiferern, von Anhängern des Illuminismus und von Allumbrados (siehe Randnote S. 36f.), insbesondere jenes Gebiet, das in die Zuständigkeit des Inquisitionsgerichtes von Córdoba fiel. 1574 war auch Teresas *Vida* zum ersten Mal Gegenstand der Verdächtigung geworden. Denn sie hatte ihre Lebensbeschreibung 1568 in Malagón dem Rektor der Universität von Baeza, Bernardino de Carleval, zur Lektüre überlassen. Als dieser im Herbst 1574 wegen Messianismus und gefährlicher Nähe zum Illuminismus vor das Inquisitionsgericht von Córdoba geladen wurde, bekannte der Angeklagte seine Beziehungen zu Teresa de Jesús und die Lektüre ihrer *Vida*. Der mit der Untersuchung dieses Falles beauftragte Kommissar, Alonso López, hielt dieses Vorkommnis in seinem Bericht an den Inquisitionsrat von Madrid fest und betonte, eine gewisse Teresa de Jesús, Karmelitin aus Ávila, habe Visionen und Offenbarungen in einem Buch niedergeschrieben, die jene der hl. Katharina von Siena (1347–1380) bei weitem überträfen.

Als Teresas *Vida* auch noch von der bei Hof einflußreichen Fürstin von Eboli denunziert wurde, mußte die Inquisition einschreiten. Da der Inquisitionsrat in Madrid den Inhalt der *Vida* nicht kannte, wurde das verdächtige Buch von Valladolid angefordert. Teresa selbst sorgte dafür, daß Bischof Alvaro de Mendoza die Handschrift dem Inquisitionstribunal von Valladolid übergab. Dieses beauftragte den berühmten Dominikanertheologen und Beichtvater Teresas, Domingo Bañez, das Manuskript dem Inquisitionsrat in Madrid zu überreichen. Zum Glück für Teresa wurde Domingo Bañez selbst mit der Zensur dieses Werkes betraut. Am 7. Juli 1575 übergab dieser sein Gutachten dem Inquisitionsrat von Madrid. Darin hieß es: „In dem ganzen Werk habe ich nichts entdeckt, was meinem Urteil nach eine schlechte Lehre wäre. (…) Ich komme zu dem Schluß, daß dieses Buch nicht jedem beliebigen weitergegeben werden soll, sondern nur gebildeten und mit christlicher Erfahrung und Unterscheidungsgabe ausgestatteten Männern. (…) Von einem bin ich sicher, sofern man das menschlich gesprochen sein kann: daß sie keine Betrügerin ist, und so verdient es ihre Offenheit, daß sie alle bei ihren guten Absichten unterstützen." Sicherlich mag dieses Gutachten für Teresa eine Enttäuschung gewesen sein, weil Domingo Bañez die Verbreitung des Werkes zu ihren Lebzeiten untersagte, obwohl sie es ihren Schwestern gerne zur Lektüre überlassen hätte. Aber höchstwahrscheinlich geschah dies, um sie vor weiteren Verdächtigungen zu schützen, da Domingo Bañez genau um die Gefahren des Illuminismus und der Allumbrados wußte.

Gutachten von Domingo Bañez im Autograph der *Vida,* zitiert nach: TERESA VON AVILA, *Buch meines Lebens,* 2001, S. 624–629.

Dies war nur allzu berechtigt, denn im Herbst 1575 wurde Teresa erneut bei der Inquisition angezeigt. Dieses Mal war die Anzeige beim Tribunal in Sevilla insofern gravierend, als sie von einer Exnovizin erfolgte, von der man meinte, daß sie die Lebensumstände in Teresas Klöstern gut kannte. Hatte Teresa Kontakte zu den Allumbrados oder zu den Illuministen? Bei dieser Exnovizin handelte es sich um eine Witwe namens María del Corro, die in Sevilla als Beatin lebte und wie eine Heilige verehrt wurde. Weil sie sich nach ihrem Eintritt nicht an die klösterlichen Gepflogenheiten gewöhnen konnte, obwohl Teresa ihr viele Ausnahmen gewährte, verließ sie das Kloster heimlich wieder. In ihrer Anklage behauptete sie, die Lebensweise in den Klöstern Teresas und vor allem das innere Beten seien vom Illuminismus beeinflußt. Nach Weisung des Inquisitionsrates in Madrid wurden nun von der Inquisition in Sevilla Verhöre im Kloster durchgeführt und die Informationen nach Madrid weitergeleitet. Es wurden zwei Konsultoren mit der Prüfung des Falles beauftragt, die von Teresa schriftliche Stellungnahmen zu den Hauptanklagepunkten: ihren Visionen, Offenbarungen und dem inneren Beten, verlangten. Teresa äußerte sich über die Vorgänge nur sehr zurückhaltend in einem Brief vom 29. April 1576 an ihre Nichte, Schwester María Bautista in Valladolid:

„Sie wissen schon von den Aussagen jener Nonne, die aus dem Kloster ausgetreten ist; dies ist aber nichts im Vergleich mit ihren Anklagen gegen uns. (...) Ganz unerwartet kamen die Untersuchungsrichter zu jenen, denen sie es gesagt hatte, und dies nicht nur einmal. Man wußte nicht, zu welchem Zweck sie kamen, aber nach der Person zu urteilen, die man vorgeladen hatte, können wir mit Bestimmtheit sagen, daß es sich um diese Anklagen handelte. Selbst die Vorstellung des großen Nachteils, der für alle unsere Klöster daraus erfolgen könnte, vermochte nicht das Übermaß meiner Freude abzuschwächen. Es ist etwas Großes um die Sicherheit des Gewissens und um die Freiheit des Geistes" (Cartas 105,5). Weil Teresa sich nichts vorzuwerfen hatte und die Kirche von Herzen liebte, hatte sie auch keine Probleme, freimütig mit den vom Inquisitionstribunal bestellten Konsultoren zu sprechen und die Aussagen schriftlich darzulegen. Ihre Berichte für die Inquisition in Sevilla sind in den „Relationen" 4 und 5 erhalten und an den Konsultor P. Rodrigo Álvarez S.J. (1523–1587) gerichtet. In dem ersten Bericht benennt sie ihre Beichtväter und beschreibt ihre geistliche Leitung, in dem zweiten Bericht schildert sie ihre persönliche Praxis des inneren Gebetes und erläutert ihr Verständnis der verschiedenen Gebetsstufen. Teresa war die Bedeutung des Prozeßausgangs für die Zukunft der Reform deutlich bewußt. Daher rechtfertigte sie die Abfassung der *Vida* in der ersten Relation mit dem Verweis darauf, damit dem ausdrücklichen Befehl des damaligen Inquisitors Francisco de Soto y Salazar nachgekommen zu sein. Sie schrieb über sich in der dritten Person Singular: „So machte sie es und schrieb ihre Sünden und ihr Leben auf. Er (Francisco Soto y Salazar) schrieb ihr und tröstete

Rodrigo Alvarez (1523–1587) trat 1566 bereits als Priester in die Gesellschaft Jesu ein. Mit Teresa ist ein häufiger Briefwechsel bezeugt, wenngleich keiner der Briefe erhalten geblieben ist. Nach seiner Profeß am 22. April 1574 wurde er von der Inquisition in Haft gesetzt, aber wieder rehabilitiert und wurde Gutachter für die Inquisition in Sevilla. Unter die *Innere Burg* Teresas schrieb er nach der Lektüre eine warmherzige Approbation.

Francisco Soto y Salazar wurde in der Nähe von Ávila geboren und studierte in Salamanca. Durch Fernando de Valdés wurde er zum Inquisitor von Córdoba, Sevilla und Toledo ernannt. 1571 wurde er Bischof von Albarracín y Segorbe, 1575 Bischof von Salamanca. Er starb am 29. Januar 1578.

und beruhigte sie sehr. Es war dieser Bericht derart gelungen, daß alle Studierten, die ihn zu Gesicht bekamen – und das waren ihre Beichtväter –, sagten, er sei sehr nützlich, um sich über geistliche Dinge kundig zu machen; daher trugen sie ihr auf, ihn zu kopieren und ein weiteres Büchlein für ihre Töchter zu schreiben (...), in dem sie ihnen einige Ratschläge gab" (Relaciones 4,8). Die Untersuchungen zogen sich in die Länge, da sich das Inquisitionstribunal von Madrid ein Urteil über Teresa vorbehalten hatte. Wahrscheinlich hat Teresa es ihren zwei schriftlich verfaßten Stellungnahmen zu verdanken, daß das Verfahren gegen sie im Frühjahr 1576 eingestellt wurde. Nachdem diese Schwierigkeiten zunächst überwunden waren, beeilte sich Teresa, Sevilla zu verlassen, um sich – dem Wunsch des Ordensgenerals Folge leistend – in ein Kloster ihrer Wahl zu begeben. Vor der Abreise gab P. Gracián seinem Mitbruder Juan de la Miseria den Auftrag, Teresa zu portraitieren. Auf diese Weise entstand das einzige zu Lebzeiten der Heiligen angefertigte Portrait, bei dessen Begutachtung Teresa ausgerufen haben soll: „Gott verzeihe Ihnen, daß sie mich so triefäugig gemalt haben."
Froh, Andalusien endlich verlassen zu können, wählte Teresa das zentral gelegene Kloster von Toledo als neuen Aufenthaltsort. Da es ihr von nun an nicht mehr gestattet war, die einzelnen Klöster zu besuchen, wandte sie sich an P. Gracián, den der Nuntius Nicolás Ormaneto (1516–1577) zum Visitator von Kastilien und Andalusien bestellt hatte. Um sicherzustellen, daß die Klöster im gleichen Geist geleitet würden, verfaßte sie für P. Gracián einen schriftlichen Leitfaden, in dem sie darlegte, wie man die Visitation der Klöster halten sollte. Teresa schätzte den Nuntius sehr und hatte in ihm einen großen Protektor der Reform gefunden. Dieser hatte P. Gracián als Visitator gestattet, am 8. September 1576 ein Kapitel der Unbeschuhten Karmeliten nach Almodóvar einzuberufen. Dies war insofern problematisch, als der Orden auf dem Kapitel von Piacenza P. Jerónimo Tostado zum Visitator der Karmeliten Spaniens ernannt hatte. Erneut standen sich zwei Visitatoren mit unterschiedlichen Vollmachten gegenüber: P. Jerónimo Tostado (vom Orden ernannt) und P. Jerónimo Gracián (vom Nuntius ernannt).

P. Jerónimo Tostado war ein offener Gegner der Reform Teresas. Solange der Nuntius Nicolás Ormaneto lebte, hatte Teresa für die Reform nichts zu fürchten, da P. Jerónimo Tostado nicht die Erlaubnis des Königlichen Rates erhalten hatte, um mit der Visitation in Spanien zu beginnen. Doch als der von ihr sehr geschätzte Nuntius am 18. Juni 1577 starb, sollte sich die Situation dramatisch zuspitzen.

Jerónimo Tostado O. Carm. war ein offener Gegner Teresas und ihres Reformwerkes, er war Provinzial von Katalonien, Prior von Barcelona, Doktor der Theologie und Professor in Barcelona. Beim Kapitel von Piacenza wurde er zum Visitator der Karmeliten Spaniens ernannt. Auf seine Veranlassung geht wohl die Gefangennahme von Juan de la Cruz zurück. Er starb am 12. Dezember 1582 in Neapel. Es kam nie zu einer persönlichen Begegnung mit Teresa.

Teresa hatte die Zeit in Toledo zur Vervollständigung der *Fundaciónes* verwendet, eine „geistliche Neckerei“ mit vier Theologen ausgetragen und im Auftrag von P. Gracián und ihrem Beichtvater Alonso Velasquez, dem späteren Bischof von Osma, mit der Abfassung des *Castillo interior* (Innere Burg) begonnnen. Um die Verbindung zu den Reformkonventen aufrechtzuerhalten und um die an sie herangetragenen Probleme zu lösen, mußte sie eine so umfangreiche Korrespondenz führen, daß sie im Februar 1577 vor lauter Erschöpfung fast zusammenbrach. „(...) ich hatte an jenem Tage so viele Briefe zu schreiben und Geschäfte zu erledigen, daß ich bis nachts zwei Uhr schreiben mußte, was für meinen Kopf sehr nachteilig war. (...) der Arzt befahl mir daraufhin, nie mehr länger als bis zwölf Uhr zu schreiben und zuweilen durch eine andere Hand meine Briefe schreiben zu lassen. Die Anstrengung war diesmal, besonders in dieser Winterszeit, wirklich maßlos, und ich habe da sehr gefehlt, denn um am folgenden Morgen frei zu sein, entzog ich mir den notwendigen Schlaf“ (Cartas 182,1 f.). Als Teresa vom Tod des Nuntius und von der Versetzung des Bischofs Alvaro de Mendoza nach Palencia Kenntnis erhalten hatte, unterbrach sie sofort die Abfassung

Alonso Velázquez wurde 1533 geboren und studierte in Alcalá Theologie. 1566 wurde er Mitglied des Domkapitels von Valladolid und Rektor der dortigen Universität, von wo er nach Toledo übersiedelte. 1578 wurde er zum Bischof von Osma ernannt und im März 1583 wurde er Erzbischof von Santiago de Compostela. Er starb 1587.

der *Inneren Burg* und machte sich auf den Weg nach Ávila, um das Kloster San José der Jurisdiktion des Ordens zu unterstellen (vgl. Fundaciones 32). Nachdem sowohl die Stifterin als auch der Bischof und die Schwestern ihr Einverständnis erteilt hatten, konnte der Jurisdiktionswechsel vollzogen werden. Daraufhin blieb Teresa im Kloster San José in Ávila und beendete innerhalb von wenigen Monaten die Niederschrift der *Inneren Burg*. Zur gleichen Zeit gingen die heftigen Verfolgungen, denen die Unbeschuhten durch die Beschuhten Karmeliten ausgesetzt waren, weiter. Die Beschuhten verfaßten verleumderische Anklageschriften und denunzierten P. Jerónimo Gracián beim königlichen Hof, um nicht länger seiner Visitationsgewalt unterstehen zu müssen (vgl. MHCT I, S. 377, 393, 415). Der neue Nuntius, Felipe Sega, war der Reform nicht wohlgesonnen, sondern bestätigte den vom Kapitel von Piacenza ernannten Visitator für Spanien, Jerónimo Tostado. Dieser konnte mit der Unterstützung des Nuntius nach Spanien zurückkehren, um seinen Verpflichtungen nachzukommen. „Pater Tostado kommt, wie man sagt, jetzt wieder zurück. So muß denn die Welt die Angelegenheiten unseres Ordens erfahren; es kommt mir dies vor wie eine Komödie“ (Cartas 185,14). Teresa sollte sehr bald merken, daß es sich vielmehr um eine Tragödie handelte und die Beschuhten ihren Einfluß nicht mehr dulden wollten. „Man hat so Unerhörtes getan und solche Anstrengungen gemacht, um uns, besonders P. Gracián und mich (...) in üblen Ruf zu bringen; man hat so viele und so schwere Anklagen gegen diesen Pater und gegen die Klöster der Unbeschuhten Nonnen erhoben, und die Klageschriften, die man dem König unterbreitete, enthielten so entsetzliche Verleumdungen, (...) daß sie staunen würden, wie man denn eine so große Bosheit ersinnen könne“ (Cartas 226,6).

Felipe Kardinal Sega wurde am 21. August 1537 in Bologna geboren und studierte dort Jurisprudenz. 1562 kam er nach Rom und wirkte viele Jahre im diplomatischen Dienst der Kurie und als Vorsteher des Exarchats von Ravenna. Am 1. Juli 1577 wurde er zum Nuntius von Spanien ernannt. 1578 folgte seine Ernennung zum Bischof von Piacenza. Papst Sixtus V. ernannte ihn 1586 zum Nuntius in Wien. 1594 kehrte er nach Rom zurück, wo er auch starb.

Offenkundig wurde der Richtungswechsel, als die Schwestern vom Kloster Encarnación Teresa de Jesús am 9. Oktober 1577 mit 54 von

98 Stimmen zu ihrer Priorin wählten. Bereits als Teresas dreijährige Amtszeit im Oktober 1574 abgelaufen war, hatte sie sich für eine erneute Wahl nicht zur Verfügung gestellt. Auch dieses Mal nahm sie die Wahl nicht an, weil P. Gracián und der Provinzial, der der Wahl vorstand, dies nicht zuließen. Es kam im Kloster zu einem Eklat, weil der Provinzial die Wahl für ungültig erklärt hatte. Hierzu hatte P. Tostado den Provinzial mit allen Vollmachten ausgestattet. Weil Teresa seit dem 21. August 1564 rechtlich zum Kloster San José gehörte und kein aktives und passives Stimmrecht mehr im Kloster Encarnación besaß, war sie nur postulierbar, aber nicht wählbar. Daher war Ana de Toledo mit 34 von 44 gültigen Stimmen gewählt. Weil sich selbst nach mehreren Wahlgängen am Wahlverhalten der Schwestern nichts änderte, hatte der Provinzial mit Zustimmung Tostados über die Schwestern, die unverändert für Teresa stimmten, die Exkommunikation ausgesprochen. Teresa war über diese Ereignisse sehr betroffen. In einem Brief vom 16. Januar 1578 an ihren Freund Don Teutonio de Braganza (1530–1602), den sie trotz eines zu Weihnachten erlittenen Armbruches verfaßte, schildert sie ihm die Gesamtsituation, um in ihm einen Helfer zu gewinnen. „Ich weiß nicht, wann diese Dinge ein Ende nehmen werden. Pater Tostado ist mit ausgesuchter Strenge gegen sie verfahren. Mehr als 50 Tage lang durften sie weder eine Messe hören noch mit jemandem reden (…). Man erhebt schwere Drohungen gegen sie und sagt, sie seien der Exkommunikation verfallen; allein alle Theologen in Ávila behaupten, dies sei nicht der Fall. (…) Es hat mich sehr geschmerzt, daß meinetwegen eine Verwirrung und so großes Ärgernis in der Stadt entstand (…). Mein einziger Trost war, daß ich mein Möglichstes tat, um die Wahl meiner Person zu verhindern. Es wäre für mich eines der größten Leiden (…), wenn ich in diesem Kloster sein müßte“ (Cartas 226,8 f.). Inmitten dieser Wahlwirren wurden – wahrscheinlich auf Geheiß von P. Tostado – in der Nacht vom 3. auf den 4. Dezember 1577 P. Juan de la Cruz und P. Germán de San Matías verschleppt, weil man ihren geistlichen Einfluß unterbinden wollte, den sie im Kloster als Beichtväter ausübten. Teresa war über ihre Gefangennahme empört und machte sich große Sorgen.

„Es ist für mich peinlich, nicht einmal zu wissen, wohin man sie geführt hat. Man fürchtet, daß sie mit Strenge behandelt werden, und mir ist bange, es möchte ihnen irgendein Unheil zustoßen“ (Cartas 226,10). In dieser gespannten und unsicheren Situation machte Teresa nun ihren ganzen Einfluß geltend und wandte sich schriftlich an König Philipp II. „Um der Liebe unseres Herrn willen bitte ich darum Eure Majestät anordnen zu wollen, daß dieser Diener Gottes sogleich in Freiheit gesetzt werde, und eine Verfügung zu treffen, kraft welcher die Beschuhten Karmeliten unseren Unbeschuhten Vätern nicht mehr solche Mißhandlungen zufügen dürfen“ (Cartas 218,7). Die Ursache für die Verfolgungswelle sah Teresa in der Handlungsweise des neuen Nuntius. „Es starb ein heiliger Nuntius, der die Tugend sehr förderte, (…) es kam ein anderer, der schien von Gott dazu ausersehen, uns im Leiden zu erproben“ (vgl. Fundaciones 28,3). Felipe Sega entband P. Gracián mit dem Breve vom 23. Juli 1578 von allen Vollmachten, die er als Apostolischer Visitator gehabt hatte, und warf ihm vor, er habe im Geist der Überheblichkeit und Anmaßung sein Amt ausgeübt (vgl. MHCT II, S. 20–25). Teresa schrieb an P. Gracián, um ihn zu trösten: „Gott verzeihe mir; aber ich kann nicht recht glauben, daß der Nuntius eine solche Anordnung getroffen, will sagen, sich in dieser Form ausgedrückt habe. Hätten Eure Paternität nicht nach dem Gutachten so vieler gelehrter Männer gehandelt, so würde ich mich nicht wundern, wenn Ihnen dieses Breve recht schmerzlich fiele“ (Cartas 254,8). Daraufhin handelte sie unverzüglich, um zu verhindern, daß die Klöster der Reform der Jurisdiktion der Beschuhten unterstellt würden: „Er (Julian de Ávila) soll morgen abreisen, um in unserem Namen dem Nuntius als unserem Oberen die Aufwartung zu machen, um in Güte mit ihm zu verhandeln und ihn zu bitten, daß wir nicht der Jurisdiktion der Beschuhten unterstellt werden. (…) Ich werde auch beifügen, daß Sie jederzeit gerne bereit gewesen wären, ihm zu gehorchen, wenn Sie nicht erfahren hätten, daß Pater Tostado in der Absicht gekommen sei, um uns zu vernichten“ (Cartas 254,10). Teresa hatte zu diesem Zeitpunkt längst erkannt, daß es erforderlich war, für die Unbeschuhten eine eigene Provinz zu errichten, um den Frieden herzustellen. Sie schrieb daher P. Gracián am 14. August 1578: „Wenn Sie mit dem Nuntius sprechen können, (...) erklären Sie ihm, daß Sie sich stets gerne seiner Autorität fügen werden; wenn dies bisher nicht der Fall gewesen sei, (...) weil Sie gewußt hätten, daß Pater Tostado die Absicht gehabt habe, ein so gottgefälliges Werk wie die Reform in seinem Beginn zu zerstören. (...) Außerdem müssen Sie die Errichtung einer eigenen Provinz mit allen möglichen Mitteln betreiben und sich auf alle Bedingungen einlassen, die man verlangt. Daran ist für uns und für das Gedeihen der Reform alles gelegen. Darüber sollte man mit dem König, mit dem Präsidenten, mit dem Erzbischof und allen anderen sich besprechen und ihnen begreiflich machen, daß alle Ärgernisse und Streitigkeiten darin ihren Grund haben, daß noch keine eigene Provinz errichtete wurde“ (Cartas 256,7 f.). Ferner versuchte Teresa vom Ordensgeneral in einem Memorandum vom Oktober 1578 das Einverständnis in drei wichtigen Punkten zu erlangen: Sie wollte, daß man ihn von der Unwahrheit dessen überzeugte, was man an Verleumdungen über Teresa erzählte. Des weiteren erbat sie, die Unbeschuhten Schwestern nicht unter die Jurisdiktion der Beschuhten, sondern der Unbeschuhten Karmeliten zu stellen. „Denn die Lebensweise der einen ist in vielen Punkten sehr verschieden von jener der anderen, und es ist unmöglich, daß ein Mann, der nicht nach der gleichen Regel lebt, die vorkommenden Fehler würdigen und verbessern kann“ (Cartas 271,3). Daher erwog sie die Möglichkeit, eher alle Klöster der Reform unter die Jurisdiktion der Bischöfe zu stellen als sie der Visitationsgewalt der Beschuhten zu überlassen. „Aber ich möchte diesen Schritt nicht tun, außer er wäre notwendig, um sich vor dem Untergang zu retten“ (Cartas 271,5). Auch müsse man die Beschränkung der Gründungen aufheben, damit sich der Orden weiter ausbreiten könnte. Leider erreichte das Memorandum den Ordensgeneral nicht mehr, da er bereits am 4. September 1578 verstorben war. Teresa erhielt die Botschaft von seinem Tod von P. Gracián. „Ich war tief betrübt über die Nachricht, die Sie mir bezüglich unseres Pater Generals zukommen ließen; es hat mich diese Nachricht überaus angegriffen. Am ersten Tag hörte ich nicht auf zu weinen, ohne etwas anderes tun zu können. Es tat mir herzlich leid, daß wir ihm so viel Verdruß verursacht haben, er hat es wirklich nicht verdient. Hätten wir uns an ihn gewandt, so wären jetzt alle Schwierigkeiten beseitigt" (Cartas 272,1). Neben der menschlichen Trauer befand sich Teresa nun in einer rechtlich sehr ungesicherten Situation, da sie nicht wußte, ob sein Nachfolger der Reform gewogen sein würde. Daher war sie nun darum bemüht, sich die Gunst des Königs zu sichern und alle erforderlichen Schritte für die Errichtung einer Provinz mit Hilfe von König Philipp II. in die Wege zu leiten. Der erste Schritt hierfür war die Offenlegung der Wahrheit und eine Klarstellung ihrer Handlungsweise. In einem Brief an P. Paulus Fernández S.J. legte sie diesem die Hintergründe der Verfolgungen offen dar und versuchte, ihn am Königlichen Hof als Helfer zu gewinnen. „Man sagt, ich sei eine Landstreicherin und ein unruhiges Weib und die von mir gegründeten Klöster seien ohne Erlaubnis des Papstes und des Ordensgenerals errichtet worden. (…) Man sagt, Sie stünden beim Präsidenten in Ansehen und seien seinetwegen in Madrid. Ich glaube, daß er dies alles und auch andere Dinge vom Nuntius weiß. Es wäre uns viel damit gedient, wenn Sie ihn darüber aufklären würden. Sagen Sie ihm, wieviel daran gelegen ist, daß die begonnene Reform unseres Ordens, der, wie Sie wissen, so tief herabgesunken war, sich weiter entwickle und festige. Man sagt, es sei dies ein neuer Orden und man wolle Neuerungen einführen. Aber man lese nur unsere Ursprüngliche Regel nach. Diese ist es, die wir ohne Milderung und in derselben Strenge befolgen, wie sie der Papst anfänglich gegeben hat" (Cartas 269,3.7f.).

Teresas Pläne wurden durch vorschnelles Handeln der Unbeschuhten durchkreuzt. Ohne auf ihre klugen Ratschläge zu hören, berief man am 9. Oktober ein Kapitel nach Almodóvar ein, errichtete eine eigene Provinz und wählte P. Antonio de Jesús zum Provinzial. Die Reaktion des Nuntius sollte nicht lange auf sich warten lassen: am 16. Oktober 1578 annullierte er die Beschlüsse des Kapitels von Almodóvar, unterstellte die Unbeschuhten Brüder und Schwestern unter die Jurisdiktion der Provinziale der Beschuhten Karmeliten (vgl. MHCT II, S. 34) und verhängte über alle Patres des Kapitels die Exkommunikation. Teresa wandte sich in einem deutlichen Schreiben verärgert an P. Gracián: „Nunmehr bitte ich diese unglücklichen Väter um Gottes willen, sich ruhig zu verhalten, die Zeit abzuwarten und nicht voreilig in dieser Angelegenheit zu Werke zu gehen. Sie haben in Wahrheit dem Nuntius (...) allen Anlaß zur Erbitterung gegeben. (...) Dieses Kapitel, das ich niemals billigen konnte, mißfällt mir sehr. (...) Um der Liebe unseres Herrn willen bitte ich Sie, alles, was in Ihren Kräften steht, aufzubieten, daß ja keine solche Versammlung mehr stattfinde, bevor man die Sache nicht nach Rom gebracht hat. Es würde mich überaus schmerzen, wenn dies ohne Erlaubnis unseres Pater Generals und der übrigen Väter, die sich dort befinden, geschähe“ (Cartas 273,6).

P. Gracián konnte Teresa vorerst nicht mehr helfen, im Gegenteil: er wurde vom Nuntius Felipe Sega am 20. Dezember 1578 wegen seines Verhaltens verurteilt und im Kolleg in Alcalá in Haft gesetzt. Jeder Briefkontakt zu den Schwestern wurde ihm untersagt. Ferner sollte er für immer im Orden von allen Ämtern der Leitung und der Reform ausgeschlossen werden. Doch dies sollte nicht lange währen, denn bereits im April 1579 traf der Nuntius neue drastische Entscheidungen, nachdem er erkannt hatte, daß sich die Situation auf diese Weise nicht entspannte.

Teresa tat alles, um die Situation zugunsten der Reform zu klären. So wurden im März 1579 zwei Unbeschuhte Karmeliten nach Rom gesandt, um die Errichtung einer eigenen Provinz zu erwirken. Der Nuntius Felipe Sega hob am 1. April 1579 das Breve vom Oktober des Vorjahres auf. Die Unbeschuhten wurden in einer Zirkumskription nationaler Einheit zusammengefaßt und sollten nicht mehr der Jurisdiktion der Provinziale, sondern einem Generalvikar unterstehen, der an die Weisungen des Nuntius gebunden war. Für dieses Amt wurde Ángel de Salazar eingesetzt, der lange Provinzial gewesen und der Reform sehr wohlgesonnen war. Im Juli 1579 brachte die Junta die Angelegenheit der Unbeschuhten vor König Philipp II. Man bat ihn, für Papst Gregor XIII. ein Votum zugunsten der Errichtung einer eigenständigen Provinz für die Unbeschuhten abzufassen. Der König mißtraute dem alleinigen Urteil des

Nuntius und setzte ein Beratungsgremium für diese Entscheidung ein. „Er wollte den Nuntius unseren Fall nicht allein beurteilen lassen und gab ihm deshalb vier bedeutende Persönlichkeiten und drei Ordensleute zur Seite, um unsere Rechtssache genau zu überprüfen“ (Fundaciones 28,6). Als Teresa erfuhr, daß einer dieser Gutachter Pedro Fernández – der langjährige Visitator der Karmeliten in Kastilien – war, hegte sie große Zuversicht, daß alles zu ihren Gunsten ausgehen werde. „Er war der Apostolische Kommissär und Visitator der Beschuhten Karmeliten der Provinz Kastilien gewesen, und wir Unbeschuhten waren ihm ebenfalls unterworfen. Er wußte genau, wie die einen und wie die anderen lebten – und wir alle wollten ja nichts anderes, als daß man dies begreife“ (Fundaciones 28,6). Die Petition des Königs wurde zusammen mit der Stellungnahme des Nuntius und des Kardinalprotektors an die Generalkurie weitergeleitet. Auch die Religiosenkongregation wurde mit der Prüfung des Falls betraut. Da der Generalvikar, Ángel de Salazar, Teresas Tätigkeiten nicht einschränkte, begab sie sich Ende Juni 1579 auf den Weg über Medina, Valladolid, Salamanca und Toledo nach Malagón, um dem Umzug der Schwestern in ein neues Kloster beizuwohnen (vgl. Cartas 318,3).

Schon 1576 war Teresa gebeten worden, neun Jungfrauen, die in der Einsiedelei St. Anna in Villanueva de la Jara lebten, in den Orden aufzunehmen. Da es ihr vier Jahre untersagt war, Klöster zu gründen, warteten diese Frauen nun schon lange auf eine Antwort. Teresa widerstrebte es, diese Gründung zu errichten, obwohl sie von der Stadt und von Mitbrüdern Referenzen erhielt. „So viele Schwestern aufzunehmen, machte mir sehr große angst, weil ich meinte, es würden wohl – wie es gewöhnlich passiert – Parteiungen gegen Gründerinnen entstehen“ (Fundaciones 28,14). Viel schien gegen diese Gründung zu sprechen: die bestehende feste Gemeinschaft mit eigenen Gewohnheiten, kein Unterhalt, kein Haus, weite Entfernung von anderen Klöstern, keine Kenntnis der Personen, weshalb die Beurteilung ihrer Eignung nicht möglich war. Teresa suchte in ihrer Unsicherheit im Gebet von Gott eine Antwort zu erhalten und wurde aufgrund ihres Zauderns von Gott getadelt. Sie

„solle nicht zögern, dieses Haus anzunehmen." Teresa war daraufhin völlig umgewandelt: „Die Macht solcher Worte Gottes ist so groß, daß der Verstand sie nicht nur erfaßt, sondern zum Erkennen der Wahrheit erleuchtet, und der Wille dazu vorbereitet wird, das Werk auszuführen" (Fundaciones 28,16).

Daher machte sie sich sogleich mit vier Schwestern von Malagón nach Villanueva de la Jara auf und übergab den neun Jungfrauen am 25. Februar 1580 das Ordenskleid. Dabei war sie voll des Erstaunens über ihren eigenen Gesundheitszustand: „Es gefiel Gott, uns so schönes Wetter und mir eine so gute Gesundheit zu schicken, daß es so aussah, als wäre ich niemals krank gewesen. Das versetzte mich in Erstaunen und ich erwog, wie wichtig es doch ist, nicht auf unsere schwächliche Veranlagung zu achten, wenn wir erkennen, daß etwas Gott zum Dienst gereicht" (Fundaciones 28,18). Allerdings hielt sich Teresa nicht an diesem Ort auf, weil sie vom Bischof von Palencia, Don Alvaro de Mendoza, gebeten worden war, in seiner Bischofsstadt ein Kloster zu errichten. Teresa konnte ihm diesen Wunsch nicht versagen, da er als Bischof von Ávila ihr Reformwerk immer großherzig unterstützt hatte. Aber als Teresa in Toledo angekommen war, konnte sie nicht weiterreisen. „Am Gründonnerstag erlitt ich plötzlich einen Schlaganfall, und es befiel mich ein so heftiges Herzleiden wie noch nie in meinem Leben. Das Fieber, das ich seitdem hatte, hat mich zwar verlassen; aber ich befinde mich in einem solchen Schwächezustand, daß ich nur mit Mühe am Sprechgitter mit P. Nicolás reden konnte" (Cartas 335,2). Trotz ihres angegriffenen Gesundheitszustandes plante sie, während ihres Aufenthalts den Erzbischof von Toledo, Kardinal Quiroga, wegen einer Gründung in Madrid aufzusuchen und ihm ihre *Vida* zu übergeben. Sobald es ihr Befinden erlaubte, reiste sie über Madrid, Segovia und Ávila nach Valladolid, von wo sie zur Gründung nach Palencia aufbrechen wollte. Als sie Segovia erreicht hatte, ereilte sie die Nachricht, daß ihr Bruder Lorenzo, der sie und ihre Mitschwestern immer so großzügig unterstützt hatte, an einem Blutsturz gestorben war. Teresa nahm diese traurige Nachricht in tiefem Glauben auf. Sie hatte mit ihrem Bruder Lorenzo ein sehr vertrautes Verhältnis und war aufgrund seines vorbildlichen Lebenswandels sicher, daß er bereits im Himmel weilte. „(...) ich freue mich über sein Scheiden aus diesem armseligen Leben und über die Sicherheit seines Zustandes, in dem er sich nun befindet. Es ist dies nicht eine bloße Redensart; vielmehr erfreut sich mein Herz jedesmal, sooft ich an ihn denke“ (Cartas 347,3).

Dem Ziel entgegen

Teresa hatte auch einen anderen Anlaß zur Freude und Dankbarkeit, der die Reform betraf: Bereits im Juni hatte sie erfahren, daß man in Rom entschieden hatte, ihrer Bitte zu entsprechen und eine eigene Provinz für die Unbeschuhten zu errichten. Die Unbeschuhten sollten von nun an nicht mehr der Jurisdiktion der Beschuhten unterstehen, sondern sollten eigene Konstitutionen und einen eigenen Provinzial haben, dem die Visitationsvollmacht oblag.

Papst Gregor XIII. übermittelte den Unbeschuhten diese Entscheidung im Breve *Pia consideratione* vom 22. Juni 1580. Pedro Fernández wurde mit der Ausführung beauftragt. Als dieser im November 1580 starb, übernahm P. Juan de las Cuevas diese Aufgabe. Die Errichtung der Provinz sollte gut vorbereitet werden. Dies bedeutete für Teresa neben ihrer erneuten Gründungstätigkeit viel zusätzliche Arbeit. Sie verfaßte zusammen mit P. Gracián einen neuen Entwurf für Konstitutionen. Dabei litt sie an ihrer zunehmenden körperlichen Gebrechlichkeit: „Eine der größten Schwierigkeiten und Nöte des Lebens ist es meiner Meinung nach, wenn der Geist nicht stark genug ist, um den Körper zu bezwingen. Krank zu sein und große Schmerzen zu erleiden erachte ich nämlich, auch wenn es mühevoll ist, für gar nichts, wenn nur die Seele wach ist, denn sie lobt Gott und bedenkt, daß die Leiden von Seiner Hand kommen. Schrecklich aber ist es, einerseits zu leiden und andererseits nichts fertigzubringen“ (Fundaciones 29,3). Der Widerwillen und die Unlust, sich auf Reisen zu begeben, um ein neues Kloster zu errichten, verschwanden sofort, wenn sich Teresa sicher war, daß dieses Unterfangen zur Ehre Gottes gereichen werde. Daher machte sie sich von Valladolid zur Gründung nach Palencia auf. Die Errichtung des Klosters konnte unmittelbar nach ihrer Ankunft am 29. Dezember 1580 vorgenommen werden, weil der Bischof sie in jeder Hinsicht unterstützte und sich sehr über ihr Kommen freute. „Gleich am Morgen ließ ich den hochwürdigen Herrn Bischof, der von meiner Ankunft an jenem Tag nichts wußte, davon in Kenntnis setzen. Er kam sogleich zu uns, in seiner großen Liebenswürdigkeit, die er uns immer erwies. Er erklärte, er würde uns unseren ganzen Bedarf an Brot zukommen lassen, und trug dem bischöflichen Vikar auf, uns mit vielen Dingen zu versorgen" (Fundaciones 29,11). Teresa blieb noch fünf Monate in Palencia, um den Schwestern ein Haus zu besorgen, in dem sie bleiben konnten. Während ihres Aufenthaltes überarbeitete sie den Entwurf der Konstitutionen, den ihr P. Gracián übermittelt hatte und der dem Kapitel von Alcalá zur Verabschiedung vorgelegt wurde. Teresa selbst wurde zu dem Kapitel nicht eingeladen! In dem Maße, wie die Unbeschuhten Patres eigenständig wurden, drängten sie den Einfluß Teresas zurück. Etwas sarkastisch bemerkte sie in einem Brief an P. Gracián: „(…) ich habe Ihnen meine Berichte überbringen lassen, gleich als ob ich eine Person von Bedeutung wäre" (Cartas 376,2). Es ist dem guten gegenseitigen Verhältnis von Teresa und P. Gracián zu verdanken, daß Teresa einerseits ihren Einfluß durch ihn geltend machen konnte, daß sich P. Gracián aber andererseits stets mit der „Madre" beriet. Im Brief Teresas vom 21. Februar 1581 mahnte Teresa den Pater, einige wichtige Punkte – die ihr zwar selbstverständlich schienen – in den Text der Konstitutionen aufzunehmen, um eine gewisse Konstanz zu gewährleisten. Dies betraf zum Beispiel die freie Wahl der Geistlichen. „(…) wir müssen daran denken, daß Obere kommen können, die gegen diese Freiheit und auch gegen andere Gewohnheiten Widerspruch erheben können" (Cartas 376,3). Alles sollte klar und deutlich dargelegt, aber weit abgefaßt werden. „(…) denn wenn man uns diese Freiheit nehmen würde, müßten wir uns nach Rom wenden. (…) Es bleiben ihnen (den Schwestern) dadurch gar viele Betrübnisse erspart, die über die Nonnen anderer Klöster kommen, weil sie in bezug auf das geistliche Leben allzusehr eingeschränkt sind. Eine derart gebundene

Seele kann nie Gott so recht von Herzen dienen (...) Haben dagegen die Nonnen diese Freiheit, so kümmern sie sich oftmals nicht darum" (Cartas 376,3). Teresa wollte nicht, daß P. Gracián noch andere mit der Angelegenheit der Schwestern betraute und bat ihn, bezüglich der Einkünfte eine Neuregelung vorzunehmen: „Nach unseren Satzungen sollen die Nonnen von Almosen leben und kein bestimmtes Einkommen haben. Da ich nun sehe, daß alle unsere Klöster darauf hinarbeiten, ein bestimmtes Einkommen zu erhalten, so erwägen Sie, ob es nicht gut wäre, diese Bestimmung und alles, was darauf Bezug hat, zu streichen, damit jene, die darin Einsicht nehmen, nicht die Ansicht gewinnen, wir seien schon in kurzer Zeit der Lauheit verfallen" (Cartas 376,7). Dem Realismus Teresas, aber auch ihrem Bedürfnis nach Kontinuität, entsprach ihr Wunsch, daß die Konstitutionen gedruckt würden (vgl. Cartas 376,8; 384,1 f.). Nachdem alle Vorbereitungen abgeschlossen waren, versammelten sich die Unbeschuhten am 3. März 1581 in Alcalá de Henares zum konstituierenden Kapitel, auf dem der Bevollmächtigte des Papstes das Breve verlas und die Errichtung einer eigenen Provinz für die Unbeschuhten Karmeliten vollzog. Zur großen Freude Teresas wurde P. Gracián zum Provinzial gewählt. „Mir bereitete es eine der größten Freuden, die ich in diesem Leben (...) erhalten konnte. (...) Nur wer die erlittenen Schwierigkeiten kennt, kann die Freude verstehen, die mein Herz erfüllte. Jetzt leben wir alle, die Beschuhten und die Unbeschuhten Karmeliten, in Frieden, und niemand hindert uns daran, unserem Herrn zu dienen" (Fundaciones 29,31 f.). Voller Dankbarkeit ermunterte Teresa daher ihre Mitschwestern und -brüder, sich nicht mit dem guten Gelingen des Beginns abzufinden. „Jetzt fangen wir an; strebt in einem beständigen Neubeginn danach, vom Guten zum Besseren voranzuschreiten. (...) Richten wir unsre Augen auf das Geschlecht, von dem wir abstammen, auf jene heiligen Propheten. Wie viele Heilige haben wir im Himmel, die diesen Habit trugen! Nehmen wir uns mit heiliger Vermessenheit vor, mit Gottes Hilfe so zu werden wie sie" (Fundaciones 29,32 f.).

Teresa gab ihren Schwestern in ihrer unermüdlichen Bereitschaft, sich von Gott in Dienst nehmen zu lassen, ein Beispiel der Selbstlosigkeit.

Gerne hätte sie sich nun nur noch dem Gebet hingegeben, da ihr das Reisen aufgrund ihres Alters und ihres Gesundheitszustandes zunehmend schwerer fiel. Doch selbst in den ihr verbleibenden eineinhalb Jahren war sie beständig unterwegs. Kaum hatte sie in Palencia ein Kloster errichtet, wurde sie von ihrem ehemaligen Beichtvater Dr. Velázquez, der zum Bischof von Osma ernannt worden war, gebeten, in Soría ein Kloster zu gründen. Aus diesem Grund schob Teresa die geplanten Klostergründungen in Madrid und Burgos noch einmal auf. Als sie nach vollbrachter Gründung im September 1581 wieder nach Ávila zurückkehrte, war sie von den Strapazen der Reise sehr mitgenommen. Dennoch wurde die Heilige von den Schwestern von San José erneut zur Priorin gewählt, weil diese hofften, sie könne ihrer schlechten wirtschaftlichen Situation Abhilfe schaffen. Das Kloster war so arm, daß Teresa versucht war, Geld zu „entwenden". „Ich habe (…) zwei Geldstücke erhalten, um sie Ihnen (P. Gracián) zu geben. (…) Es fällt mir schwer, sie abzugeben, denn bei der jetzigen Lage der Dinge wäre es nicht zu verwundern, wenn ich der Versuchung, sie zu stehlen, unterliegen würde" (Cartas 421,3). Allerdings mußte Teresa die Schwestern bald enttäuschen. Denn bereits kurz nach der Wiederwahl hatte sie die Erlaubnis der Stadt Burgos für eine Gründung erhalten. Juan de la Cruz und Ana de Jesús hatte sie mit zwei Schwestern zur Gründung eines Klosters nach Granada geschickt. Doch trotz der Erlaubnis der Stadt und einer mündlichen Zusage des Erzbischofs von Burgos konnte sie sich nicht entschließen, in dieser kalten Jahreszeit aufzubrechen, bis sie die Anweisung Christi vernahm: „Beachte diese Kälte nicht, denn ich bin die wahre Wärme. (…) Unterlasse es nicht, selbst zu reisen, denn daraus wird ein großer Nutzen erwachsen" (Fundaciones 31,11). Die Reise nach Burgos im Winter war tatsächlich eine Tortur, so daß sich P. Gracián, der Provinzial, entschied, Teresa zu begleiten. Die Wagen blieben oft im Schlamm stecken, und sie kamen nur sehr langsam voran, „vor allem bei einem Übergang in der Nähe von Burgos, der ‚pontones' genannt wird. Es hatte so viel und lang geregnet, daß die Behelfsbrücke überflutet und nicht zu sehen war, wo man fahren sollte. Alles war nur Wasser, und auf der einen und der anderen Seite sehr tief. Kurzum, es ist eine große Waghalsigkeit, dort – besonders mit Wagen – hinüberzufahren. Bei einer nur geringen Abweichung geht alles verloren; einer der Wagen befand sich tatsächlich in dieser Gefahr" (Fundaciones 30,17). Als sie Ende Januar endlich in Burgos angekommen waren, zeigte sich der Erzbischof äußerst ungehalten über ihre Ankunft und wollte P. Gracián die Erlaubnis nur unter der Bedingung geben, daß sie ein eigenes Haus mit Einkünften hätten. Teresa kommentierte: „Wir könnten uns dann gleich wieder auf den Heimweg machen. Na ja, bei den schönen Wegen und dem einmaligen Wetter!" (Fundaciones 30, 21). Tatsächlich waren alle schon fast geneigt wieder abzureisen, aber Teresa wagte es nicht, entgegen dem Willen Gottes zu handeln. Wochenlang konnten sie keine heilige Messe feiern, und die Unterhandlungen mit dem Erzbischof zogen sich in die Länge. Bis alle seine Bedingungen erfüllt waren, sollten noch drei Monate vergehen. Der Provinzial war tief besorgt darüber, weil er nicht länger bleiben konnte, sondern anderen Verpflichtungen nachzukommen hatte. Daher brachte er Teresa mit den Schwestern vorübergehend in einem Hospital unter und reiste ab. Teresa und ihre Freunde bemühten sich in der Zwischenzeit um ein eigenes Haus. Als die Gründung dann endlich vollzogen war, waren alle voller Freude, endlich wieder ein Leben des Gebetes in der Verborgenheit führen zu können. „Wer es nicht erlebt hat, wird nicht glauben können, welche Freude wir bei diesen Gründungen erleben, wenn wir uns endlich in der Klausur sehen, die keine weltliche Person betreten darf. Wie gern wir diese Menschen auch haben, reicht es doch nicht aus, um diesen großen Trost aufzugeben, unter uns allein zu sein. Meiner Meinung nach ist es, wie wenn in einem Netz viele Fische aus dem Fluß gezogen werden, die nicht leben können, wenn man sie nicht ins Wasser zurückwirft. Genau so geschieht es den Seelen, die gewohnt sind, in den fließenden Wassern ihres Bräutigams zu leben" (Fundaciones 30,46).

Die Anstrengungen hatten sich gelohnt, dennoch war es Teresa nicht vergönnt sich auszuruhen. Unablässig schrieb sie Briefe an ihre Mitschwestern, an Wohltäter und an die Unbeschuhten Karmeliten. Denn aufgrund ihrer tiefen geistlichen Erfahrung war sie eine geschätzte Ratgeberin, die in hohem Maße mit der Gabe der Unterscheidung der Geister beschenkt war. Ob es sich um die Aufnahme von Schwestern, um materielle Probleme, den Kauf eines Hauses, familiäre Sorgen oder Krankheiten einzelner Schwestern, Versetzungen oder um Verhandlungen mit Bischöfen wegen neuer Klöster handelte, immer versuchte sie, einfühlsam auf ihr Gegenüber einzugehen. Aber auch scheinbar belanglosen Ereignissen des Alltags widmete sie ihre Aufmerksamkeit: „Alles, was Sie mir gesandt haben, kam ganz gut und unversehrt an, auch das Orangenblütenwasser; es ist vortrefflich und reicht auch aus, so daß wir jetzt keines mehr nötig haben. (...) Die Kiste sowie alles übrige war sehr gut erhalten. Denken Sie ja nicht, daß ich so viele eingemachte Sachen genieße; ich bin wirklich keine Liebhaberin davon" (Cartas 248,1 f.). Da sie alle Gründungen kannte und auf ihren zahlreichen Reisen viel Erfahrung im Umgang mit unterschiedlichsten Charakteren gewonnen hatte, wußte sie genau, wie man klugerweise bei einer Neugründung vorzugehen hatte. Daher ärgerte sie es sehr, wenn man ihre Weisungen nicht befolgte. Wenn sie bezüglich des Gehorsams ein Fehlverhalten bemerkte, konnte Teresa sehr scharf und deutlich zurechtweisen. Dies wird in einem Brief an Anna de Jésus vom 30. Mai 1582 deutlich. Die Heilige hatte sich offenkundig sehr über das eigenmächtige Verhalten dieser Priorin geärgert, die sie mit der Gründung eines Klosters in Granada beauftragt hatte. Diese hatte nicht auf ihren Rat gehört, sich ihren Anordnungen entzogen und viel zu viele und dazu andere Schwestern nach Granada mitgenommen, als Teresa hierfür bestimmt hatte. Am liebsten hätte sie dieses Kloster daher wieder aufgelöst. „Unser Gewinn besteht nicht darin, daß wir viele Klöster besitzen, sondern darin, daß deren Bewohnerinnen heilig leben" (Cartas 451,3). Teresa hatte nämlich erkannt, daß die Schwestern, die Anna de Jésus mitgenommen hatte, sehr an dieser hingen. Daher mußte sie, um den Geist der Reform zu erhalten, sehr streng vorgehen: „Denn jede Anhänglichkeit, selbst an die Oberin, ist ganz gegen den Geist der Unbeschuhten Karmelitinnen; dadurch würde man jeden Fortschritt im geistlichen Leben verhindern. Gott will, daß seine Bräute frei seien und ihm allein mit ganzer Seele anhangen“ (Cartas 451,8). Teresa, die von sich behauptete, man könne sie mit einer Sardine, die man ihr schenke, gewinnen (vgl. Brief vom September 1578), hatte sich, wie dieser Brief zeigt, bis ins Alter ihre Entschiedenheit und Tatkraft bewahrt. Wie man der Korrespondenz dieser Zeit entnehmen kann, war Teresa noch voller Pläne: sie wollte im November in Ávila die Profeß ihrer Nichte, Teresita, entgegennehmen und dann wiederum nach Salamanca reisen, um den Schwestern beim Erwerb eines Hauses beizustehen, war aber auch bereit, sofort die Gründung von Madrid vorzunehmen, sobald König Philipp II. dort eingetroffen wäre.

Doch es kam anders. Nachdem sie im Juni 1582 die *Fundaciones* beendet hatte, verließ sie Burgos und erreichte sehr ermüdet Palencia. Von dort wollte sie über Valladolid und Medina del Campo nach Ávila reisen. Weil sie aber in Medina del Campo von P. Antonio de Jesús ersucht wurde, Konflikte in Alba de Tormes zu lösen, änderte sie schweren Herzens die Route. Als sie am 20. September in Begleitung von Ana de San Bartolomeo Alba erreichte, fühlte sie sich so geschwächt, daß sie sich sofort zu Bett begab. Am 29. September ahnte sie, daß sie sich nicht mehr vom Krankenlager erheben sollte. Am 3. Oktober empfing sie zum letzten Mal die heilige Kommunion und rief aus: „Die Stunde ist da, mein Bräutigam, daß wir einander sehen.“ Am 4. Oktober abends gegen 21 Uhr verschied Teresa in den Armen ihrer Mitschwester Ana de San Bartolomeo.

II. KIRCHEN-LEHRERIN

Nach dem Tod Teresas nahm ihre Wirksamkeit nicht ab, im Gegenteil. Um die Erinnerung an sie und ihr Erbe im Kreis der Schwestern lebendig zu erhalten, entstanden bereits kurz nach ihrem Tod die ersten Biographien. Ein kostbares historisches Zeugnis stammt von der Priorin von Sevilla, María de San José, der Teresa besonders freundschaftlich verbunden war, wie die umfangreiche Korrespondenz belegt. Diese verfaßte einen Bericht über Teresas Leben im *Libro de recreaciones* (vgl. BMC II, S. 429, 435.).

MARÍA DE SAN JOSÉ, *Libro de recreaciones,* hrsg. von Silverio de Santa Teresa, Burgos 1913, Recreacion Nr. 8.

Die erste umfangreiche Lebensbeschreibung in barockem Stil wurde von einem Freund und Bewunderer Teresas, dem Jesuiten und Professor der Theologie in Salamanca, Francisco de Ribera (1537–1591), geschrieben und erschien 1590. Kurz zuvor hatte der Augustinerchorherr Luis de León (1527–1591) 1588 in Salamanca erstmals Teresas Werke herausgegeben. Dieser kannte Teresa zwar nicht, aber war aufgrund seiner Gelehrsamkeit als Professor der Theologie und Verfasser von mehreren theologischen Traktaten und biblischen Kommentaren auf lateinisch und kastilisch durch seine Bekanntschaft mit Ana de Jesús und den Karmeliten von Madrid auf Teresa aufmerksam geworden. In seiner Einführung lobt der Editor den charismatischen Charakter und die Brillanz ihrer Sprache sowie den Inhalt, der ihr im Gebet von Gott offenbart worden war. Leider fehlen in seiner Ausgabe das Buch der Gründungen, der Kommentar Teresas zum Hohenlied sowie ihre Briefe und Gedichte. Doch sorgte diese Ausgabe bereits für eine weite Verbreitung des teresianischen Gedankengutes.
Am 15. Oktober 1591 eröffnete der Bischof von Salamanca, Jerónimo Manrique, in dessen Diözese Teresa verstorben war, den Seligsprechungs-

prozeß, in dem mehr als 300 Zeugen vernommen wurden. Eine große Anzahl von spanischen Bischöfen, der Nuntius, der spanische König Philipp II. und einige Städte und Universitäten sowie Personen unterschiedlicher europäischer Nationen wandten sich mit Postulationsschreiben bezüglich der Seligsprechung Teresas an die römische Kurie. Da Teresas *opera* auch Gegenstand von Streitschriften und Ablehnung waren, zog sich der Prozeß jedoch in die Länge und wurde 1610 nach Rom verlegt, weil man die Werkausgabe einer inhaltlichen Prüfung unterziehen wollte. Innerhalb des Ordens wirkten vor allem Juán de Jesús María und Tomás de Jesús als Promotoren ihrer Seligsprechung, die am 24. April 1614 durch Papst Paul V. erfolgte. Bereits acht Jahre später wurde Teresa durch die Bulle Papst Gregors XV. *Omnipotens sermo Dei* (BMC II, S. 429, 435) gemeinsam mit Ignatius von Loyola, Franz Xaver und Philipp Neri am 12. März 1622 heiliggesprochen. Seitdem fanden ihre Werke stetig zunehmende Verbreitung: Waren es im 16. Jahrhundert 12 Werkausgaben, so stieg die Anzahl der Editionen im 20. Jahrhundert auf 340. Heute liegt die Gesamtausgabe ihrer Schriften in neun Sprachen vor, während Teilübersetzungen in weiteren 15 Sprachen bezeugt sind. Die Stabilität und Kontinuität ihrer Wirksamkeit in der Kirche, die geistliche Unterweisung und die Vertiefung des geistlichen Lebens, die die Gläubigen durch die Lektüre ihrer Schriften erfuhren und der Einfluß ihres Gedankengutes auf Juan de la Cruz, Franz von Sales, Alfons Maria von Liguori, José Oriol, Antonius Maria Claret, Juana de Lestonac, Paul vom Kreuz, Vinzenz Pallotti, auf die französische Schule insbesondere auf Thérèse von Lisieux, Edith Stein (T. Benedicta a Cruce) und Charles de Foucauld, führten dazu, daß Teresa am 27. September 1970 als erste Frau in der Kirchengeschichte zusammen mit Katharina von Siena von Papst Paul VI. durch das Apostolische Schreiben *Multiformis Sapientia Dei* zur Kirchenlehrerin ernannt wurde: „Mit sicherer Erkenntnis und nach reiflicher Überlegung, in der Fülle der Apostolischen Vollmacht, erklären wir die Heilige Teresa von Jesus, die Jungfrau aus Ávila, zur Lehrerin der universalen Kirche“ (Acta Apostolicae Sedis 63 [1971] 85).

Die Schriften der Heiligen sind ein Zeugnis der tiefen Erfahrung des Christusmysteriums und offenbaren den Weg, auf dem der Dreifaltige Gott ihr die Erkenntnis der wichtigsten Glaubensgeheimnisse erschloß. Ausgestattet mit dem Charisma der Erkenntnis und sprachlichen Ausdrucksfähigkeit ihrer Gotteserfahrungen überlieferte uns die Heilige mit ihren Schriften sowohl ein kerygmatisches Zeugnis als auch eine Lehre geistlicher Theologie. Ihre Gebetslehre verbindet die Treue zur Offenbarung mit der Lehre der Kirche und erschließt dem Leser das erlösende und liebende Heilshandeln Gottes in Jesus Christus, indem es zu einem lebendigen Kontakt mit dem Wort Gottes und zur Kreuzesnachfolge ermutigt. „Aufgrund der Liebe zum Glauben (...) versucht sie immer, sich an das zu halten, was die Kirche lehrt, indem sie diesen und jenen fragt wie eine, die in diesen Glaubenswahrheiten schon eine starke Grundlage hat, so daß selbst alle nur vorstellbaren Offenbarungen (...) sie auch nicht in einem Punkt von dem wegbrächten, was die Kirche lehrt“ (Vida 25,12). Im Zentrum von Teresas Denken stehen das Wachstum des Gnadenlebens in der menschlichen Seele und die Erfahrung der Erlösung, die eingebunden ist in das Mysterium der Kirche. Teresa erschließt mit eindrücklicher Klarheit den apostolischen Charakter des Gebets, das Ausdruck der Liebesbeziehung des Menschen zu Gott ist und alle an dieser überströmenden Liebe teilhaben lassen möchte.

1. Werke

*„Wie weitschweifig bin ich geworden!
Und doch hätte ich gerne noch mehr gesagt!“*

Das Buch des Lebens

Das „Buch des Lebens“ – *Libro de la Vida* –, welches auch als „Autobiographie“ bezeichnet wird, ist das erste Werk Teresas. Es ist keine Autobiographie im klassischen Sinne, sondern beschreibt ähnlich wie die Bekenntnisse des hl. Augustinus vor allem die geistlichen Erfahrungen, die Teresa auf ihrem Lebensweg mit Gott gemacht hat. Sicherlich ist es auch reich an biographischen Daten, aber der äußere Rahmen ist sekundär. Dies bringt auch der Titel zum Ausdruck, den Teresa sich für dieses Buch gedacht hatte: „Von den Erbarmungen Gottes“.
Leider gab ihm Luis de León bei der ersten Veröffentlichung 1588 den Titel: „Das Leben der Mutter Teresa von Jesus und einige Gnadenerweise, die Gott ihr schenkte, geschrieben von ihr selbst, im Auftrag ihres Beichtvaters“. Auf diese Weise hat sich der Titel des Editors bis heute erhalten und weckt bei einigen Lesern, die mit Teresa nicht vertraut sind, falsche Erwartungen. Die *Vida* entstand in verschiedenen Bearbeitungsstufen: aus Gewissensberichten für die Beichtväter fertigte Teresa 1562 in Toledo die erste Redaktion (Textfassung) der *Vida* an, die nicht erhalten geblieben ist. Nach der Gründung von San José überarbeitete und erweiterte sie den Text vollständig, indem sie den Bericht über die Gründung und einen kleinen Gebetstraktat hinzufügte. Aus diesem Grund weist die zweite Redaktion, deren Autograph sich in der Bibliothek des Escorial befindet, folgende Struktur auf: nach einigen einleitenden Blättern folgt der Prolog. Daran schließt sich das Textcorpus von 40 Kapiteln an. Diese beinhalten die Lebenszeit Teresas bis zu ihrer endgültigen Bekehrung (Kapitel 1–10), darauf folgt ein Traktat über das Gebet, der ein schönes Beispiel dafür ist, wie Teresa die Gabe der Unterscheidung der Geister anwandte. Die Seele wird an dieser Stelle mit einem Garten verglichen, den Gott (= der Gärt-

ner) auf unterschiedliche Weise mit Wasser (= Gnade) versorgt (Kapitel 11–21). An diesen Traktat schließen sich in den Kapiteln 23–31 die ersten mystischen Erlebnisse und übernatürlichen Erfahrungen an. Darauf folgen der Gründungsbericht von San José (Kapitel 32–36) und einige mystische Erlebnisse (Kapitel 37–40). Das Werk endet mit einem Epilog, einem Brief, der mit einer Datierung (Juni 1562) schließt, und mit einem Gutachten des Zensors P. Domingo Bañez vom 7. Juli 1575. Das Werk durfte zum Schutz Teresas erst nach ihrem Tod publiziert werden. Aus diesem Grund übergab es Ana de Jesús Luis de León 1586, damit es in der Gesamtausgabe zum ersten Mal publiziert werden könnte. Nach Vollendung des Werkes hatte sich Teresa eine rasche Verbreitung dieses Buches schon zu Lebzeiten erhofft, um ihren Schwestern und Freunden eine Hilfestellung für das innere Beten zu geben. Die *Vida* ist ein unvergleichliches Zeugnis der kastilischen Sprache des 16. Jahrhunderts, mit der die Heilige auch zu einer Zeugin der Sprachentwicklung wurde. Sie ist in Briefform geschrieben und an García de Toledo, einen ihrer Beichtväter gerichtet, der sie mit der Abfassung betraut hatte. Die ursprüngliche Intention war nicht eine Veröffentlichung, sondern die persönliche Klärung ihrer eigenen Gottesbeziehung und die Prüfung ihrer mystischen Phänomene durch die Kirche. Das Manuskript wurde durch Abschriften, die von Hand zu Hand weitergereicht wurden, rasch verbreitet, vor allem durch Domingo Bañez (bei eigenen Mitbrüdern), durch Bischof Alvaro de Mendoza und seine leibliche Schwester María sowie durch die Schule von Juan de Ávila. Als dieser Heilige die *Vida* gelesen hatte, schrieb er Teresa in einem Brief vom 12. September 1568 kurz vor seinem Tod, ihr Werk sei nicht für viele bestimmt. Dieser Meinung schloß sich Domingo Bañez an. In der Tat setzt das Verständnis dieses Buches einen großen geistlichen Erfahrungsschatz voraus und ist nicht für Anfänger des geistlichen Lebens geeignet.

Relationen

Neben der *Vida* sind auch noch 67 autobiographische Texte überliefert, die in einigen Editionen auch *Gewissensberichte* genannt werden. Es handelt sich um geistliche Berichte, in denen die Heilige auf Bitten ihres Beichtvaters oder eines Gelehrten sehr persönlich Rechenschaft über ihr geistliches Leben gibt, insbesondere über ihr Gebetsleben und die von Gott empfangenen Gnaden. Die Texte sind in einem Zeitraum von 20 Jahren zwischen 1560 und 1581 entstanden. In der Edition von Luis de León wurden einige Fragmente als Anhang zur *Vida* veröffentlicht. Entsprechend einem inneren Wachstumsprozeß kann man sie chronologisch in vier Gruppen ordnen:

1. In den Gründungsjahren von San José als sie unter der Leitung von García de Toledo und Pedro Ibañez stand, schrieb Teresa die *Relaciones* 1–3.
2. Zwischen 1569 und 1573, als sie von Gott auf die mystische Erfahrung der geistlichen Hochzeit (den Eintritt in die siebte Wohnung) vorbereitet wurde, entstanden die *Relaciones* 7–36.
3. In den Jahren der Krise und der Konflikte, als sie unter der geistlichen Leitung von Rodrígo Álvarez stand und eine Reihe mystischer Gnaden empfing (Relaciones 37 und 42–45), schrieb sie für die Konsultoren der Inquisition von Sevilla die *Relaciones* 4–5 und 39–40.
4. Die verbleibenden „Relationen" entstanden in den letzten Lebensjahren (1575–1581) und sind an Alonso Velázquez gerichtet. Da nicht alle „Relationen" handschriftlich überliefert sind, existiert bis heute noch keine kritische Edition dieser autobiographischen Texte der Heiligen.

Fundaciones – Buch der Gründungen

Das wohl am leichtesten zu lesende Werk der Heiligen, in dem sehr viel von ihrer Persönlichkeit und ihrem Charakter durchscheint, ist das Buch der Klostergründungen: *Las Fundaciones.* Dieses Werk Teresas setzt die *Vida* fort, die zeitlich mit der Gründung von San José endete. Es entstand im Laufe von zehn Jahren mit steten Unterbrechungen, an unterschiedlichen Orten und zu völlig verschiedenen Bedingungen und war als ein internes Gedächtnisbuch der von ihr ins Leben gerufenen Klostergründungen gedacht. Als solches spiegelt seine Komposition die abenteuerliche

Gründungstätigkeit Teresas wieder. Die Heilige begann mit der Abfassung auf Anweisung des Jesuiten Jerónimo Ripalda am 25. August 1573 in Salamanca, nachdem sie bereits im Februar 1570 die göttliche Weisung erhalten hatte, die Gründungsgeschichte der Häuser aufzuschreiben und so viele Klöster wie möglich zu errichten (vgl. Relaciones 9,3). Teresa schrieb in einem Klima der Angst und Unsicherheit die ersten neun Kapitel nieder. Wo sie die folgenden zehn Kapitel abfaßte, ist nicht sicher. Aber es läßt sich vermuten, daß sie hierfür die Zeit in Toledo nutzte, wo sie bis 1576 weilte. Wie dem Brief an ihren Bruder Lorenzo vom 24. Juli 1576 zu entnehmen ist, schrieb sie vom Frühjahr dieses Jahres bis zum Oktober an den Kapiteln 20–27 und glaubte, damit am Ende angelangt zu sein.
Daher nutzte sie die Rückseiten für die *vier Ratschläge für die Unbeschuhten Karmeliten.* Doch bis zu ihrem Tod sollten noch die Berichte von vier weiteren Gründungen folgen, Villanueva de la Jara, Palencia, Soría und Burgos. Die Handschrift des Buches der Klostergründungen, die sich im Escorial befindet, wurde erstmals 1610 in Brüssel auf Initiative von Ana de Jesús und Jerónimo Gracián im Druck herausgegeben, allerdings wurde das Werk hierbei einer Änderung unterzogen, und Ana de Jesús ließ ihren Gründungsbericht von Granada hinzufügen.
Das Buch der Gründungen ist sehr lebendig geschrieben. Oft wechseln einander Erzählungen und lehrhafte Passagen ab (die Kapitel 4–8 enthalten einen kleinen Traktat über das Gebet und über die Gefahr der Melancholie, der für die Unterscheidung der Geister höchst lehrreich ist). Dadurch daß die Heilige oft in einen Dialog mit dem Leser eintritt, um in ihm Empathie, Freude und Dankbarkeit für Gottes Wirken zu erwecken, wird dieser ganz in das Geschehen einbezogen. Man erfährt viel über das alltägliche Leben der Schwestern, über Teresas Nöte, aber auch über ihren Humor und ihr Temperament, die Reiseanstrengungen, ihre zwischenmenschlichen Beziehungen, ihre Kontakte zu allen Ständen der Gesellschaft, ihre Wohltäter und ihre zahlreichen Sorgen und vor allem, was es für sie bedeutete, ein neues Kloster zu errichten. Teresa erwähnt in diesem Buch auch die Entstehung der ersten Männerklöster der Reform und stellt dem Leser Patres wie Juán de la Cruz und Jerónimo Gracián als Vorbilder vor Augen.

Briefe

Die Briefe – *Cartas* – haben keinen ausdrücklich lehrhaften Charakter, sondern spiegeln Teresas Lebenssituation von insgesamt 22 Jahren wider. Sie sind die wichtigste Quelle zur Rekonstruktion von Teresas Biographie und zum Verständnis ihrer Person, weil sie ein Arsenal von historischen Daten, Episoden und täglichen Verhaltensweisen beinhalten, das für die Dokumentation ihres Lebens von unschätzbarem Wert ist. In ihnen wird deutlich, daß Teresa nicht nur eine Mystikerin war, sondern in einen konkreten zeitgeschichtlichen Kontext und ein breites Beziehungsgeflecht eingebunden war. Die Briefe führen den Leser daher in die historische Realität ihres Lebens ein, weil in ihnen ihre Verbindung zum alltäglichen Leben mit seinen Spannungen, Problemen, Kämpfen und Auseinandersetzungen deutlich wird. Die alltäglichen Schwierigkeiten und das soziale Umfeld, die Arbeit und die persönlichen Leiden beleuchten die menschliche Seite der mystisch begnadeten Persönlichkeit der hl. Teresa, ihren Charakter, insbesondere ihren Humor, ihre Willensstärke, ihre leidenschaftliche Gottesliebe, ihre Liebe zur Kirche, aber auch ihre Entschiedenheit im Dienst für das Reich Gottes sowie ihre reichen Tugenden im Umgang mit den Mitmenschen.

Wir sind heute im Besitz von 486 Briefen der Heiligen, davon sind jedoch nur 250 Autographe, denn viele Briefe wurden auf der Jagd nach Reliquien im 17. Jahrhundert zerstört, so daß es schon fast zu spät war, als man die Briefe in der Mitte des 17. Jahrhunderts veröffentlichen wollte. Außerdem hatte man es bei der Zeugenvernehmung während des Seligsprechungsprozesses versäumt, nach den Briefen der Heiligen zu fragen. Bis 1700 gab es 22 Auswahleditionen in mehreren Sprachen. Die Editionen des 17. und 18. Jahrhunderts enthielten bereits 371 Briefe. Allerdings umfaßt die heute bekannte Anzahl der Briefe Teresas nur ein Bruchteil ihres Briefverkehrs. Schätzungen von Experten beziffern ihre Korrespondenz auf bis zu 15.000 Briefe. Mit Sicherheit weiß man von einigen verlorengegangenen Briefen: der Briefwechsel mit Juan de la Cruz wurde vernichtet, ferner die Briefe an den Ordensgeneral, an die Apostolischen Visitatoren, an die Provinziale Ángel de Salazar und Antonio de Heredia, Briefe an adlige Damen wie die Prinzessin von Eboli, Teresas Briefe an die Kommunität von Sevilla während des dramatischen Inquisitionsprozesses um die Priorin María de San José, des weiteren ihre Briefe an den päpstlichen Nuntius Felipe Sega und ihre persönliche Korrespondenz mit ihren Geschwistern Rodrigo, Antonio, Hernando und Jerónimo. Aus den ersten Jahren ihres Lebens und aus der Zeit ihres 27jährigen Aufenthaltes im Kloster Encarnación sind keinerlei Briefe erhalten geblieben. Teresas intensives schriftstellerisches Wirken erlangte mit dem Beginn ihrer Gründungstätigkeit ihren Höhepunkt. Sie schrieb meist bis tief in die Nacht hinein. Bemerkenswert ist dabei, daß die Phase äußerster Kontakte und intensiver Tätigkeit mit der Periode stärkster mystischer Erlebnisse zusammenfällt. Teresas Briefe durchquerten ganz Kastilien und gelangten bis nach Sevilla, Lissabon, Evora, Amerika und nach Rom. Wenngleich die Heilige manchmal Kritik am Briefprotokoll ihrer Zeit übte, so beherrschte sie die gebräuchlichen Umgangsformen doch perfekt, wie ihre Briefe an Gaspar Salazar, Domingo Bañez und den spanischen König Philipp II. dokumentieren. Der Umgangston ist je nach Adressat völlig verschieden: vertraulich, demütig untergeben, humorvoll, zurechtweisend etc. Die Empfänger ihrer Briefe reichen von kirchlichen und zivilen Persönlichkeiten, Familienangehörigen, Mitschwestern und Mitbrüdern, Theologen, Beichtvätern und Freunden bis zu Mitarbeitern ihrer Gründungen. Damit sind fast alle gesellschaftlichen Gruppierungen im Briefcorpus der Heiligen vertreten. Dies erhöht den Reiz und die Faszination dieser wertvollen historischen Quelle.

Konstitutionen

Teresa verfaßte nicht nur geistliche Texte, sondern war auch als Gesetzgeberin für ihre Schwestern tätig. Daß sie zur Abfassung von eigenen *Konstitutionen* von ihrem Bischof Alvaro de Mendoza und später vom Ordensgeneral Giovanni Rossi bevollmächtigt wurde, ist für diese Zeit außergewöhnlich. Die *Konstitutionen* sind die Ausführungsbestimmungen der Karmelregel, der äußere Rahmen der gemeinsamen Lebensweise, sie fixieren die Idealvorstellung der eigenen Berufung und normieren bestimmte Verhaltensweisen und klösterliche Gebräuche. Wie das menschliche Zusammenleben der Regelung bedarf, wo es gelingen soll, so auch das geistliche Leben.

Die *Konstitutionen,* die Teresa für ihre Schwestern in San José entwarf, sind ein Spiegelbild ihrer Nüchternheit, ihres Realitätssinns und offenbaren, welche Prioritäten das gemeinsame Leben bestimmen sollten. Leider ist das Autograph der ersten Konstitutionen Teresas nicht erhalten, aber man kann den Wortlaut aus den *Konstitutionen* erschließen, die Teresa für den männlichen Zweig verfaßte, wenn man die maskulinen in feminine Wendungen umwandelt. Der Text zeichnet sich durch äußerste Kürze und weite Formulierungen aus. Entgegen den *Konstitutionen* des Klosters Encarnación verzichtete Teresa auf die Einführung des allgemeingebräuchlichen Strafkodex. Mit der Gründung von Medina del Campo mußten die *Konstitutionen* für die Neugründung kopiert werden. Da Teresa diese Gründung im Auftrag des Ordensgenerals vornahm, legte sie ihm auch die *Konstitutionen* zur Approbation vor. Dabei kam es zu Hinzufügungen, die nicht im Sinne Teresas waren, wie der Strafkodex, Anweisungen bezüglich des Schuldkapitels und das Kapitel über die „Verstorbenen“.

Auf die Abfassung der *Konstitutionen* auf dem Kapitel von Alcalá hatte Teresa keinen direkten Einfluß mehr, aber sie versuchte, regulierend über P. Gracián einzugreifen, um den von ihr mit Weisheit und Maß erlassenen Charakter des Gesetzestextes zu erhalten, und drängte auf den baldigen Druck.

Visitationsweise

Die „Anleitung, wie man eine Visitation zu halten habe“, *Modo de visitar los Conventos* (Obras completas, Bd. 1, S. 1298–1319), ist eine einzigartige Schrift, die nicht für die Öffentlichkeit oder gar für den

Druck bestimmt war, sondern einen ganz intimen Charakter aufweist. Das kleine Werk von nur 43 Seiten entstand auf Bitten des Apostolischen Visitators, Jerónimo Gracián, im Herbst 1576 im Karmel von Toledo nach Teresas Rückkehr aus Andalusien. Solange sie selbst gründen konnte, besuchte die Heilige auf ihren Reisen immer wieder die bereits bestehenden Konvente, kannte jede Schwester. Als sich diese Situation zeitweilig änderte, vertraute Teresa P. Jerónimo Gracián einige wichtige Ratschläge an, um die Klöster im Geist der Reform zu erhalten. In dieser Schrift wird daher deutlich, worauf es Teresa bei der gemeinsamen Lebensweise ankam, nämlich auf das rechte Maß und die Milde *(suavidad)*. Damit ist eine Haltung des liebenden Einfühlens und des erbarmenden Verständnisses mit dem Nächsten und mit sich selbst gemeint, das aus dem Vertrauen auf Gottes je größere Barmherzigkeit erwächst.

Das Manuskript befindet sich im Escorial und wurde erst 1612 ediert, nachdem die *Consulta* (der Rat) des Ordens einige Änderungen am Wortlaut des Autographs vorgenommen hatte. Wegen des tragischen Ausschlusses P. Jerónimo Graciáns aus dem Orden nach dem Tod der Heiligen wollte man die Bezüge des Werkes zu seiner Person beseitigen und nahm daher gezielte Manipulationen vor. Die ursprüngliche Textwiedergabe erfolgte erst 1861 in der Edition von Vincente de la Fuente. Es handelt sich um einen Dialog auf höchstem Niveau, so daß das Opusculum eigentlich ein Gemeinschaftswerk von beiden darstellt. Das Manuskript folgt keinem festen Plan, einem Schema oder einer Struktur, vielmehr geht es um die Regelung der zeitlichen und geistlichen Dinge, um die Ernsthaftigkeit des Lebens und die menschliche Schwäche und Gebrechlichkeit.

Der *Camino* – oder Weg der Vollkommenheit

Der *Weg der Vollkommenheit* ist das zweite Werk Teresas. Es ist nicht sicher, ob der Titel von ihr stammt, denn der Titel der ersten erhaltenen Textfassung lautet: „Dieses Buch handelt von Hinweisen und Ratschlägen, die Teresa von Jesus ihren Schwestern und ihren Töchtern gegeben hat, die in den Klöstern leben, die zum Nutzen für den Herrn und die glorreiche Jungfrau und Gottesmutter gegründet wurden. Insbesondere richtet es sich an die Schwestern des Klosters vom hl. Josef in Ávila, wo sie Priorin war, während sie es schrieb."

Die Heilige überarbeitete die erste Redaktion des *Camino,* doch sind glücklicherweise beide Redaktionen erhalten geblieben, so daß man die Veränderungen nachvollziehen kann. Die erste Fassung ohne Kapiteleinteilung befindet sich im Escorial, während die Endredaktion im Karmel von Valladolid aufbewahrt wird. Beide Textversionen wurden in San José in Ávila geschrieben, wahrscheinlich um 1566 nach der Abfassung der *Vida,* aber vor dem Besuch des Franziskanerpaters Alsonso de Maldonado. Die Überarbeitung erfolgte gemäß den Anweisungen eines Theologen und bezog sich vor allem auf den vertraulichen Umgangston, polemische Äußerungen und die zahlreichen Hinweise der Heiligen auf ihre eigenen religiösen Erfahrungen. Bei dieser zweiten Redaktion gab Teresa dem Werk die Form eines Buches und legte es nach Beendigung ihrer Korrekturen erneut der Zensur vor.

Da das Werk zur geistlichen Formung und zur Bildung ihrer Gemeinschaft bestimmt war, wurde die zweite Redaktion Teresas mehrfach abgeschrieben und von ihr eigenhändig korrigiert. Teresa wollte den *Weg der Vollkommenheit* schon zu ihren Lebzeiten drucken lassen und übergab das Manuskript aus diesem Grund ihrem portugiesischen Freund Don Teutonio de Braganza. Da das Manuskript auch dort einer Zensur unterlag, konnte das Werk – ohne das 31. Kapitel „über das Gebet der Ruhe" – erst im Februar 1583 erscheinen. Es trug den Titel „Traktat, den die Mutter Teresa geschrieben hat. Für die Schwestern vom Orden Unserer Lieben Frau vom Karmel im Kloster vom hl. Josef in Ávila." Aber unter diesem Titel erschien es auch in den Ausgaben von Jerónimo Gracián (Salamanca 1585), Francisco de Ribera (Valencia 1587) und Luis de León (Salamanca 1588).

Da die Funktion des Buches primär eine pädagogische war, um die Schwestern in den Reformklöstern zu Menschen des Gebetes und der Beschauung zu formen, geht Teresa im *Weg der Vollkommenheit* auf ihre Ideale, ihr

Gottesbild, den gemeinsamen klösterlichen Lebensstil und auf das Zentrum ihrer Berufung, *Tag und Nacht im Gesetz des Herrn zu betrachten und im Gebet zu wachen* (Karmelregel, Kap. 7), näher ein. Wenngleich Teresa die Kenntnis der *Vida* zu diesem Zeitpunkt noch voraussetzt, stellt der *Camino* doch den inhaltlichen Kommentar zur Karmelregel und zu den Konstitutionen dar. Wie zwei Seiten einer Medaille sollen sich die Werke ergänzen und zu einem vertieften Verständnis der Berufung führen, so daß die Schwester in der Lage ist, diese im Geist des Evangeliums nach den Konstitutionen zu leben. Der äußere gesetzliche Rahmen soll mit Leben erfüllt werden. Teresas kontemplativ-apostolisches Selbstverständnis sieht die betende Gemeinschaft der Schwestern stets im Dienst für die Kirche. In ihr lebend umfängt das Gebet als Ausdruck der Liebe alle Nöte der Kirche, der Gesellschaft, jedes Menschen. Ganz besonders möchte Teresa im Gebet für die Priester, Theologen und Missionare da sein. Damit das Gebetsapostolat wirklich fruchtbar sein kann, bedarf es der gelebten Verwirklichung der Gottesbeziehung im Alltag. Aus diesem Grund betrachtet Teresa zu Beginn des *Weges der Vollkommenheit* die grundlegenden Tugenden, die für das Leben in einer kontemplativen Gemeinschaft eingeübt werden müssen, um den Menschen für das Wirken Gottes zu öffnen und in das Ebenbild Christi umzugestalten: Armut, Nächstenliebe, Loslösung von allen falschen Bindungen, um zur Freiheit zu gelangen, Demut im Sinne einer völligen Verfügbarkeit für Gott und der Annahme des eigenen Selbst, Durst nach dem lebendigen Wasser (Sehnsucht nach Heiligkeit) und entschiedene Entschlossenheit.

Im zweiten Teil des Werkes führt die Heilige den Leser ins Gebet und in die Kontemplation ein. Ausgangspunkt hierfür ist das Gebet Jesu zum Vater, das Vaterunser. Jesu Beziehung zum Vater und sein vertrauensvolles Beten dienen Teresa als Maßstab und Orientierungspunkt für die Entfaltung ihrer Gebetslehre. Anhand einer Kommentierung der einzelnen Bitten des Vaterunsers möchte sie das Verständnis für das Gebet Jesu erschließen, es verinnerlichen und in das liturgische Gebet, das Gebet der Sammlung (Kap. 26–29), in das Leben aus der Eucharistie (Kap. 33–35) und die Übung der Versöhnung und Feindesliebe (Kap. 36–38) ein-

führen. Durch die Einfühlung in die Empfindungen Jesu, in seinen Lebensstil, sein Verhältnis zum Vater, in seine liebende Aufmerksamkeit und seine Zuneigung zu den Menschen soll die Sensibilität für Gottes Wirken geweckt werden.
Aus diesem Grund ist Teresas Stil im *Camino* dialogisch und von großer Unmittelbarkeit und Intimität gekennzeichnet. Ihre Gebetslehre ist nicht abstrakt, sondern wird von militärischer und bräutlicher Symbolik geprägt, die von der Karmelregel, paulinischer Theologie und den Bildern des Hohenlieds beeinflußt ist. Die Notwendigkeit einer maßvollen Askese wird von Teresa in ihren geistlichen evangeliumsgemäßen Kontext gestellt. Darin hebt sie sich mit dem *Camino* von anderen zeitgenössischen asketischen Lebensprogrammen ab, so daß man dieses Werk heute wegen seiner Ausgewogenheit und seines Realismus als einen Klassiker der Gebetspädagogik bezeichnen kann.

Gedanken über die Gottesliebe oder Betrachtungen über das Hohelied

Bei diesem kleinen Opusculum der Heiligen handelt es sich um die einzige Schrift Teresas, die unmittelbar auf einem biblischen Text basiert, nämlich dem Hohenlied. Der Titel stammt auch nicht von der Verfasserin, sondern wurde dem Werk vom ersten Editor gegeben. In vielen Editionen wird es auch unter dem Titel *Conceptos del amor de Dios* (Betrachtungen über das Hohelied) geführt. Im Prolog sowie im Epilog erwähnt Teresa, daß sie um die Abfassung gebeten wurde. Aber es ist nicht sicher ermittelbar, wer ihr diesen Auftrag erteilt hat. Offenkundig ist, daß die Thematik einem inneren Impuls entsprach, der durch ihre mystischen Erfahrungen und die für sie geistliche Wirksamkeit der biblischen Worte des Hohenlieds ausgelöst wurde. Der vertrauensvolle Charakter des Inhalts läßt auf eine Abfassungszeit zwischen 1568 und der exstatischen Erfahrung Ostern 1571 schließen, von der sie in *Relaciones* 15 berichtet. Zu dieser Zeit kursierte in Kastilien und Portugal die kastilische Übersetzung des Hohenlieds von Luis de León, die er der Nonne Doña Isabel de Osorio gewidmet hatte. 1572 wurde Luis de León wegen dieser Übersetzung von der Inquisition in Haft gesetzt. Daher war Teresas Beschäftigung mit dem Hohenlied, erst recht ihre schriftliche Betrachtung von Textstellen der Heiligen Schrift gefährlich. Als Teresa das Manuskript einem befreundeten Dominikaner zur Begutachtung vorlegte, befahl er ihr, es sofort zu verbrennen, was Teresa auch ohne Bedenken tat. Denn ihre Mitschwestern hatten in der Zwischenzeit schon Kopien vom Original angefertigt. Teresa hatte das Manuskript während der Gründung von Segovia verfaßt, als sie unter der geistlichen Leitung von Diego de Yanguas stand. Man weiß durch die Zeugenaussage von María de San José und der Fürstin von Alba, Doña María Enríquez, beim Seligsprechungsprozeß, daß dieser Pater es für unangebracht hielt, daß sich eine Frau mit dem Hohenlied beschäftigte, und die Vernichtung des Originals anordnete (vgl. BMC XVIII, S. 239–243,320). Teresas Opusculum zeugt daher von ihrer Kühnheit, aber auch von den dramatischen Spannungen zwischen Theologie und Spiritualität im Spanien des 16. Jahrhunderts. Die Heilige hatte diese Schrift ausschließlich für ihre Schwestern bestimmt, die es durch Abschriften vor dem Verlust bewahrten. Auch Domingo Bañez hatte eine solche Abschrift durchgesehen und an den Rand geschrieben: „Ich habe die vier Bogen gelesen, (…) ich halte nichts davon für eine schlechte Lehre, sondern alles für gut und dem Fortschritt dienlich. Im Kolleg des hl. Gregorius von Valladolid am 10. Juni 1575, Frater Domingo Bañez.“ Auf der ersten Seite steht zusätzlich der Vermerk: „Dies ist eine Überlegung von Teresa von Jesus. Sie enthält nichts, was mich befremdet. Frater Domingo Bañez.“

Als P. Jerónimo Gracián das Manuskript in Belgien erhielt, sorgte er 1611 für seine Edition. Hierfür teilte er es in sieben Kapitel ein und fügte einige Anmerkungen hinzu. Diese Edition wurde so erfolgreich, daß sie 1630 in die Edition von Baltasar Moreto aufgenommen wurde.

Teresa schloß von Anfang an einen exegetischen Kommentar literarisch wie theologisch aus. Ihren eigenen Angaben zufolge wollte sie ihren Mitschwestern die Früchte ihrer Betrachtungen wiedergeben. Der Heilige

Geist habe ihr in einem liebevollen Dialog die Worte eingegeben. Durch die Beschäftigung mit dem biblischen Text konnte Teresa die Brautsymbolik in ihrem Denken verinnerlichen. Sie diente ihr dazu, das mystische Gebet, die Ekstase, die Vereinigung mit Gott, den Nutzen der Wirkungen der mystischen Einigung für die Kirche mit Begriffen zu umschreiben, die aus der Heiligen Schrift stammten, als solche vom Heiligen Geist inspiriert waren, aber zugleich ihren eigenen Gotteserfahrungen entsprachen. An diesem Werk der Heiligen wird deutlich, wie sich Teresa der Heiligen Schrift näherte, die einzelnen Worte in ihrem Leben erwog und sich dabei mutig und voll Vertrauen von Gott führen ließ. Dies ist zu ihrer Zeit, als die volkssprachliche Übersetzung der Vulgata auf dem Index stand, keineswegs selbstverständlich.

Die Innere Burg oder die *Wohnungen*

Die Innere Burg ist das letzte und reifste Werk der hl. Teresa. Es ist ein Traktat geistlicher Theologie, in dem die Heilige sich im sprechenden Schreiben an ihre Schwestern wendet, um ihnen ihr Gebetsverständnis näher darzulegen. Teresa gab diesem Werk selbst den Titel *Dieser Traktat, genannt Innere Burg, wurde von Teresa von Jesus verfaßt, Nonne Unserer Lieben Frau vom Karmel, für ihre Töchter, die Unbeschuhten Karmelitinnen.*

Zur Abfassung wurde die Heilige inspiriert, als die *Vida* von der Inquisition zurückgehalten wurde und ihre Schwestern dieses Buch nicht zur Einführung in das Gebetsleben lesen durften. Auf Anregung von Jerónimo Gracián und Alonso Velázquez fing sie daher von neuem an, ihre Erfahrungen über das Gebet niederzuschreiben.

Dieses Werk Teresas entstand in erstaunlich kurzer Zeit: Den Beginn schrieb die Heilige am Fest der Heiligsten Dreifaltigkeit, am 2. Juni 1577 in Toledo und beendetete, das Manuskript am 29. November 1577 in Ávila. Nachdem sie es einigen Gelehrten zur Approbation vorgelegt hatte, nahm sie nach der Begutachtung von P. Jerónimo Gracián und Diego de Yanguas eine Revision vor und übergab die Schrift an die Priorin von

Sevilla, María de San José. Das Autograph befindet sich heute noch im Karmel von Sevilla, umfaßt 115 von der Heiligen foliierte Seiten und eine handschriftliche Approbation des Inquisitors Rodrigo Àlvarez vom 22. Februar 1582. Der erste Druck erfolgte in der Edition von Luis de León in Salamanca 1588 mit dem Titel „Buch, genannt die *Innere Burg* oder die *Wohnungen*". Da der Editor leider nicht das Original konsultierte, sondern eine zweifelhafte Abschrift, galt ein fehlerhafter Text lange als der klassische Wortlaut der Heiligen, bis der Erzbischof von Sevilla 1882 eine Faksimileedition herausgab.

Einer der großen Vorzüge der *Inneren Burg* ist der dem Werk zugrundeliegende Symbolismus in großer Dichte. In lehrhafter Gestalt beschreibt Teresa den Weg ihres eigenen geistlichen Weges bis zur Fülle des christologischen und trinitarischen Lebens. Anthropologisch bedeutsam ist die Entfaltung des menschlichen Mysteriums in seiner Fähigkeit, mit Gott in Beziehung zu treten, der als im Menschen innewohnend erfahren wird. Die ersten fünf Kapitel handeln vom asketischen Bemühen, in das mystische Leben einzutreten, in ein Leben, das auf die intensive Begegnung mit Gott ausgerichtet ist, auf Heiligung, Liebe und ihren Manifestationen, letztlich auf die Vollendung in Gott.

Teresa gebraucht für die Darstellung der Verinnerlichungsbewegung vier grundlegende Symbole, die in ihrer Aussagekraft transparent sind für den dahinterliegenden Bedeutungsgehalt:

1. Die menschliche Seele wird mit einer Burg verglichen, die aus verschiedenen Wohnungen besteht, in deren Zentrum Gott selbst wohnt. Der Mensch muß auf dem Weg der Vereinigung mit Gott verschiedene Wohnungen durcheilen, die verschiedenen Entwicklungsstufen im geistlichen Leben und verschiedenen Gnaden entsprechen.
2. Das Symbol des Wassers und des Brunnenbeckens in der vierten Wohnung bezeichnet unterschiedliche Gebetsweisen mit je eigenen Wirkungen auf die Seele.
3. Die Seidenraupe, die sich in einen Schmetterling verwandelt, dient Teresa als Symbol für den Umformungsprozeß des Menschen in Christus.

4. Das Symbol der Hochzeit, das die letzten drei Wohnungen durchzieht, ist voll von Anklängen an das Hohelied und dient als Verdeutlichung der Vereinigung des Menschen mit Gott in verschiedenen Intensitätsgraden.

Das Buch beschreibt gleichsam chronologisch den Weg vom Äußeren der Burg ins Innerste.

Dabei werden sieben Wohnungen durchschritten. Die drei ersten Wohnungen sind mit Hilfe der eigenen menschlichen Anstrengung zu erreichen, die vierte Wohnung ist eine Art Übergang für den Eintritt ins mystische Leben, das in der fünften Wohnung beginnt. Die Wohnungen sind auch mit Entwicklungsstufen des geistlichen Lebens vergleichbar, die sich aber nicht chronologisch vollziehen, sondern der Mensch durchwandert in seinem Leben die verschiedensten Wohnungen der Burg. Jeder Wohnung entspricht eine bestimmte Gebetsweise, die Ausdruck der Intensität der Gottesbeziehung ist.

Das Faszinierende an Teresas Gebetstraktat ist, daß sie durch ihre eigenen Erfahrungen in der Lage war, die höchsten mystischen Erlebnisse in einer Bildsprache so verständlich auszudrücken, daß der Leser sich ermutigt fühlt, sich selbst auf den Weg in das eigene Innere zu begeben. Die Gebetslehre (vgl. S. 169) spiegelt eine innere Dynamik wider, die in der Relationalität des Menschen zu Gott wurzelt. Aus diesem Grund stellen die Gottebenbildlichkeit des Menschen und seine Offenheit für die transzendente Wirklichkeit Gottes die anthropologische Basis für Teresas Gebetslehre dar.

Kleinere Schriften Teresas

Die kleineren Schriften finden sich alle in: Obras completas, Bd. 1.

Neben diesen bekannten Schriften der heiligen Teresa existieren noch einige kleinere *opuscula,* deren Entstehungszeit und Urheberschaft nicht immer sicher zu ermitteln sind. Die *Avisos* (Anweisungen) beinhalten praktische Ratschläge für das geistliche Leben, insbesondere für das Gemeinschaftsleben der Ordensfrauen. Diese

Schrift ist von praktischem und pädagogischem Charakter und enthält in dialogischem Stil einige Heilmittel gegen bestimmte Versuchungen des geistlichen Lebens. Die 69 *Avisos* stammen nicht aus der Feder der hl. Teresa, sondern sind pseudoteresianisch; sie wurden zum ersten Mal mit dem *Weg der Vollkommenheit* publiziert und danach häufig glossiert. Die Aufnahme in das Textcorpus der Heiligen beruht auf einer Fehlentscheidung von P. Gracián, der diese 1582 an Don Teutonio de Braganza sandte. Der ursprüngliche Text war in maskuliner Form abgefaßt und wohl für die Brüder bestimmt, erst Luis de León änderte die sprachliche Form für die erste Edition der Werke der Heiligen ab und gab der Sammlung den Titel. Die überwiegende Mehrzahl dieser Sprüche stammt aus der ignatianischen Schule, wahrscheinlich vom Novizenmeister Juan de la Plaza, der der Lehrer von Baltasar Álvarez war. Dieser übte als Beichtvater Teresas einen gewissen Einfluß auf sie aus, aber es ist nicht bezeugt, daß Teresa diese Ratschläge für die Unterweisung ihrer eigenen Novizinnen gebraucht hätte.

Am 6. Juni 1579 schrieb Teresa in der Einsiedelei von San José *vier Ratschläge für die Unbeschuhten Karmeliten* nieder, die in die Konstitutionen der Brüder Aufnahme gefunden haben. Anlaß für dieses Schreiben waren wohl die Spannungen zwischen Jerónimo Gracián und Nicolás Doria. Die Heilige betont die Notwendigkeit der Einheit der Brüder, die Anzahl von kleinen Gemeinschaften und die Bewahrung eines Lebens in Einsamkeit in Verbindung mit apostolischer Aktivität.

Über die Entstehung der sogenannten *Exclamaciones del alma a Dios* (Ausrufe der Seele zu Gott) weiß man sehr wenig. Sie folgen innerhalb der Edition von Luis de León als ein Anhang an die 7. Wohnung der *Inneren Burg*. Die Ausrufe gehören zum literarischen Genus der Soliloquien. Sie sind jeweils der Reflex auf eine bestimmte Situation, Ausdruck der Spontaneität und ihres inneren Empfindens. Außerdem zeigen sie, wie sehr Teresa vom Gebet durchdrungen war, weil sie immer wieder selbst ins Gebet fällt.

Situationsgebunden und aus einem konkreten Anlaß erwachsen sind auch Teresas *Poesías* (Gedichte). Es handelt sich um Gelegenheitsdichtungen u. a. zu Einkleidungen, Professen, Feiern innerhalb der Gemeinschaft und zu festlichen liturgischen Anlässen. Teresa bezeichnete sich selbst nie als Dichterin, wenngleich ihre mit intensiver Lebendigkeit verfaßten Gedichte bezeugen, daß sie die sogenannten Coplas sehr gut beherrschte. Nur wenige Gedichte kann man datieren. Leider ist kein Autograph erhalten geblieben. Möchte man eine inhaltliche Einteilung der Gedichte vornehmen, so lassen sich lyrische Gedichte mystischen Ursprungs (1–9), Gedichte zu liturgischen Anlässen (11–23) und zur Feier junger Schwestern (10 und 24–30) sowie humoristische Gedichte unterscheiden.

Vom ausgeprägten Humor der Heiligen zeugt auch die einzige erhaltene humoristische Schrift, die sogenannte „geistliche Neckerei" *(Vejamen)*, ein Titel, der dem Werk erst 1656 von Juan de Palafox gegeben wurde. In Nachahmung der Disputation an den Universitäten führte Teresa mit einer Gruppe von engen Freunden, nämlich Francisco de Salcedo, Julián de Ávila, Juan de la Cruz und Lorenzo de Cepeda Ende 1576 in Toledo einen geistlichen Disput, in dem sich Scherz, geistlicher und literarischer Witz und ernsthaftes Überlegen abwechseln. Das Thema hieß: „Suche Dich in mir."

2. Das Gebetsverständnis der heiligen Teresa von Ávila

„Er erwartet von uns nichts anderes, als daß wir ihn anschauen."

Teresa von Ávila wird in den Gebeten der Kirche an ihrem liturgischen Gedenktag, dem 15. Oktober, als Lehrmeisterin des Gebetes und des Weges zur Vollkommenheit angerufen. Tatsächlich sind ihre Schriften zum einen ein Spiegelbild ihres eigenen Gebetsweges, zum anderen eine Anleitung und Ermutigung, den eigenen Weg des Gebetes zu finden.

Da die Heilige die verschiedensten Formen des Gebetes aus Erfahrung kennt und zugleich die Gabe besitzt, diese religiösen Phänomene in theologischen Begriffen zu fassen und zu erklären, bringt sie die idealen Voraussetzungen mit, die sie zur Lehrmeisterin des Gebetes befähigen. Allerdings ist dieses Begriffsinstrumentarium vielen Lesern heute nicht mehr ohne weiteres zugänglich. Dies liegt zum einen am barocken Sprachgebrauch, zum anderen aber am Wandel der Anthropologie und Theologie, so daß man sich die Bedeutung der einzelnen Worte erst erschließen muß, um einen Zugang zur Lehre der heiligen Teresa von Ávila zu bekommen. Die sprachliche und stilistische Ausdrucksweise der Heiligen ist nicht schwer, sie hat im Gegenteil eine fast bezaubernde Lebendigkeit und Unverblümtheit, die viel von ihrer Person und ihrem Temperament durchscheinen läßt. Die Unmittelbarkeit und Ausdruckskraft ihrer Bildsprache, die Schlichtheit und Einfachheit ihrer Wortwahl haben überzeitlichen Charakter, so daß es sinnvoll erscheint, sie oft selbst zu Wort kommen zu lassen. Denn eine abstrakte Darstellung würde in mancherlei Weise eine Verkürzung des Inhalts bedeuten.

Teresas Gebetslehre ist dialogisch aufgebaut, denn zum einen wendet sie sich immer wieder an Gott und bringt zum Ausdruck, wie sie seiner Hilfe bedarf, um die richtigen Formulierungen zu gebrauchen, zum anderen nimmt sie den Leser mit in ihr Gebet hinein und redet ihn direkt an.

Das gibt ihren Werken einen besonderen Reiz. Was allerdings die Lektüre erschwert, ist Teresas unsystematische Darstellungsweise, die sich aus den Umständen der Entstehung ihrer Werke erklären läßt.
Ein wichtiger Schlüssel zum Denken der Heiligen ist neben der Analyse der Frömmigkeit ihrer Zeit und der Spiritualität des Karmel, in der sie beheimatet war, die geistliche Literatur, die ihr Denken geformt und deren Vokabular sie sich angeeignet hat (vgl. S. 35) Welches Verständnis des Menschen hatte Teresa von Ávila? Wohin ist der Mensch unterwegs, worin besteht seine ihm von Gott übertragene Aufgabe?
Teresas Anthropologie ist ganz von Augustinus und der franziskanischen Schule geprägt. Sie versteht den Menschen als ein Wesen aus Leib, Seele und Geist. Der moderne „Person"-Begriff ist ihr noch nicht geläufig. Vielmehr wird der Begriff „Seele" von Teresa synonym für den ganzen Menschen gebraucht. Da die Seele nach dem Bild Gottes geschaffen ist, verleiht sie dem Menschen seine Würde und Schönheit. Die Seele verfügt über verschiedene Vermögen *(potencias)*, Vernunft, Willen und Gedächtnis, denen die drei theologischen Tugenden Glaube, Liebe und Hoffnung zugeordnet werden. Teresas Werke spiegeln wider, daß die Heilige eine ausgezeichnete Sensibilität für die Vorgänge innerhalb der menschlichen Seele besaß. Durch Introspektion und minutiöse Beobachtung humaner Verhaltensweisen vermittelt sie eine Idee vom Menschen, der sich in einem komplexen Beziehungsgeflecht bewegt und zugleich wesentlich auf Gott bezogen ist. Die Art und Weise, wie Teresa die menschlichen Empfindungen, die äußeren und inneren Sinne, die Funktionen der Einbildungskraft, der Erinnerung, des Denkens und des Willens, die Wechselwirkung zwischen Seele, Leib und Geist beschreibt, zeigt, daß sie eine tiefe Kenntnis der menschlichen Psyche besaß. Grundvoraussetzung ihrer Anthropologie ist die Geschöpflichkeit des Menschen als Gottes Ebenbild. Der Mensch, dessen ursprüngliches Verhältnis zu Gott durch die Erbsünde gestört wurde, ist aufgerufen, wieder in die volle Gemeinschaft zu Gott zurückzukehren. Dieser Prozeß, dessen Beginn in der Taufe grundgelegt wird, findet seine Vollendung in der *Visio beatifica*, der vollen Anschauung Gottes im ewigen Leben.

Teresas Denken ist eschatologisch auf dieses letzte Ziel des Lebens ausgerichtet. Alles andere bekommt im Blick auf die Vollendung, die Einheit mit Gott, seinen Stellenwert. Neben der Betrachtung dieses Zieles richtet Teresa ihr Augenmerk vor allem auf den Weg, dessen geistliche Dynamik sie als einen Spannungsbogen zwischen der Realität menschlicher Unzulänglichkeit und Entfaltung des theologalen Lebens charakterisiert. Der Mensch wird seiner Berufung gerecht, wenn er dieses Gnadenleben entfaltet und aus den Sakramenten der Kirche lebt, die ihm als Hilfen von Gott auf dem Weg gegeben wurden.

Teresas Sicht des Menschen in der Heilsgeschichte und ihr Ansatz geistlichen Lebens trägt dialektische Züge. Ihr Denken bewegt sich zwischen zwei Antipoden: Gott und Satan, Himmel und Hölle. Die Erfahrung der Existenz Satans und des Bösen in der Welt ist in ihren Schriften präsent. In der Erfahrung des Angefochtenwerdens in der Einsamkeit, im Kampf mit den inneren Leidenschaften und gegen die Sünde, im Bemühen um die Reinheit des Herzens zeigt sich ihre geistliche Prägung von der eremitischen Spiritualität der Wüstenväter, vor allem von den *Collationes* Cassians. Diese Motive spielen in ihrer Gebetslehre eine wichtige Rolle, werden aber nur auf dem Hintergrund ihres Menschen- und Weltbildes verstehbar. Wenn Teresa meist negativ von der „Welt" spricht, so ist damit keine Verachtung der Schöpfung gemeint, sondern die „Welt" ist ein Symbolbegriff für ungute Bindungen, Ängste und Zwänge, die den Menschen daran hindern, sich Gott zuzuwenden. Es ist ein falsches Verhaftetsein an vergängliche relative Güter, das zu Unfreiheit und Abhängigkeit führt. Die Beziehung zur Welt, zur Natur und Schöpfung erhält von der Beziehung des Menschen zu Gott ein ganz neues Gewicht. Teresa kennt keine andere Weise menschlicher Verwirklichung als den Dialog mit Gott, der im persönlichen wie gesellschaftlichen Leben seine prägende Kraft entfalten soll, damit alle Menschen von der Liebe Gottes zum Menschen Kenntnis erhalten. Das Gebet als Wandel in der Gegenwart Gottes und Ausrichtung der ganzen Existenz auf Gott ist für Teresa das wichtigste im Leben überhaupt. Sein Vollzug und seine Bedeutung bilden die Brücke zum modernen Personverständnis.

Allerdings fehlt heute vielen Menschen jede Erfahrung in bezug auf das Gebet, so daß dieser Begriff ohne Bedeutungsgehalt ist oder erst einmal von Fehlverständnissen und Vorurteilen befreit werden muß, um zum Wesentlichen vordringen zu können.
Man wird Teresa von Ávila nicht gerecht, wenn man vor allem die zahlreichen mystischen außerordentlichen Gebetsphänomene betrachtet, von denen sie in einigen Schriften berichtet. Denn entscheidend ist zunächst ihr Grundverständnis des Betens, das in dem berühmten Wort zum Ausdruck kommt: „Meiner Meinung nach ist inneres Beten nichts anderes als Verweilen bei einem Freund, mit dem wir oft allein zusammenkommen, einfach um bei ihm zu sein, weil wir sicher wissen, daß er uns liebt" (Vida 8,5).

Gebet – Grundvollzug des Menschen

Das Gebet ist für Teresa der Grundvollzug der menschlichen Existenz. Der Mensch ist von Gott nach seinem Ebenbild geschaffen; als ein zur Transzendenz fähiges Wesen kann der Mensch sich seinem Schöpfer zuwenden und sich in einem Prozeß der Transformation dem von Gott gedachten Bild immer mehr annähern. Dieses gnadenhafte Heilsgeschehen wird durch das Gebet ermöglicht und eschatologisch erst nach dem Tod des Menschen vollendet. Im Gebet steht der Mensch vor dem Angesicht des lebendigen Gottes. Es ist sowohl Ausdruck des Verhältnisses des Menschen zu Gott wie Gottes zum Menschen. Die Gebetsbeziehung zwischen Gott und Mensch nimmt je nach der Berufung und Veranlagung des einzelnen Menschen unterschiedliche Ausdrucksformen an. Grundlegend für Teresas Gebetsverständnis und ihre eigenen Gotteserfahrungen ist die Umschreibung dieser Beziehung mit biblischen Bildern der Freundschaft (vgl. Joh 15,14 f.) und der Brautschaft (Hos 2,21 f.; Jes 62,5 f.), die aber nicht nur metaphorisch oder symbolisch, sondern ganz realistisch zu verstehen sind. Gottes Liebe zum Menschen kann analog gedacht werden wie die Liebe zwischen Eheleuten. Das Gebet als Vollzug dieser Liebesbeziehung zwischen Gott und Mensch weist daher eine stark affektive Komponente auf. „Für die Seele besteht der Fortschritt ja nicht darin, viel zu denken, sondern viel zu lieben. Darum tut, was am meisten Liebe in euch weckt" (Fundaciones 5,2; vgl. IV Moradas 1,7).

Hinweis zur Zitation der *Inneren Burg:* Angabe der Wohnung, des Kurztitels (Kurztitel = **Moradas**), des Kapitels und des Abschnitts z. B. IV Moradas 3,7.

Die Liebe zu Gott muß erst wachsen und soll aus einer wachsenden Vertrautheit mit dem göttlichen Gegenüber entfacht werden. Daher lenkt Teresa die Aufmerksamkeit in ihrer Gebetslehre nicht auf die Betrachtung von Glaubensgeheimnissen, sondern auf die Person Gottes als des Freundes und Geliebten. Ihm gilt es in der Einsamkeit zu begegnen, ihn gilt es kennenzulernen und mit der ganzen Existenz zu lieben. Seiner Gegenwart und dem Wirken seiner Liebe gilt es sich im Gebet zu öffnen. Auf diese Weise wird man sich der eigenen geschöpflichen Wirklichkeit bewußt. „Es ist wie mit dem Wasser in einem Glas, das ganz klar ist, solange die Sonne nicht hineinscheint. Wenn sie aber hineinscheint, sieht man, daß es voller Staubteilchen ist" (Vida 20,28). Die Erfahrung der Andersartigkeit Gottes und der eigenen Unzulänglichkeit, auf Gottes Liebe zu antworten, verursacht im Menschen eine schmerzhafte Spannung und Sehnsucht. Doch soll diese Selbsterkenntnis den Menschen nicht entmutigen, sondern ihn befähigen, alles von Gott zu erwarten. Man könne so Teresa es nicht aus sich selbst fertigbringen, Gott entsprechend zu lieben, da man nicht von gleicher Wesensart sei. Wenn man aber sehe, wieviel Gott an der Freundschaft des Menschen gelegen sei und wie sehr er die Menschen liebe, nehme man den Schmerz in Kauf, viel mit jemand zusammenzusein, der so ganz anders sei als man selbst (vgl. Vida 8,5). Gott selbst wolle diese Spannung durch die persönliche Zuwendung zum Menschen in Jesus Christus überwinden. Weil Teresa diese geistliche Dynamik erkannte, legte sie den entscheidenden Akzent ihrer Gebetslehre nicht auf die Bereitschaft des Menschen, sich Gott zuzuwenden, sondern auf Gottes unergründliche Liebe, seine Geduld und Barmherzigkeit, mit der er den Menschen an sich ziehen will. „Wie gewiß ist es doch, daß du den erträgst, der es erträgt, daß du bei ihm bist! Was für ein guter Freund bist du, Herr! Wie verwöhnst und erträgst du ihn dauernd und erwartest, daß er sich deiner Art angleicht, und erträgst in der Zwischenzeit seine" (Vida 8,6)! Doch wie soll der Mensch diese Liebe Gottes erwidern? Das menschliche Bemühen Gott gegenüber zeichnet sich nach Teresa vor allem durch drei fundamentale Voraussetzungen aus, die ein Wachstum der Gottesliebe zu ermöglichen vermögen: das ehrliche Bemühen um Selbsterkenntnis, die Entschlossenheit, Gott zu erfreuen sowie die Gewißheit, das Ziel zu erreichen. Die meisten Probleme entstünden daraus, bemerkt die Heilige, daß man sich selbst nicht kenne. Daher sei die Selbsterkenntnis die Voraussetzung für eine wahrhaftige Selbsteinschätzung und Standortbestimmung gegenüber Gott (vgl. IV Moradas 1,9). Trotz des mit der Selbsterkenntnis verbundenen Schmerzes erfahre sich der Mensch um so mehr als Beschenkter, desto mehr er sich im Gebet Gottes Gegenwart aussetze. Es sei etwas Großes, die Freundschaft und Aufmerksamkeit zu erfahren, die Gott einem jeden auf diesem Weg erweise, und zu erleben, wie er fast alle Kosten selbst übernehme (vgl. Camino 23,5). Voraussetzung hierfür sei wie in jeder menschlichen Beziehung, daß man sich wirklich Zeit nehme, um Gott kennenzulernen, und daß man ihm in seinem Leben feste Momente der Stille und Einsamkeit einräume. Das Fragen nach dem „Du" Gottes und nach seinem Wesen gehört nach Teresa ganz entscheidend zum Gebetsprozeß hinzu. „Warum dürfen wir nicht wissen, wer dieser Bräutigam (Jesus Christus) und wer sein Vater ist, in welches Land er uns führen will und welche Güter er mir verspricht, welches seine Wesenart ist, wie ich ihn am glücklichsten machen und womit ihn erfreuen kann? Warum sollte es mir verwehrt sein herauszufinden, wie ich meine Wesensart der seinen gleichförmig machen kann?" (Camino 22,7). Aus diesem Grund ermahnt sie ihre Schwestern, oftmals am Tag in ihr Inneres einzukehren, um Gott zu begegnen, auch wenn dies anfangs mit Anstrengung verbunden sein sollte (vgl. Camino 29,6.8). Daher gebe man nie das innere Beten auf, da es der Weg sei, auf dem Gott einen zum Ziel des Lebens führen und reich mit seiner Liebe beschenken wolle (vgl. Vida 15,3). Die Treue und Beharrlichkeit in der Übung des inneren Betens – unabhängig vom subjektiven Empfinden – sei hierbei ausschlaggebend, um nicht vom

Weg abzukommen. „Du mein Herr, wie bist du doch der wahre Freund, und wie bist du mächtig! Wenn du willst, vermagst du es auch (vgl. Lk 5,12), und du hörst niemals auf, Liebe zu haben, sofern man nur dich liebt! Alles möge dich preisen, Herr der Welt! Wer könnte das laut genug herausschreien, um zu verkünden, wie treu du zu deinen Freunden stehst! (…) Du mein Herr, wie zärtlich, sanft und köstlich verstehst du es, mit ihnen umzugehen! Wenn man sich doch nie damit aufhalten würde, einen anderen zu lieben als nur dich“ (Vida 25,17)!

Gebetsweisen

Ausgehend von dieser grundlegenden Beziehung des Menschen zu Gott als dem tragenden Fundament von Teresas Gebetslehre erhalten auch alle anderen traditionellen Formen des Gebetes wie Stundengebet, Lobpreis, Anbetung, Bitte, Fürbitte, Stoßgebete ihren Stellenwert.
Aber Teresa distanziert sich deutlich von Fehlformen des Gebetes, in denen Gott zur Befriedigung der eigenen egoistischen Motive angerufen und damit im Grunde mißbraucht wird. „Ich muß lachen, oder besser gesagt, ich bin schmerzlich berührt wegen der Dinge, die man hier unserem Gebet empfiehlt: Wir sollen Seine Majestät (Gott) um Einkünfte und Geld bitten. (…) Ihre Absicht ist zwar gut, und schließlich beten wir auch in ihren Anliegen, da wir ihre Gottergebenheit sehen. Ich bin allerdings fest davon überzeugt, daß Gott mich in solchen Dingen nie erhört. (…) ich würde mich freuen, wenn man verstünde, daß man Gott nicht mit dieser Inständigkeit um solche Dinge bitten soll“ (Camino 1,5).
Wie ihre Schriften zeigen, ist Teresa nicht nur mit den *Fehlformen* des Gebets, sondern auch mit der klassischen Einteilung des Gebetes in *oratio* (mündliches Gebet), *meditatio* (Betrachtung) und *contemplatio* (Beschauung) vertraut, deren Kenntnis sie durch die Lektüre der Kirchenväter und anderer zeitgenössischer geistlicher Literatur erworben hatte (vgl. S. 35). In ihrer Gebetslehre geht sie aber nur an wenigen Stellen auf das mündliche und liturgische Gebet ein, sondern möchte

ihren Schwestern vor allem das innere Gebet erschließen, die so genannte *oratio mentalis* (vgl. Randnote S. 42).

Unter innerem Gebet versteht Teresa nicht nur das wortlose, stille Gebet, das die Betrachtung umfaßt, sondern vielmehr das innere Bewußtsein, die wache und liebende Aufmerksamkeit, mit der man sich Gott zuwendet und die das Gebet erst zu einem Gebet, zu einer Begegnung mit Gott, werden läßt. Teresa steht mit dieser Auffassung des Betens ganz in der Tradition des hl. Augustinus, der den Beter ermahnte, daß Herz und Stimme beim Psalmodieren in Einklang sein müßten.

Vgl. AUGUSTINUS, *Praeceptum,* übers. von Tarsicius Jan van Bavel, 1990, c.2, n.3, 21.

„Ihr müßt wissen, Töchter, daß es noch kein Zeichen für inneres Gebet ist, wenn man den Mund schließt. Wenn ich mir beim Sprechen der Worte klar bewußt bin, daß ich mit Gott spreche, und meine Aufmerksamkeit mehr auf ihn richte als auf die Worte selbst, so bete ich innerlich und mündlich zugleich. Behauptet man aber, daß ihr mit Gott sprecht, wenn ihr beim Vaterunser an die Welt denkt, dann will ich lieber schweigen" (Camino 22,1)! Um Irritationen auf dem Weg des Gebetes vorzubeugen, rät die Heilige folgendes zu Beginn jedes Gebets: „Wollt ihr jedoch mit Gott sprechen, wie es sich für einen so großen Herrn geziemt, müßt ihr wohl bedenken, zu wem ihr redet und wer ihr seid. (...) Ja, wenn ihr vor ihn hintretet, so bedenkt und begreift, mit wem ihr nun sprechen wollt! Erwägt und erkennt, vor wem ihr steht" (Camino 22,1.7)!

Mit diesem Grundansatz ihrer Gebetslehre überwindet die Heilige die scheinbar unüberwindliche Differenz zwischen mündlichem und innerem Gebet, die zu ihrer Zeit in kirchlichen wie in den sektiererischen Kreisen der Allumbrados propagiert wurde. Jede Gebetsweise soll das Herz für Gott öffnen und seiner Gegenwart und seinem Gnadenwirken im Menschen Raum geben. „Während ihr das Vaterunser oder ein anderes mündliches Gebet sprecht, ist es durchaus möglich, daß der Herr euch in vollkommene Beschauung versetzt" (Camino 25,1). Indem Teresa die Notwendigkeit des mündlichen, liturgischen und des inneren Gebetes gleichermaßen hervorhebt und die gegenseitige Verwiesenheit der Gebetsweisen betont, beugt sie Verunsicherungen vor und stellt Unterscheidungskriterien auf, an denen sich jedes Gebet als echt zu erweisen hat. „*Betrachtung* nenne ich ein langes Nachsinnen mit dem Verstand, das folgendermaßen vor sich geht: Wir beginnen an die Gnade zu denken, die uns Gott erwies, indem er uns seinen einzigen Sohn gab, und bleiben dabei nicht stehen, sondern gehen weiter zu den Geheimnissen seines ganzen glorreichen Lebens; oder wir beginnen beim Gebet am Ölberg, und der Verstand hält nicht eher inne, bis er ans Kreuz gelangt ist; oder wir wählen einen Ausschnitt der Leidensgeschichte, etwa die Gefangennahme, und dringen in dieses Geheimnis ein, indem wir genau die einzelnen Erscheinungen betrachten, die es da zu bedenken und zu empfinden gibt" (VI Moradas 7,10). Diese mittels diskursiver Verstandestätigkeit vollzogene Schriftbetrachtung *(meditatio)* ist von der *Beschauung (contemplatio)* zu unterscheiden, die dem Menschen intuitiv als rein unverdientes Gnadengeschenk Gottes zuteil wird. Die Initiative bei den übernatürlichen Gebetsformen der Beschauung geht allein von Gott aus und ist durch keinerlei Gebetstechniken „produzierbar". Gott wirkt unmittelbar auf den Willen des Menschen ein und läßt ihn seine Gegenwart als eingegossenes Licht oder eingegossene Weisheit erfahren (vgl. Camino 6,9). Teresa betont, daß Gott normalerweise nur Menschen diese Gnade der Beschauung schenkt, die durch ein gottgefälliges Leben darauf vorbereitet sind. Aber er bediene sich dieses außerordentlichen Weges auch, um Menschen zur Umkehr zu bewegen (vgl. Camino 1,6). Durch die Unterscheidung der grundlegenden Gebetsweisen wollte Teresa dem Betenden eine Orientierungsmöglichkeit im Umgang mit Gott aufzeigen, damit er sich nicht verirre. Denn sie wußte aus eigener Erfahrung um die Schwierigkeiten, die das Gebet und die Suche nach der geeigneten Form der Gottesbeziehung mit sich bringen können. „Sagt man einem Wanderer, er sei vom Weg abgekommen und habe sich verirrt, treibt man ihn dadurch hin und her, und durch das lange Suchen nach dem richtigen Weg ermüdet er, verliert Zeit und gelangt erst später zum Ziel. Wer könnte es wohl als schlecht empfinden, wenn man sich zu Beginn des Stundengebets oder des Rosenkranzes erst darauf besinnt, mit wem man nun spricht und wer man selbst ist, um zu wissen, wie man ihm begegnen muß? (...) Wenn ihr alles Nötige tut, um diese beiden Punkte in aller Tiefe zu erfassen, habt ihr schon vor Beginn des mündlichen Gebets lange Zeit in innerem Gebet verbracht" (Camino 22,3).

Das Gebet als Kampfplatz

Teresa geht leider in keinem ihrer Werke systematisch auf die Schwierigkeiten ein, die der einzelne im Laufe seines Lebens mit dem Beten haben kann. Aber sie benennt in ihren Schriften immer wieder Fehlhaltungen, die ihr durch eigene, schmerzliche Erfahrungen deutlich wurden. Teresa wußte, welch großen Einfluß die konkreten Lebensumstände und die zwischenmenschlichen Kontakte, in die jeder Mensch hineingestellt ist, auf das Gebet haben. Sie können dem Gebet abträglich sein, wenn die Gedanken durch die Erlebnisse gefesselt werden. Teresa – selbst eine geschätzte Gesprächspartnerin – kannte diese Gefahr und riet ihren Mitschwestern aus diesem Grund, sich von derlei Ablenkungen und Zerstreuungen zu befreien. Die beste Möglichkeit hierfür sah sie im Nachsinnen darüber gegeben, wo Gott zu finden sei. Eine wichtige Orientierungshilfe fand sie diesbezüglich in den Schriften des hl. Augustinus, durch den ihr der Weg in ihr Inneres als Ort der Begegnung mit Gott klar vor Augen geführt wurde. „Wie ihr wißt, ist Gott überall. (...) darum ist dort, wo Gott ist, auch der Himmel. (...) Seht, der hl. Augustinus erzählt, er habe Gott überall gesucht und ihn schließlich in seinem eigenen Innern gefunden. Meint ihr, es sei für eine zerstreute Seele nebensächlich, diese Wahrheit zu begreifen und zu erkennen, daß sie nicht zum Himmel aufsteigen und nicht laut rufen muß, um sich mit ihrem ewigen Vater zu unterhalten und sich an ihm zu erfreuen" (Camino 28,2)? Eine gute Hilfe gegen diese Beeinträchtigung des Gebets besteht nach Teresa darin, die Zeit des Gebets ganz Gott zu schenken und nicht mehr über sie verfügen zu wollen. „Überlassen wir ihm doch das bißchen Zeit, die ihm zu schenken wir uns entschlossen haben! Es ist sehr wenig im Vergleich zu der Zeit, die wir für uns selbst und für andere, die uns keinen Dank dafür wissen, vergeuden. Wenn wir dem Herrn also diese kurze

Zeitspanne schenken wollen, dann tun wir es mit einem freien Geist, der nicht mit anderen Dingen beschäftigt ist! Seien wir fest entschlossen, sie ihm niemals wegzunehmen, trotz aller Mühen, die wir dabei vielleicht auf uns nehmen müssen, trotz aller Widerwärtigkeiten und Trockenheiten. Diese Zeit darf ich nicht mehr als mir gehörig betrachten" (Camino 23,2). Teresa wußte aus eigener Erfahrung, wie schwer man mit Zerstreuungen beim Gebet zu kämpfen haben kann. „Ich konnte über vierzehn Jahre lang ohne Buch nicht einmal Betrachtung halten. Es gibt sicher viele Personen, denen es genauso geht, und manche vermögen nicht einmal mit Hilfe eines Buches Betrachtung zu halten. Sie können nur mündlich beten, dabei können sie am längsten verweilen. Einige haben einen so unruhigen Geist, daß sie sich auf nichts konzentrieren können, ständig schweifen ihre Gedanken umher, so daß sie sich in tausend Nichtigkeiten, Skrupeln und Zweifeln verlieren, wenn sie an Gott denken wollen" (Camino 17,3). Den inneren Kampf mit den zerstreuten Gedanken beschreibt Teresa als eine Gefangenschaft des menschlichen Geistes: „Mit dem inneren Beten hatte ich große Plage, weil der Geist nicht als Herr, sondern als Sklave wirkte. So konnte ich mich nicht in mein Inneres einschließen, ohne zugleich tausend Nichtigkeiten mit einzuschließen" (Vida 7,17). Aufgrund dieser eigenen schmerzlichen Erfahrung rät die Heilige, sich in die Einsamkeit zurückzuziehen und sich die Gegenwart Gottes im Inneren der Seele bewußt zu machen: „Ich bitte euch nun nicht, über ihn nachzudenken, vielerlei Gedanken zu fassen oder tiefsinnige Betrachtungen anzustellen; ich bitte euch nur, daß ihr ihn anschaut" (Camino 26,3). Den Blick des Herzens, das geistliche Auge auf Gott zu richten, ist nach Teresa der einzige Weg, um mit den Schwierigkeiten fertigzuwerden. Aller Schaden komme nur daher, daß man die Augen nicht auf Gott richte. Würde man auf nichts anderes als auf den Weg achten, käme man schnell ans Ziel. Weil man den Blick nicht auf den wahren Weg richte, gerate man oft auf Abwege (vgl. Camino 16,11). Doch selbst wenn man in Treue an diesem Gebet festhalte, kämen Zeiten der Dürre, der Trockenheit, in denen man Gott nicht wahrnehme und an seiner Existenz zweifle (vgl. Vida 14,9). Teresa sieht in dieser

Erfahrung eine Zeit der Erprobung und Läuterung, die von einer rein physisch bedingten Beeinträchtigung des Gebets zu unterscheiden sei: „Sehr oft kommt es von einem körperlichen Indisponiertsein. (…) Wir sind nämlich so arm dran, daß diese arme eingekerkerte Seele am Elend des Leibes teilhat, und oft bewirken Wetterumschläge und der Umlauf der Körpersäfte, daß sie ohne eigene Schuld nicht tun kann, was sie möchte, sondern in jeder erdenklichen Weise leidet. (…) Dann soll die Seele aus Liebe zu Gott für den Leib dasein, weil dieser andere Male oftmals für die Seele da ist, und sich manch heilsame Entspannung gönnen wie Gespräche, sofern es heilsame sind, oder einen Spaziergang, je nach dem Rat des Beichtvaters. (…) Es ist eine wichtige Angelegenheit, die Seele nicht an die Kandare zu nehmen, sondern sie zu ihrem größeren Fortschritt mit Sanftheit zu führen" (Vida 11,15f.). Eine große Hilfe sei es, wenn sich die Seele in diesen Durststrecken und Prüfungen einem verläßlichen und erfahrenen geistlichen Begleiter oder Beichtvater anvertrauen könne. „Wer anfängt, braucht Anweisungen, um zu sehen, was ihm am meisten nützt. Daher ist ein Lehrmeister sehr notwendig. (…) Es ist sehr wichtig, daß der Lehrmeister gescheit ist – ich meine mit gutem Urteilsvermögen –, und daß er Erfahrung besitzt. Wenn er dazu noch studiert ist, dann ist das ein glänzendes Geschäft. (…) Vor unerleuchteter Frömmigkeit bewahre uns Gott" (Vida 13,14.16). Diese genannten Eigenschaften stellen nach Teresa gewichtige Voraussetzungen für die geistliche Begleitung dar. Besitze der Beichtvater diese Qualitäten, könne er leichter unterscheiden, wie sich jemand im Gebetsleben verhalten solle, um in der Gottesliebe zu wachsen. Doch mahnt sie: „Auch wenn es im ersten Stadium notwendig ist, mit mehr Zurückhaltung und gebunden an die Klugheit und die Meinung eines Lehrmeisters voranzugehen, so möge man darauf schauen, daß er ein solcher ist und uns nicht den Krötengang lehrt und sich damit zufriedengibt, daß sich die Seele bloß zum Fangen von Eidechslein anschickt" (Vida 13,3). Damit meint Teresa, daß der geistliche Begleiter erkennen müsse, womit er das geistliche Wachstum eines Menschen und seine Gottesbeziehung fördern könne. Er dürfe den Menschen im positiven Sinne auch herausfordern.

Da Teresa selbst der Versuchung erlegen war und das innere Beten eine geraume Zeit aufgegeben hatte, konnte sie diese Lebensphase im Rückblick als die schlimmste Versuchung ihres Lebens qualifizieren und raten, sich in keinem Fall durch die bevorstehenden Schwierigkeiten vom Beten abschrecken zu lassen. Sehr plastisch schildert sie diese Erfahrung in ihrer *Vida:* „So begann ich also, von Zeitvertreib zu Zeitvertreib, von Eitelkeit zu Eitelkeit, von Gelegenheit zu Gelegenheit, mich sehr bedenklichen Gelegenheiten so stark auszusetzen und meine Seele in so viele Eitelkeiten zu verstricken, daß ich mich sogar schämte, mich in einer so besonderen Freundschaft, wie es das Verweilen im Gebet ist, Gott erneut zuzuwenden. Dazu trug noch bei, daß mir allmählich auch der Geschmack und die Lust an einem Leben nach den Tugenden abhanden kam, je mehr die Sünden zunahmen" (Vida 7,1). Daher dürfe man niemals vom inneren Gebet ablassen, da man im Gebet sein eigenes Verhalten erkenne und die Reue und die Kraft erhalte, um wieder aufstehen zu können (vgl. Vida 15,3). Wenn man sich vom inneren Beten entferne, spiele man mit der Gefahr (vgl. Vida 15,3). Man dürfe sich durch ungewohnte Erfahrungen nicht entmutigen lassen, sondern müsse das Ziel, die lebendige Begegnung mit Gott und die ersehnte Vereinigung mit ihm im ewigen Leben, im Blick behalten. Denn wer nicht aufhöre zu gehen und voranzuschreiten, der komme an, wenn auch spät. „Ich glaube, den Weg zu verlieren, bedeutet nichts anderes, als vom inneren Beten abzulassen" (Vida 19,12). Aus vermeintlicher Demut hatte Teresa vom inneren Gebet abgelassen, weil sie meinte, unwürdig zu sein, Gott zu begegnen. „Wie groß war meine Blindheit! Wo glaubte ich denn Abhilfe zu finden, mein Herr, wenn nicht bei dir? Was für ein Unsinn, das Licht zu fliehen, nur um immer wieder zu straucheln! Was für eine überhebliche Demut erfand da der Böse in mir: mich vom Halt an der Säule und dem Stab zu entfernen, der mich stützen soll, um nicht so tief zu fallen! Noch heute bekreuzige ich mich und meine, daß ich nie mehr eine so große Gefahr durchgemacht habe wie diese Erfindung, die mir der Böse unter dem Vorwand der Demut eingab" (Vida 19, 10). „Es schien mir besser zu sein, mich so zu verhalten wie die vielen (...) und nur mündlich die Gebete zu verrichten, zu denen ich verpflichtet war, und nicht mehr mit dem inneren Beten und dem innigen Verweilen bei Gott weiterzumachen" (Vida 7,1). Jedoch hatte Teresa nie ihre Entschlossenheit aufgegeben, wieder zum inneren Beten zurückzukehren, wenn sie die Reinheit des Herzens erlangt hätte. So schob sie das Gebet immer mehr auf und vertröstete sich mit der Hoffnung, es werde irgendwann besser (vgl. Vida 19,10 f.)! Um andere vor diesem Irrweg zu bewahren, rät die Heilige, trotz aller Schwierigkeiten in Treue am inneren Beten festzuhalten. Hierfür seien Entschlossenheit, Mut und der feste Glaube erforderlich, daß Gott einen auf den Weg des Heils führe. Vertraue man auf Gott und überantworte man sein eigenes Leben seiner Führung, äußere sich das in einer tiefen Zufriedenheit, Dankbarkeit, Freude und Gelassenheit. Demgegenüber erscheine das Erstreben von mystischen Erlebnissen, geistlichen Wohlgefühlen, Tröstungen und die Sehnsucht nach bestimmten Gebetsformen als anmaßend. In einer solchen Haltung gegenüber Gott offenbare sich Unzufriedenheit und Undankbarkeit, die zeigten, daß man noch nicht in der Demut verwurzelt sei. Weil Gott die Beziehung zu jedem Menschen anders gestalte, sei es des weiteren für das geistliche Leben nicht förderlich, sich mit anderen zu vergleichen. Man solle vielmehr alles Gott überlassen! „Er ist weise und mächtig. Er weiß, was euch angemessen und was ihm angemessen ist. (...) es sind seine Urteile, wir dürfen uns da nicht einmischen" (Camino 17,7). Teresa erachtet es als ein Zeichen dafür, daß Gott eine Seele wie eine starke behandelt, wenn sie Trosterfahrungen entbehren muß. Da Gott jeden kenne und wisse, wozu er geeignet sei, soll sich der Mensch für jeden Weg bereithalten, den Gott ihn weise und sich nicht mit anderen vergleichen. Denn Gott führe nicht alle denselben Weg (vgl. Camino 17,1; 18,3). „Nichts soll es geben, was wir nicht mit Hilfe des Herrn wagen wollen, wenn wir erkennen, daß wir ihm damit mehr dienen. Eine solche Beherztheit, die uns in der Demut immer mehr wachsen läßt, wünsche ich in diesem Haus. Eine heilige Kühnheit müssen wir besitzen. Denn Gott hilft den Starkmütigen; bei ihm gibt es kein Ansehen der Person" (Camino 17,12). Daher sei es wichtig, sich die verschiedensten Versuchungen wie versteckten Egoismus und geistliche Genußsucht bewußt zu machen, um in Kenntnis der Gefahren richtig handeln zu können. Weil Gott die menschliche Freiheit achte, wolle er, daß der Mensch alle Hindernisse aus dem Weg räume, um über ihn als sein Eigentum verfügen zu können. Denn da er unserem Willen keine Gewalt antue, nehme er nur, was man ihm gebe; aber er schenke sich dem Menschen erst ganz, wenn man sich ihm ganz schenke. Dies sei gewiß. Gebe man sich ihm nicht ganz hin, dann wirke er nicht so in der Seele, wie er es tun würde, wenn sie frei von Hindernissen wäre und ganz ihm gehörte (vgl. Camino 28,12). Diese restlose Hingabe mündet nach Teresa im absichtslos und selbstlos erwiesenen Dienen. Der Dienst sei Ausdruck der Liebe zu Gott und bestehe nicht in der Gabe der Tränen, Wohlgefühlen oder zärtlichen Empfindungen, sondern finde in Gerechtigkeit, Starkmut und Demut seinen Ausdruck (vgl. Vida 11,14). Als festes Fundament fungiere dabei die Entschlossenheit, Jesus auf dem Weg des Kreuzes nachzufolgen. „Es ist eine wichtige Angelegenheit, daß die Seelen, die mit dem inneren Beten anfangen, sich von Anfang an von inneren Beglückungen jeglicher Art lösen und mit dem Entschluß hineingehen, einzig Christus beim Kreuztragen zu helfen“ (Vida 15,11). Denn nur auf diese Weise sei man in der Lage, auch Erfahrungen der Gottferne und Verlassenheit, der Sinn- und Trostlosigkeit als Teilhabe am Kreuz Christi anzunehmen. „Umfangt dieses Kreuz, meine Töchter! (…) Wie groß euch die Prüfungen auch vorkommen und wie schmerzlich sie für euch sein mögen: ihr werdet Trost finden, wenn ihr erkennt, wie lächerlich klein sie im Vergleich zu denen sind, die der Herr erduldet hat“ (Camino 26,7).

Die Menschheit Jesu Christi als Schlüssel des Gebetes

Teresa und die Quelle der Offenbarung

Da Gott seine Liebe zu den Menschen durch die Inkarnation seines Sohnes Jesus Christus in der Jungfrau Maria offenbart hat, ist die Auseinandersetzung mit der Offenbarung der Weg, um Gott kennenzulernen. Die Heilige Schrift als Quelle der Offenbarung war Teresa wahrscheinlich nicht (zumindest ab 1559) in ihrer Muttersprache zugänglich. Wohl waren aber Evangeliensammlungen zur Liturgie des Kirchenjahres verbreitet, so daß sie zumindest mit den wichtigsten Perikopen aus dem Leben Jesu vertraut war. „Mir jedenfalls haben die Worte der Evangelien immer mehr zugesagt und mir zu größerer Sammlung verholfen als gut verfaßte Bücher" (Camino 21,4; vgl. Vida 40,1). Vor allem die Lektüre der *Vita Christi* des Kartäusers Ludolf von Sachsen vermittelte der Heiligen eine grundlegende Kenntnis der Evangelien mit geistlichen Betrachtungen zum Leben Jesu. Wenn man bedenkt, daß Teresa der lateinischen Sprache nicht kundig war und ganz auf die Vermittlung der Heiligen Schrift durch geistliche Bücher oder durch die Verkündigung und Unterweisung durch Beichtväter und Theologen angewiesen war, ist es erstaunlich, daß sich in ihren Schriften mehr als 200 Zitate verifizieren lassen, die sich direkt auf Passagen des Evangeliums beziehen, in denen von Jesu Person die Rede ist. Allerdings sind es meist keine direkten Zitate, sondern bereits verinnerlichte und auf das eigene Leben bezogene Worte Jesu. An ihrem Umgang mit der Heiligen Schrift zeigt sich, daß ihr Glaube in einem lebendigen Verhältnis zur übermittelten Offenbarung, insbesondere zur Person Jesu Christi selbst stand. Aber ihr Bemühen, Jesus intensiver kennenzulernen, wurde wohl erst durch die Lektüre des *Tercer Abecedario* von Francisco de Osuna angestoßen, durch das sie auf die Bedeutung der Betrachtung (Meditation) der Glaubensgeheimnisse hingewiesen und in das Gebet der Sammlung (siehe S. 28) eingeführt wurde.

Teresa hatte wahrscheinlich folgende Ausgabe zur Verfügung: LANDULFO DE SAJONIA, *Vita Christi*, übers. von Ambrosio Montesino, Alcalá 1503.

Teresa bekennt: „Ich war mein ganzes Leben lang eine große Verehrerin Christi" (Vida 22,4). Um ihm nachzufolgen, war sie ins Kloster Encarnación eingetreten. Die ganz persönlichen Erfahrungen, die sie im Gebet mit Jesus Christus machte, haben ihr Leben geprägt und verwandelt und sind in ihre Gebetslehre eingeflossen. Teresas Gebetslehre und ihre Spiritualität sind nüchtern und christozentrisch an den Evangelien und

der Regel des Karmel orientiert. Erst nach ihrer Bekehrung beim Anblick einer Statue des gegeißelten Christus traten mystische Phänomene in ihrem Leben auf, die ihre Kenntnis Christi und ihre Liebe zu ihm vertieften. Man wird wohl sagen dürfen, daß Teresas Gebetsleben stetig in dem Maße an Intensität gewann, als sie ihre eigene Hingabe an Christus, ihren Freund und Bräutigam, lebte und ihre Liebe zu ihm wuchs. Ausdruck der zunehmenden Christusliebe in ihrem Leben ist die Beschäftigung mit seiner Person, vor allem die Betrachtung der Geheimnisse seiner Passion und Auferstehung und seiner lebendigen Beziehung zum Vater.
Teresa war ergriffen von der mystagogischen Kraft seiner Worte, wie sie sich ihr durch das Evangelium mitteilten.
„Allein schon die folgenden Worte genügten, um mir die Bedrängnis zu nehmen und mich völlig zu beruhigen: *Hab keine Angst, Tochter, ich bin es, und ich werde dich nicht im Stich lassen; fürchte dich nicht* (vgl. Lk 24,36; Joh 14,18). (...) Und siehe da, allein durch diese Worte war ich beruhigt, voller Kraft und Mut, Gewißheit und so voll Ruhe und Licht, daß ich meine Seele in einem Augenblick ganz verändert erlebte, und ich glaube, daß ich jetzt mit der ganzen Welt gestritten hätte, daß es von Gott kam. Wie gut ist doch Gott! Wie gut ist der Herr, und wie mächtig! Er gibt nicht nur Ratschläge, sondern die Abhilfe. Seine Worte sind Taten (Phil 4,13). O mein Gott! Und wie stärkt er den Glauben, wie wächst da die Liebe“ (Vida 24,18).
Teresa fühlte sich von einigen Schriftworten besonders angesprochen. Ihre Lieblingsperikope war das Gespräch Jesu mit der Samariterin am Jakobsbrunnen (vgl. Joh 4): „Ach wie oft fällt mir das lebendige Wasser ein, von dem der Herr zur Samariterin sprach. Deswegen bin ich von diesem Evangelium ganz begeistert. Das ist wirklich so, denn noch ohne dieses Gut so zu erkennen wie heute, war ich das schon seit frühester Kindheit an und bat den Herr oft, mir dieses Wasser zu geben. Da wo ich lebte, hatte ich immer eine Darstellung davon, als der Herr zum Brunnen kam, bei mir, mit folgender Aufschrift: *Domine, da mihi aquam*“ (Joh 4,15; Vida 30,19). Christus, das Wasser des Lebens, ist der einzige, der den Durst und die Sehnsucht der Menschen zu stillen

vermag. „Wie wahr und recht ist dieses Wort, da es aus dem Mund der Wahrheit selbst kommt. Wer von diesem Wasser trinkt, wird nicht mehr nach den Dingen des Lebens dürsten. Der Durst nach den Gütern des anderen Lebens wird viel stärker als wir es uns durch den natürlichen Durst vorstellen können. Wie brennend ist das Verlangen nach diesem Durst. Denn die Seele erkennt seinen großen Wert. (...) Die größte Gnade, die Gott der Seele erweisen kann, wenn er ihren Durst stillt, ist daher, sie weiterhin dürsten zu lassen. So verlangt sie immer mehr danach, von diesem Wasser zu trinken" (Camino 19,2). Teresa gebrauchte das Wasser in ihren Schriften nicht nur wegen ihrer besonderen Vorliebe für diese Evangelienperikope, sondern sie liebte das Element des Wassers, da es ihr ein sehr geeignetes Symbol für das Geheimnis der Gnade und des Gebets zu sein schien (vgl. Camino 19,3 ff; Vida 11 ff; VI Moradas 11,5).

In den letzten Jahren ihres Lebens trug sie in ihrem Brevier einen Zettel mit sich, auf den sie die Aufforderung Jesu geschrieben hatte: *Lernt von mir, denn ich bin gütig und demütig von Herzen.* Bezeugt ist auch die Verinnerlichung von Petrusworten in den Evangelien, wie *Herr, wenn du willst, werde ich hier drei Hütten bauen,* im Kontext erster mystischer Gebetserfahrungen (vgl. Camino 31,3); oder: *Geh weg von mir, denn ich bin ein sündiger Mensch!* (Lk 5,8; vgl. Vida 22,11) im Zusammenhang des Empfindens der eigenen Unwürdigkeit zum Empfang besonderer Gebetserfahrungen, und das Petrusbekenntnis *Du bist der Christus, der Sohn des lebendigen Gottes* (Relaciones 54) hinsichtlich der Erfahrung von Gottes Lebendigkeit im Innern der Seele. Aber die größte Resonanz im Leben der Heiligen fanden die Mysterien der Passion und der Auferstehung Christi. Wie sie in den „Relationen" und ihrer *Vida* berichtet, hatte sie bereits als junge Schwester eine besondere Zuneigung zum Geschehen des Palmsonntags und des *Triduum Sacrum* und nahm die Lesung der Passionsgeschichte meist als Grundlage ihres inneren Betens. Die ausgeprägte Passionsfrömmigkeit Teresas ist ein Bei-

Triduum Sacrum: Feier des Leidens, Todes und der Auferstehung Christi von Gründonnerstag bis Ostern; Höhepunkt des Kirchenjahres.

spiel dafür, wie sehr sie in der Volksfrömmigkeit ihrer Zeit verwurzelt war. Noch deutlicher wird diese geistliche Beheimatung an ihrer Verehrung der Kindheit Jesu, die sie so sehr pflegte, daß sie zu jeder Klostergründung eine Statue des Jesuskindes mitnahm.
Die letzten 22 Jahre ihres Lebens, die mit der Phase äußerster Aktivität und Inanspruchnahme durch die starke Reise- und Gründungstätigkeit zusammenfielen, waren geprägt von einer immer intensiveren Christusbeziehung. Zunächst vernahm sie die Worte Christi, sie möge von nun an nicht mehr mit Menschen, sondern mit Engeln verkehren (vgl. Vida 24,5). Dadurch gewann sie eine große innere Freiheit und konnte sich von allen falschen Anhänglichkeiten lösen. Als ihr Christus selbst als der Verherrlichte, als das lebendige Buch, als Wahrheit aller Wahrheiten erschien, veränderte sich ihre bis dahin geläufige Form des Betens und der *lectio divina* (vgl. Vida 26). Christus selbst wurde ihr Lehrer, durch ihn wurde sie zum Verständnis der Glaubensgeheimnisse befähigt. Aus diesem Grund ermutigte sie ihre Schwestern, sich stets an Christus zu orientieren. „Bleibt also bei diesem guten Meister, entschlossen zu lernen, was er euch lehrt! (...) Wenn ihr ihn nicht verlaßt, wird auch er euch nicht verlassen. Betrachtet die Worte, die sein göttlicher Mund spricht! Schon beim ersten Wort werdet ihr seine Liebe erkennen. Und für einen Schüler ist es wahrhaftig kein geringes Gut und keine geringe Freude zu wissen, daß ihn der Meister liebt" (Camino 26,11). Die mystischen Erfahrungen ließen in Teresa ihre Sehnsucht nach der Schau Gottes und ihre Liebe zu ihm dermaßen wachsen, daß sie sich zeitweilig den Tod wünschte. „Ich sah mich geradezu sterben vor Sehnsucht, Gott zu sehen, und wußte nicht, wo ich dieses Leben suchen sollte, es sei denn durch den Tod. (...) Es läßt sich gar nicht genug sagen oder ausdrücken, auf welche Weise Gott die Seele verwundet und welch außerordentlich großen Schmerz es verursacht, denn es macht sie völlig selbstvergessen. Aber es ist dies ein so köstlicher Schmerz, daß es in diesem Leben keine Freude gibt, die mehr Befriedigung schenkt" (Vida 29, 8.10). Die traditionelle Teresa-Interpretation prägte für die hier beschriebene geistliche Erfahrung den Begriff der *Herzverwundung*. Wie zurückhaltend Teresa

Diese tiefe Erfahrung des Verwundetwerdens von der Liebe Gottes, die mit außerordentlichem geistigen Schmerz verbunden ist, wird in *Vida* 29,13, von ihr auch als *gracia del dardo* (Gnade des Pfeiles) beschrieben. Durch die lat. Wiedergabe dieser Bezeichnung mit *transverberatio* und durch die historisierende Darstellung dieser Vision durch die ersten Biographen Francisco de Ribera und Diego de Yepes wurde diese Vision in der Literatur mit dem Phänomen der „Herzverwundung der hl. Teresa" verbunden. 1725 entstand ein eigenes liturgisches Fest (am 26. August) der Herzverwundung Teresas. Besonderen Einfluß hatte die ***Herzverwundung*** auf die Kunst und Ikonographie. Berühmt ist vor allem die Marmorplastik „Die Verzückung der hl. Teresia" von Giovanni Lorenzo Bernini in der Kirche St. Maria della Vittoria in Rom, die zwischen 1645 und 1652 entstand.

in der Beurteilung dieser außerordentlichen Gnadengaben Gottes war, ist schon gesagt worden. Aber dies bedeutet nicht, daß sie diese Gnadenerweise nicht persönlich schätzte, da die Wirkungen für ihr geistliches Leben außerordentlich groß waren. „Ich sehe ja, daß ihn mehr liebt und preist, wer ihn besser versteht" (Vida 37,2). Teresa eröffnete sich nicht nur die Bedeutung der Menschheit Jesu Christi, der Schönheit und Herrlichkeit des Auferstandenen, sondern auch das Mysterium seiner Gottheit. „Christus zu sehen ließ in mir seine außerordentliche große Schönheit eingeprägt, und die habe ich heute noch, denn dazu hätte ein einziges Mal genügt, wieviel mehr die vielen Male, die mir der Herr diese Gnade erwies! (...) Nachdem ich die große Schönheit des Herrn gesehen hatte, erblickte ich niemanden mehr, der mir im Vergleich zu ihm anziehend vorkam oder mich innerlich beschäftigte" (Vida 37,4). Die Herrlichkeit, mit der sich der Auferstandene Teresa zeigte, ließ sie ihn als Herrn und König erkennen. „Du König der Herrlichkeit und Herr aller Könige! (...) Nur durch den Blick auf deine Person sieht man gleich, daß nur du es verdienst, daß man dich Herr nennt, so wie du deine Majestät kundtust. Man kann gar nicht anders als sehen, daß du in dir selbst ein großer Herrscher bist, denn es ist erstaunlich, diese Majestät zu betrachten. Aber noch mehr erstaunt es, zusammen mit ihr deine Demut zu sehen und die Liebe, die du so einer wie mir erweist" (Vida 37,6). Die Aufnahme der Worte Jesu Christi und die Kenntnis seiner Person bewirkten, daß er zum Zentrum und Inhalt ihres Lebens wurde. Von der Erfahrung seiner Herrlichkeit war sie so erfüllt, daß sie wünschte, alle möchten diese Erkenntnis teilen.

„O unser Herrscher, du höchste Gewalt, höchste Güte, die Weisheit selbst! Du ohne Anfang und ohne Ende, grenzenlos in deinen Werken: sie sind unendlich, man kann sie nicht fassen! Du unendlich tiefes Meer von Wundern! Du Schönheit, die alle Schönheit in sich begreift! Du, die Kraft selbst! O mein Gott! Ich weiß, all unser Wissen ist nichts. Aber wie wünschte ich die ganze Beredsamkeit und Weisheit aller Sterblichen zusammen zu besitzen, um nur eines der vielen Dinge erklären zu können, durch die wir den ein wenig erkennen, der unser Herr und unser Gut ist "(Camino 22,6). Jesus Christus, dem menschgewordenen Sohn Gottes, nachzufolgen bedeutete, ihm gleichgestaltet zu werden, mit ihm zu leiden als Braut des Gekreuzigten (vgl. Relaciones 35,12). Diese Erkenntnis bezeugt die Heilige in wenigen Worten, die ihr Christus offenbarte und die ihr so kostbar waren, daß sie sie schriftlich festhielt: „Glaub mir, Tochter, wen mein Vater mehr liebt, dem gibt er größere Prüfungen, und die Antwort darauf ist die Liebe. Worin kann ich dir mehr zeigen, daß ich für dich möchte, was ich für mich wollte? Schau diese Wundmale! Niemals werden deine Schmerzen so weit gehen. Das ist der Weg der Wahrheit. Wenn du das verstehst, wirst du mir helfen, den Verlust zu beweinen, dem die von der Welt anheimfallen, denn all ihre Wünsche, Sorgen und Gedanken befassen sich damit, wie das Gegenteil zu erreichen ist" (Relaciones 36,1). Die Teilhabe am Leidensweg Christi, an seinem Weg der Entäußerung und der Armut war für Teresa ein besonderer Liebeserweis Gottes. „Gering ist das, was du den leiden läßt, der dich liebt. Du mein Herr, wie zärtlich, sanft und köstlich verstehst du es, mit ihnen umzugehen! Wenn man sich doch nie damit aufhalten würde, einen anderen zu lieben als nur dich" (Vida 25,17).

Teresa erfuhr diese Liebe und Bindung an den menschgewordenen, gekreuzigten und auferstandenen Sohn Gottes als das tragende Fundament ihres Lebens „Die wahre Abhilfe, um nicht zu fallen, besteht darin, daß wir uns ans Kreuz klammern und auf den vertrauen, der daran hing. Ihn empfinde ich als wahren Freund, ich empfinde dabei eine Überlegenheit, so daß mir scheint, als könnte ich der ganzen Welt, die sich mir entgegenstellt, widerstehen, sofern mir nur Gott nicht fehlt"

(Relaciones 3,1). Aber dieser befreienden Erfahrung und Erkenntnis ging ein schmerzliches Fehlverhalten zu Beginn ihres Gebetslebens voraus: „Ich bemühte mich, alles Gegenständliche beiseite zu schieben, ohne es allerdings zu wagen, meine Seele allmählich zu erheben. Doch es war mir, als fühlte ich Gottes Gegenwart (...) und so versuchte ich, in Sammlung bei ihm zu bleiben. (...) Und da man diesen Gewinn und dieses Wohlgefallen vor sich hat, gab es niemand mehr, der mich zur Menschheit zurückgebracht hätte, sondern ich hatte tatsächlich den Eindruck, daß sie mir ein Hindernis war" (Vida 22,3). Teresa erkannte, daß sie allein durch die Gebetstechnik der Sammlung und Lösung von allem Gegenständlichen keine Fortschritte im Gebet machen konnte und daß sie in eine Sackgasse geraten war. Sehr aufrichtig bekennt sie die Folgen und Auswirkungen dieser einseitigen Praxis des Gebets für ihre Gottesbeziehung: „Ich dachte nicht mehr mit der gleichen Freude an unseren Herrn Jesus Christus, vielmehr gab ich mich der Versunkenheit hin, um auf das Geschenk jener Wonnen zu warten. Und ich sah klar, daß ich nicht auf dem rechten Weg war, denn da ich diese Gnade nicht immer erfahren konnte, gingen die Gedanken hin und her, und die Seele flatterte im Kreis herum wie ein Vogel, der nicht weiß, wo er sich niederlassen soll. Viel Zeit verlor ich so, ohne daß ich an Tugend gewonnen hätte oder im Gebet weitergekommen wäre" (VI Moradas 7,12). Als sie von ihrem Beichtvater auf diesen Irrtum hingewiesen wurde, war Teresa zutiefst beschämt. „Ist es möglich, mein Herr, daß ich nur eine Stunde lang den Gedanken haben konnte, daß du mir für ein größeres Gut hinderlich wärest? Woher sind mir denn alle Wohltaten gekommen, wenn nicht von dir" (Vida 22,4)?

Aber dieser Irrweg war für Teresa ein entscheidendes Erlebnis, welcher den eigentlichen Anstoß für den christologischen Ansatz ihrer Gebetslehre gab. „Daß wir uns absichtlich und mit Bedacht abgewöhnen, uns mit all unseren Kräften zu bemühen, diese heiligste Menschheit beständig vor Augen zu haben – (...) davon sage ich, daß es mir nicht gut scheint und daß es bedeutet, daß die Seele, wie man so sagt, in der Luft hinge, denn es sieht so aus, als habe sie keinen Halt, auch wenn es ihr noch so sehr vorkommt, von Gott erfüllt zu sein" (Vida 22,9). Die Abwendung vom Gegenständlichen hielt die Heilige daher erst für angebracht, wenn der Mensch im Gebet schon weit fortgeschritten sei. Doch bis dahin müsse man den Schöpfer durch die Geschöpfe suchen (vgl. Vida 22,8). Diese Vorgehensweise entspreche in besonderer Weise auch der leib-seelischen Verfaßtheit des Menschen. „Wir sind keine Engel, sondern haben einen Leib. Uns zu Engeln aufschwingen zu wollen, während wir auf Erden leben (...), ist Unsinn, vielmehr braucht das Denken im Normalfall etwas, das ihm Halt gibt" (Vida 22,10). Diesen Halt für das Denken sieht Teresa in der Betrachtung der Menschheit Christi gegeben. Daher geht sie im 22. Kapitel ihrer *Vida* und in der sechsten Wohnung der *Inneren Burg* (VI Moradas 7) auf die Bedeutung der Menschheit Christi für das Gebet ein.

„Ich sehe ganz klar und habe es danach auch erlebt, daß Gott möchte, – um ihm zu gefallen und damit er uns große Wohltaten erweise – daß das durch die Hände der heiligsten Menschheit geschieht, an der sich Seine Majestät (Gott), wie ich sagte, erfreut (Mt 3,17). Das habe ich ganz, ganz oft durch Erfahrung gesehen. Und der Herr hat es mir gesagt. Ich habe deutlich gesehen, daß wir durch diese Tür eintreten müssen, wenn wir wollen, daß uns seine erhabene Majestät große Geheimnisse offenbart" (Vida 22,6). Jesus Christus ist das Vorbild eines wahrhaftigen Beters und der Mittler aller Gnaden. „Dieser unser Herr ist es, durch den uns alle Wohltaten zukommen. Er wird euch unterweisen. Wenn ihr sein Leben anschaut, ist er das beste Beispiel. Was wollen wir denn mehr von einem so guten Freund an der Seite, der uns in den Mühen und Bedrängnissen nicht im Stich läßt (...)? Selig, wer ihn wirklich liebt und ihn immer neben sich hat" (Vida 22,7). Nachdem Teresa erkannt hatte, wie bedeutsam die Betrachtung der Menschheit Christi für das Gebetsleben war, suchte sie durch das Studium der Heiligengestalten und deren Spiritualität eine Bestätigung ihrer Gebetsweise. „Ich habe mir aufmerksam einige Heilige angeschaut, große Kontemplative, nachdem ich das verstanden hatte, und sie gingen keinen anderen Weg. Der hl. Franziskus beweist es mit seinen Wundmalen, der hl. Antonius von Padua mit dem Jesuskind, der hl. Bernhard erfreute sich an der Menschheit Christi, ebenso die hl. Katharina von Siena" (Vida 22,7). Anhand des Vorbilds der Heiligen kam sie zur festen Überzeugung, daß die Beschäftigung mit dem Leben Jesu das Gebet immer begleiten müsse. Es gebe keine noch so erhabene Gebetsstufe, auf der man nicht zum Anfang des schlichten Betrachtens der Glaubensgeheimnisse zurückkehren müsse (vgl. Vida 13,15). Dabei sei es eine große Hilfe, die Inhalte der Betrachtung entsprechend der eigenen Verfaßtheit auszuwählen (vgl. Camino 26,5). Aus diesem Grund rät die Heilige zum Beispiel, an Christus als den Auferstandenen zu denken, wenn man fröhlich sei, und den Leidensweg des Erlösers und seine Schmerzen zu betrachten, wenn man krank und niedergedrückt sei. Da sich Christus immer dem Beter anpasse, sei diese Gebetsweise ein so ausgezeichneter und sicherer Weg, daß man am Anfang, in der Mitte und am Schluß des Gebetes auf sie zurückgreifen solle, bis der Herr einen zu anderen, übernatürlichen Dingen geleite.

Die Eucharistie als bleibende Gegenwart der Menschheit Christi

Die Begegnung mit dem menschgewordenen Sohn Gottes Jesus Christus vollzieht sich nicht nur in der Betrachtung der Heiligen Schrift, sondern geschieht ganz real im Empfang der heiligen Kommunion. Die Gegenwart der Menschheit des Erlösers im Allerheiligsten Sakrament des Altares hatte für Teresa eine ganz entscheidende Bedeutung und wurde von ihr im Glauben real erfahren. „Der Herr hatte ihr (Teresa) einen so lebendigen Glauben geschenkt, daß sie innerlich lächelte, wenn sie andere sagen hörte, sie hätten gern zu der Zeit gelebt, als Christus, unser höchstes Gut, auf Erden weilte; sie fragte sich, warum ihnen das wohl etwas ausmache, da wir ihn doch im Allerheiligsten Sakrament ebenso wirklich wie damals besitzen" (Camino 34,7). Sie lebte aus der Vereinigung mit Christus, den sie häufig empfangen durfte. Dabei stellte sie sich den Herrn beim Empfang der heiligen Kommunion so vor, als ob er in ihr Innerstes eintrete. „Sie bemühte sich nach Kräften, sich von allen äußeren Dingen loszumachen und mit ihm in ihr Inneres einzugehen.

Dabei war sie bestrebt, ihre Sinne zu sammeln, damit sie alle dieses so große Gut erkennen (…) Und selbst wenn sie keine Andacht spürte, so sagte ihr doch der Glaube, daß er wirklich da war" (Camino 34,8). Die sakramentale Gegenwart Jesu Christi war für Teresa nie eine Vorstellung der Einbildungskraft. „Es geschieht jetzt und ist volle Wirklichkeit. Wir brauchen ihn nicht anderswo in der Ferne zu suchen" (Camino 34,9). Teresa nutzte vor allem die Auslegung der Vaterunser-Bitte *Gib uns heute unser tägliches Brot* (vgl. Camino 33–34), um darauf hinzuweisen, wie wichtig der Augenblick der Kommunion für die intime Begegnung mit Christus sei. Dieser wurde von ihr oft als eine geistige Vereinigung erfahren, in der Christus sie persönlich unterweisen wollte. Weil diese Form des sakramentalen Empfangs der heiligen Kommunion mit zu den kostbarsten Gebetserfahrungen der Heiligen zählte, wollte sie ihre Schwestern anregen, diese Zeit der Begegnung mit Christus zu nutzen: „Denn in jenem Brot haben wir Zugang zu ihm! Wenn ihr jedoch gerade den Herrn empfangen und ihn in eigener Person in euch habt, dann versucht, die Augen des Leibes zu schließen, die der Seele zu öffnen und in euer Herz zu blicken! Wenn ihr euch dies zur Gewohnheit macht (…), wird er nicht unverhüllt bleiben und sich euch (…) auf vielerlei Weise und in dem Maß, in dem ihr ihn zu sehen verlangt, zu erkennen geben" (Camino 34.13). „Denn sehen sie ihn auch nicht mit leiblichen Augen, so zeigt er sich doch ihrer Seele durch tiefinnere Empfindungen und auf verschiedene andere Weisen. Bleibt nur gerne bei ihm! Versäumt eine so gute Gelegenheit wie die Stunde nach dem Empfang der heiligen Kommunion nicht, um euch mit ihm auszutauschen" (Camino 34,11). Teresa wußte um die Herausforderung für den Glauben, die die sakramentale Gegenwart Christi durch seine Verborgenheit und Verhülltheit unter den Gestalten von Brot und Wein bedeutet, aber sie hoffte, daß er sich den Augen jeder Seele offenbare. „Wenn unsere leiblichen Augen sich schon nicht an ihm erfreuen können, weil er ihnen verhüllt ist, so möge er sich doch wenigstens den Augen unserer Seele zeigen und sich ihr zu erkennen geben" (Camino 34,6). In der verborgenen und verhüllten Gegenwart der Menschheit Christi bestehe die einzige Form der Begegnung, die für den Menschen *in via* möglich sei, weil er es nicht ertragen könnte, die Gottheit und Menschheit Christi zu schauen, so überwältigend wäre dieser Anblick. „Tut es euch leid, ihn nicht mit den Augen zu sehen, so bedenkt, daß dies für uns nicht angemessen ist. Denn es ist etwas anderes, ihn in seiner Herrlichkeit zu sehen als so, wie er auf Erden lebte. Aufgrund unserer schwachen Natur könnte dies niemand ertragen (…), denn beim Anblick der ewigen Wahrheit würden wir begreifen, daß alles, was uns hier auf Erden erstrebenswert erscheint, nur Lug und Trug ist“ (Camino 34,10). Würde Christus sein Wesen nicht verbergen, so würde man vor lauter Furcht nicht wagen, ihm zu nahen. „Wenn ich eine so große Majestät in einem so kleinen Ding, wie es die Hostie ist, verborgen sehe, dann ist es so, daß ich hernach eine so große Weisheit bewundere und nicht weiß, wie mir der Herr den Mut und die Kraft gibt, mich ihm zu nahen“ (Vida 38,21). Die Erschütterung über Gottes unergründliche Liebe und Erniedrigung in der Menschwerdung und in der bleibenden sakramentalen Gegenwart im eucharistischen Leib wurde durch die Erfahrung der eigenen Unzulänglichkeit bei Teresa noch verstärkt. „Wenn ich betrachtete, daß er es war, der im Allerheiligsten Sakrament weilte, sträubten sich mir die Haare, und ich kam mir ganz vernichtet vor. O mein Herr! Wenn du deine Größe nicht verhülltest, wer würde es dann wagen, so oft zu kommen, um etwas so Schmutziges und Erbärmliches mit einer so großen Majestät zu vereinen“ (Vida 38,19)? Diese drastische Ausdrucksweise bedeutet keine Abwertung der eigenen Natur, sondern entspringt der tiefen Ergriffenheit von der Andersartigkeit Gottes und seiner unermeßlichen Liebe zu seinem Geschöpf.

Die Wirkung der Kommunion war für die Heilige vor allem als Trost und Nahrung des geistlichen Lebens erfahrbar. „Denn mit keinem anderen Ziel bleibt er bei uns, als um uns zu helfen, uns zu ermutigen und uns durch seinen Empfang zu stärken“ (Camino 34,1). Ja, die heilsame Wirkung des Sakraments zeige sich nicht nur im Hinblick auf die Seele, sondern sei sogar physisch erfahrbar: „Glaubt ihr etwa nicht, daß diese heiligste Speise auch Nahrung für den Leib und eine wirksame Arznei auch für körperliche Beschwerden ist? Ich bin sicher, daß sie es ist! Ich kenne eine Person (= Teresa), die unter schweren Krankheiten litt und oft heftige Schmerzen hatte. Nach dem Empfang dieser Speise aber waren sie wie weggeblasen, und sie war vollkommen geheilt" (Vida 34,7). In der sakramentalen Begegnung mit Christus erfuhr Teresa nicht nur körperliche Heilung, sondern in diesem Augenblick empfing sie zumeist die größten Gnadenerweise und Offenbarungen (vgl. Vida 39,22 f.). „Manchmal – fast immer, zumindest die meiste Zeit – kam ich nach der Kommunion zur Ruhe. Zuweilen fühlte ich mich, wenn ich mich nur dem Sakrament nahte, seelisch und körperlich gleich so wohl, daß ich mich nur wundere" (Vida 30,14). Teresa lebte von der Kraft dieses Sakramentes und war bemüht, in der liebenden Gegenwart Christi zu bleiben. Dieses Bleiben in Jesu Gegenwart verstand die Heilige als eine dankbare Erinnerung an die Liebe Christi, die den Alltag erfüllen und prägen solle. „Immer wenn wir an Christus denken, sollen wir an die Liebe denken, mit der er uns so viele Gnaden erwiesen hat, und welch große Liebe uns Gott gezeigt hat, als er uns einen solchen Beweis von Liebe schenkte, die er zu uns hat, denn Liebe bringt Liebe hervor" (Vida 22,14). Für Teresa war der sakramentale Empfang der heiligen Kommunion sowohl die intensivste Weise der Begegnung zwischen Gott und Mensch als auch die höchste Form des Gebetes, weil ihr während des Kommunizierens in ganz besonderer Weise die Liebe Christi zuteil wurde. „Er (Jesus) kannte unsere schwache Natur und unseren Hang zu minderwertigen Dingen, unseren Mangel an Liebe und unseren geringen Mut. Darum wußte er, daß unsere Liebe durch den Anblick seiner Liebe geweckt werden mußte, und zwar nicht nur einmal, sondern täglich. Aus diesem Grund hat er sich wohl entschlossen, bei uns zu bleiben" (Camino 33,2). Da oftmals die schauende eucharistische Anbetung Christi an die Stelle des Kommunionempfangs getreten war, legte Teresa großen Wert auf die sakramentale Gegenwart Jesu Christi in der eucharistischen Gestalt des Brotes im Tabernakel des Schwesternchors. Die tägliche Feier der Eucharistie war die Kraftquelle ihres Lebens, auch wenn der Empfang der Kommunion zu ihrer Zeit auf bestimmte Tage im Jahr beschränkt war.

Wollte eine Schwester das Sakrament öfter empfangen, mußte hierzu die Erlaubnis des Beichtvaters und der Priorin eingeholt werden. Teresa machte von dieser Praxis häufigen Gebrauch und kommunizierte einige Jahre lang fast täglich. Wie wichtig Teresa die unmittelbare Begegnung mit Jesus Christus im Empfang der Kommunion für den Fortschritt des geistlichen Lebens war, läßt sich ferner daran ermessen, daß sie in ihren Konstitutionen die Zahl der Tage, an denen die Schwestern kommunizieren sollten, im Vergleich zur Praxis im Kloster Encarnación beträchtlich erhöhte: jeden Sonntag, an jedem Herren- und Marienfest, am Einkleidungs- und Profeßtag durften die Schwestern kommunizieren – mit Erlaubnis der Priorin auch öfter (vgl. Constitutiones 2,1). Da die tägliche Kommunionpraxis jedoch die Ausnahme darstellte, empfahl sie den Schwestern die geistige Kommunion: „Wenn ihr der Messe beiwohnt, ohne die Kommunion zu empfangen, Töchter, könnt ihr geistig kommunizieren. Dies bringt sehr großen Nutzen. Auch hierbei sammelt euch innerlich! Auf diese Weise prägt sich die Liebe zum Herrn tief in unser Inneres ein. Denn wenn wir uns auf seinen Empfang vorbereiten, wird er es nie unterlassen, auf vielfältige Weise seine Gaben zu schenken, ohne daß wir verstehen wie“ (Camino 35,1). Die Eucharistie war für Teresa das Zentrum des Mysteriums der Kirche, ihr Empfang der geeignete Augenblick, um Jesus Christus personal zu begegnen, mit ihm zu sprechen, auf ihn zu hören. Die bleibende eucharistische Gegenwart des Herrn ist Ausdruck seiner Sehnsucht, dem Menschen die erlösende Liebe Gottes zuzuwenden. Daher wird das Kreuzesopfer in jeder heiligen Messe erneuert. „Da er alles erträgt und ertragen wird, um auch nur eine Seele zu finden, die ihn in Liebe aufnimmt und in sich birgt, so sei diese Seele die eure“ (Camino 35,2)!

Teresa war so erfüllt von dem Mysterium dieses Sakramentes, daß es sie drängte, alle Menschen möchten diese unergründliche Liebe verstehen und erwidern. Ihr sehnsüchtiges Bemühen, Gott zu dienen und etwas für das Reich Gottes und für seine Ehre zu tun, wollte Teresa durch die Gründung von Klöstern als Stätten des Gebetes verwirklichen. So war es für sie eine der größten Freuden, wenn sie wieder ein Kloster gegründet hatte, in dem das Allerheiligste Sakrament des Altares gegenwärtig war (vgl. Fundaciones 3,10). „Eine Kirche mehr zu sehen ist ein besonderer Trost für mich – wenn ich mich an die vielen erinnere, die von den Lutheranern zerstört wurden. (...) Auch wenn viele von uns nicht darauf achten, sollte es doch für uns ein großer Trost sein, daß Jesus Christus als wahrer Gott und wahrer Mensch an vielen Orten im Allerheiligsten Sakrament gegenwärtig ist" (Fundaciones 18,5). Diese Aussage gewinnt im zeitgeschichtlichen Kontext ein großes Gewicht. Wie man ihren Schriften entnehmen kann, verfolgte Teresa das kirchliche und gesellschaftliche Leben ihrer Zeit mit Interesse. Sie empfand einen tiefen Schmerz über die Reformation und ihre Folgen, die Religionskriege in Frankreich und über die Existenz von Millionen ungetaufter Indios in Amerika. „Dies schmerzte mich sehr, und als ob ich etwas vermöchte oder etwas wäre, weinte ich vor dem Herrn und bat ihn inständig, er möchte doch etwas so Böses abwenden. Wie mir schien, hätte ich tausend Leben hingegeben, um auch nur einem einzigen von all den vielen Menschen zu helfen, die dort verlorengingen" (Camino 1,2). Das Mitleid und der Schmerz über den Verlust der kirchlichen Einheit, die Zerstörung der Kirchen und den ehrfurchtslosen Umgang mit dem „höchsten Gut", der Eucharistie, resultierten aus ihrer tiefen Liebe zur Kirche, durch deren Vermittlung sie zum Glauben und zur Begegnung mit Gott gefunden hatte. „Was mir tief das Herz verwundet, ist der Gedanke, daß so viele Seelen verlorengehen, und auch Ihre Indianer schmerzen mich nicht wenig. Der Herr sende ihnen Licht! Denn hier wie dort herrscht großes Elend. Auf meinen Reisen durch so viele Gegenden und bei meinem Verkehr mit so vielen Leuten kann ich mir oftmals nichts anderes denken, als daß wir Menschen ärger seien als die unvernünftigen Tiere, weil wir die hohe Würde unserer Seele nicht erkennen, und wie tief wir uns dadurch erniedrigen, daß wir uns an so gemeine Dinge wie die irdischen hängen" (Cartas 24,13). Die innere Not, die Teresa zu ihrer Zeit angesichts der vielen Menschen erlitt, die nichts von Jesus Christus gehört hatten, weckte in ihr die drängende Frage, was sie tun könnte, um die Menschen teilhaben zu lassen am Geschenk der Erlösung. „Ich denke mir, daß uns doch offensichtlich schon unsere Natur zum Mitleiden anregen würde, wenn wir jemanden, den wir gern haben, hier eine Not oder ein Leid (...) durchmachen sähen, und wenn es groß ist, bedrängt es uns. Und nun eine Seele ohne Ende in der allerschlimmsten Not zu sehen, wer könnte das ertragen? (...) Das erweckt in mir den Wunsch, daß wir uns in einer Angelegenheit, die so wichtig ist, mit nichts weniger begnügen, als daß wir alles tun, was wir unsererseits vermögen" (Vida 32,6 f.). Doch was vermochte Teresa zu tun, um der Not in der Welt abzuhelfen? Sie wollte gemeinsam mit ihren Mitschwestern Gottes Segen und Gnade, sein Heil und seine erbarmende Liebe auf die Welt herabrufen und sich darum bemühen, den Menschen Gottes Liebe durch ihr eigenes Leben zu bezeugen (vgl. Fundaciones 1,6).

Gebet als Apostolat

Damit wird noch ein anderer Aspekte der Gebetslehre Teresas berührt, auf den bisher noch nicht näher eingegangen wurde: Das Apostolat bedarf des gelebten Glaubenszeugnisses und der Transparenz für die Liebe Christi, um fruchtbar zu sein für andere. Ein besonderes Apostolat innerhalb der Kirche ist das stellvertretende Gebet. Es hat seinen Ursprung in der Erfahrung der Liebe Gottes, die nicht in sich verschlossen bleiben darf, sondern das Herz weitet für die Sorgen Christi und seiner Sehnsucht, alle Menschen zu erlösen und zum Vater zu führen. Auf diese Weise ist das Gebet Ausdruck der Nächstenliebe und des Dienstes für die Welt.

Teresa wollte durch ihr Beten am Erlösungswerk Christi teilhaben. Aus diesem Grund galt ihr Gebet allen Anliegen der Kirche und der Welt, aber besonders wußte sie sich zum Gebet für die Priester berufen, die die Menschen durch den Dienst der Verkündigung der frohen Botschaft und durch die Spendung der Sakramente erreichen sollten. Damit Gott in ihnen wirkliche Freunde hätte, die ihn durch ein vorbildliches Leben glaubwürdig bezeugten, wollte sie die Priester ganz besonders Gott anempfehlen. Teresa sah in ihnen – bildlich gesprochen – „Kämpfer an vorderster Front", da ihnen die Verantwortung für die Auslegung der Heiligen Schrift, für die Spendung der Sakramente und für die Gläubigen anvertraut war. Damit ihr Dienst an den Menschen gelinge, seien sie gerufen, in besonderer Weise nach Heiligkeit zu streben (vgl. Vida 38,23). Teresa wußte, daß dies in der Lebenssituation der Priester und den täglichen Anforderungen nicht leicht zu verwirklichen war, und wollte sie darum durch ihr Gebet unterstützen (vgl. Camino 3,3). „Da ich die großen Nöte der Kirche sehe, die mich so sehr betrüben, daß es mir lächerlich vorkommt, wegen etwas anderem Schmerz zu empfinden, mache ich nichts anderes als sie Gott zu empfehlen, denn ich sehe, daß ein ganz vollkommener Mensch, der von Gottesliebe entbrannt ist, mehr Nutzen brächte als viele voll Lauheit" (Relaciones 3,7). Im fürbittenden und stellvertretenden Gebet ihrer Schwestern sah Teresa einen wichtigen Beitrag, um an der Ausbreitung des Reiches Gottes mitzuwirken. „Und wenn wir uns alle damit beschäftigten, für die Verteidiger der Kirche, für die Prediger und die Gelehrten, die für sie kämpfen, zu beten, so würden wir durch das, was wir vermögen, diesem meinem Herrn helfen" (Camino 1,2). Diese apostolische Dimension des Gebets ist ein charakteristischer Ausdruck ihrer Berufung: alle teilhaben zu lassen an der Liebe Gottes. „O meine Schwestern in Christus! Helft mir, dies vom Herrn zu erflehen, denn dazu hat er euch hier zusammengeführt! Dies ist euere Berufung! Dies muß eure Angelegenheit sein! Danach verlangt! (...) Die Welt steht in Flammen, man will Christus sozusagen von neuem verurteilen, (...) man will seine Kirche zerstören (...) jetzt ist nicht die Zeit, mit Gott über geringfügige Dinge zu verhandeln" (Camino 1,5).

Die Antwort des Lebens – Einübung der Gesinnung Jesu

Teresas Verständnis von Gebet als Ausdruck der Gottes- und Nächstenliebe hat zum einen universalen Charakter, verweist zum anderen aber auch auf die persönliche Lebensgestaltung des einzelnen. Wer Gott wahrhaft liebe, suche seine Nähe auf, wolle sich nicht von ihm trennen, sondern werde jede Gelegenheit ergreifen, IHM eine Freude zu bereiten. „Denn wenn sie (die Seele) soviel mit ihm zusammen ist, wie sie es sein soll, so denkt sie wohl wenig an sich selbst. Ihr ganzes Sinnen richtet sich darauf, wie sie ihn noch mehr erfreuen kann und worin oder wodurch sie die Liebe, die sie für ihn hegt, erweisen könnte. (...) Die Zurückgezogenheit allein ist wenig, verglichen mit dem sehr viel größeren Gewinn, den man erlangt, wenn die Werke mit den Worten und Gebärden der Liebe übereinstimmen. Und wer nicht alles auf einmal tun kann, der möge langsam eins nach dem andern vollbringen" (VII Moradas 4,9).

Doch wie vermag der Mensch, Gott zu erfreuen und seiner Liebe Ausdruck zu verleihen? Teresas Antwort ist nüchtern, christozentrisch und am Evangelium ausgerichtet: man bemühe sich, Christus immer ähnlicher zu werden und sich von seiner Liebe umformen zu lassen. Christus ähnlich werden kann man nur, wenn man mit ihm in einen lebendigen Dialog eintritt, sich seine Gesinnung zu eigen macht und sich darum bemüht, den eigenen Willen dem seinen anzugleichen. Darin sieht Teresa die Grundvoraussetzung, um im Gebet und im geistlichen Leben Fortschritte zu machen. „Wer sich dem Gebet zu widmen beginnt – vergeßt das nie, denn es ist sehr wichtig –, der muß allein danach streben, sich mit allem Fleiß und Eifer, mit aller Entschlossenheit, deren er fähig ist, darauf einzustellen, daß sein eigener Wille mit dem Willen Gottes übereinstimme" (II Moradas 1,8). Dies ist ein lebenslanger Prozeß, der das beständige Fragen nach dem Willen Gottes und den Mut zum Neuanfang und zur Korrektur von falschen Lebensgewohnheiten beinhaltet. „Fangen wir an, vom Guten zum Besseren" (Fundaciones 28,32).

Die Einübung der Gesinnung Jesu und die Verinnerlichung von christlichen Grundhaltungen im eigenen Leben ist die freie Antwort des Menschen auf den Ruf Gottes. Sie wird vollzogen, indem man sein Leben ganz konkret am Verhalten Jesu orientiert und die Botschaft des Evangeliums als persönliche Weisung für das eigene Leben annimmt und zu leben versucht. „Richtet eure Augen auf den Gekreuzigten, und alles wird euch leicht werden. Wenn der Herr uns seine Liebe erwiesen hat in solch ungeheuren Werken und Qualen – wie wollt ihr ihn da allein mit Worten zufriedenstellen? Wißt ihr, was es heißt, wahrhaft geistlich zu leben? (...) Allein mit Gebet und Beschauung könnt ihr euer Fundament nicht legen. Wenn ihr nicht nach Tugenden trachtet und euch nicht tätig darin übt, werdet ihr immer Zwerge bleiben. (...) Wer nicht wächst, schrumpft ein. Ich halte es für unmöglich, daß die Liebe sich damit begnügt, ständig auf der Stelle zu treten" (VII Moradas 4,9). Um im Gebetsleben Fortschritte zu machen, müsse man sich deswegen vor allem um die Aneignung von drei Tugenden bemühen: Liebe, Losschälung und Demut (vgl. Camino 4,4). Denn „meiner Meinung nach wird der König der Herrlichkeit nicht in unsere Seele kommen (...), wenn wir uns nicht bemühen, in den großen Tugenden zu erstarken" (Camino 16,6). Um ihren Schwestern verständlich zu machen, daß ohne das Wachstum dieser Tugenden kein kontemplatives Leben möglich ist, geht Teresa in den Kapiteln vier bis fünfzehn des *Camino* sehr ausführlich auf diese Haltungen ein (vgl. Camino 4,3). Ihre Einübung sei wichtiger als Bußübungen oder rigorose Frömmigkeitspraktiken. „Ich möchte, meine Schwestern, daß wir uns in diesen großen Tugenden gut einüben und auf diese Weise Buße tun" (Camino 15,3). Hierzu gibt Teresa auch ganz einfache und praktische Ratschläge: „Bemüht euch (...), zu allen Menschen, die mit euch zu tun haben, liebenswürdig und entgegenkommend zu sein, so daß sie gerne mit euch sprechen und so leben und handeln wollen wie ihr, ohne von der Tugend abgeschreckt und eingeschüchtert zu werden. (...) Versucht also wirklich zu begreifen (...), daß Gott nicht auf so viele Kleinigkeiten achtet, wie ihr meint. Laßt nicht zu, daß sich Seele und Leib verkrampfen, denn dadurch könnten viele Güter verlorengehen! Eure Absicht sei redlich und euer Wille, wie gesagt, entschlossen, Gott nicht zu beleidigen! Pfercht eure Seele nicht ein" (Camino 417 f.)!

Demut

Um zu illustrieren, wieviel von der Aneignung der Gesinnung Jesu abhängt, gebraucht Teresa im *Camino* das anschauliche Gleichnis vom Schachspiel. Auf diese Weise möchte die Heilige ihre Schwestern zur Erkenntnis des rechten Verhaltens befähigen (vgl. Camino 5,4) und ihnen helfen, ihr geistliches Leben auf einem festen Fundament zu errichten (vgl. Camino 5,2). Will einer Schachspielen lernen, muß er es verstehen, zunächst die Figuren zum Spiel richtig aufzustellen, und muß die Funktionen der einzelnen Figuren kennen. Erst dann vermag er zu spielen und zu gewinnen. Das Schachspiel ist ein Bild für das Gebet, in dem Gott selbst der Partner ist. Erst wenn der Beter gelernt habe, die Tugenden (= Figuren) zu üben, sei er in der Lage, Gott zu „bezwingen". „Die Dame kann bei diesem Spiel dem König am meisten zusetzen, und alle anderen Figuren helfen ihr dabei. Es gibt keine „Dame", die den göttlichen König so sehr bezwingt wie die Demut. Diese zog ihn vom Himmel herab in den Schoß der Jungfrau; und durch sie werden wir ihn wie mit einem Haar in unsere Seele ziehen. Glaubt mir: Je demütiger ihr seid, um so mehr werdet ihr ihn besitzen, und je weniger ihr es seid, um so weniger werdet ihr ihn besitzen. Ich kann mir nämlich nicht vorstellen, daß es Demut ohne Liebe oder Liebe ohne Demut gibt oder geben kann. Ebenso unmöglich können diese beiden Tugenden ohne große Losschälung von allem Geschaffenen bestehen" (Camino 16,6).

Trotz der gegenseitigen Verwiesenheit dieser Tugenden kommt nach Ansicht der Heiligen der Demut die größte Bedeutung zu. Unter dieser christlichen Grundhaltung versteht Teresa das Eingeständnis der eigenen Begrenztheit und Bedürftigkeit sowie das ehrliche Wissen, als Geschöpf Gottes alles von ihm empfangen zu haben. „Auch wenn wir alles tun, was an uns liegt, was können wir dem Herrn vergelten – wir, die wir nichts zu geben haben, wenn wir es nicht empfangen hätten? Wir können nur eines: uns selbst erkennen und vollkommen tun, was in unserer Macht steht, nämlich ihm unseren Willen schenken" (Camino 32,13). Die Selbsterkenntnis und realistische Selbsteinschätzung wird durch das Bemühen, Gott zu erkennen, gefördert, nicht durch ängstliche Selbstbespiegelung und Kreisen um das eigene Ich (vgl. I Moradas 2,9). Die Heilige mißt der Selbsterkenntnis so großen Nutzen für das geistliche Leben bei, daß sie ihr selbst den Vorrang vor der Gnade des Gebetes einräumt. „Oh mein Gott, wenn wir doch nur verstünden, wie groß unsere Armseligkeit ist! Einen einzigen Tag demütiger Selbsterkenntnis – auch wenn er uns viele

Tränen und Mühe gekostet hat – halte ich für eine größere Gnade des Herrn als viele Tage, die wir im Gebet verbracht haben" (Fundaciones 5,16). Gott und sich selbst gegenüber wahrhaftig zu sein und nicht vor der Wahrheit davonzulaufen, ist nach Ansicht der Heiligen nichts anderes als Demut. Darum sollte man sich immer darum bemühen, die Wahrheit zu erkennen, „weil Gott die höchste Wahrheit, die Demut aber nichts anderes ist, als in der Wahrheit wandeln. Denn es ist gewißlich wahr, daß wir nichts Gutes von uns selber haben (...). Je mehr einer das begreift, desto mehr entspricht er der höchsten Wahrheit, da er in ihr wandelt" (VI Moradas 10,7 f.; vgl. Vida 40,3). Die Selbsterkenntnis und Erfahrung der eigenen Unzulänglichkeit mache dem Menschen seine Abhängigkeit von Gott neu bewußt, aber hinterlasse in ihm auch eine tiefe innerer Freude und Dankbarkeit darüber, alles von Gott erwarten zu dürfen. Daher ermutigt die Heilige alle, sich die Gesinnung Jesu zu eigen zu machen, von ihm zu lernen und das geistliche Leben auf dem festen Fundament der Demut zu errichten. „Um gute Fundamente zu bekommen (...) müßt ihr also danach streben, die Geringste von allen zu sein und die Sklavin aller, und müßt schauen, wie und durch was ihr den anderen Freude machen und ihnen dienen könnt" (VII Moradas 4,9). Jesus Christus selbst sei hierfür das beste Vorbild: „Die Betrachtung seiner Demut läßt uns erfahren, wie weit wir davon entfernt sind, demütig zu sein" (I Moradas 2,11). Daher dürfe das Streben nach dieser Tugend niemals aufhören, wolle man im Gebetsleben Fortschritte machen: „Solange wir uns auf dieser Erde befinden, gibt es nichts, was für uns wichtiger wäre als die Demut" (I Moradas 2,11).

Losschälung

In seinem Bemühen um Selbsterkenntnis zeige sich dem Menschen, wo er Schwachpunkte, Ängste und Bindungen habe, die einem vertrauensvollen Umgang mit Gott entgegenstünden und ihn gleichsam so besetzten, daß ihm die innere Freiheit fehle, um Gottes Ruf zu entsprechen. Diese Hindernisse könnten vielfältige Formen annehmen. Sei man sich der eigenen falschen Abhängigkeiten, Gewohnheiten oder

Anhänglichkeiten bewußt, müsse man sich um die Wiedererlangung der Freiheit des Geistes bemühen. Darin sieht Teresa die Aufgabe der Losschälung – ein Wort, dessen Bedeutung nicht mehr ohne weiteres verstanden wird. Gemeint ist mit diesem Begriff aus dem asketischen Sprachgebrauch „Befreiung“. Alles soll entfernt, los-geschält werden, was das Wesen des Menschen verdeckt. Teresa unterscheidet zwei Weisen der Losschälung: die äußere und die innere (vgl. Camino 13,7). Die äußere Losschälung besteht für Teresa und ihren Adressatenkreis in der gewählten Armut und Einfachheit des Lebens, die die Bereitschaft zum Verzicht auf Wohlstand, Luxus etc. bedeutet, hin zu einem Leben in Verborgenheit und Einsamkeit, das sich an den evangelischen Räten orientiert und eine freiwillig gewählte Selbstbeschränkung um eines höheren Gutes willen beinhaltet.

Wichtiger als die Befreiung von äußeren Verpflichtungen ist die Loslösung vom eigenen Ich, die durch Selbstverleugnung eingeübt werden soll. Teresa weiß, daß diese geistliche Übung nicht leicht ist. Doch weil sie die Hingabefähigkeit des Menschen an Gott vorbereite, sei sie für jedes tiefere geistliche Leben unverzichtbar (vgl. Camino 10,2). Wenn die Heilige betont, daß viel davon abhänge, den Schöpfer allein zu umfangen und auf alles Geschaffene keinen Wert mehr zu legen (vgl. Camino 8,1), so bedeutet das nicht, daß diese Dinge keinen Wert in sich besitzen, sondern daß der Mensch erst das richtige Verhältnis hierzu gewinnen muß. Gleiches gilt auch für menschliche Beziehungen: „Die Losschälung hängt nämlich nicht von der leiblichen Trennung ab, sondern davon, daß die Seele entschlossen den guten Jesus, unseren Herrn, umfaßt; denn da sie in ihm alles findet, vergißt sie alles“ (Camino 9,5). Teresa sieht also in der Tugend der Losschälung eine Übung, um zur Freiheit des Geistes und zur ungeteilten Hingabe an Gott zu gelangen (vgl. Camino 10,1; IV Moradas 2,10). „Ein gutes Mittel ständig daran zu denken, ist, daß alles Eitelkeit ist und wie schnell alles vergeht! Auf diese Weise wenden wir unsere Zuneigung von den wertlosen Dingen ab und richten sie auf Unvergängliches. Und obwohl dieses Mittel nur schwach zu sein scheint, wird die Seele dadurch doch gestärkt. Verwenden wir große Sorgfalt auf die ganz kleinen

Dinge! Versuchen wir, sobald wir an etwas hängen, die Gedanken davon abzuwenden und Gott zuzuwenden“ (Camino 10,2).
Demut und Losschälung sind demnach für Teresa grundlegende Haltungen, die den Menschen von sich selbst befreien und ihn befähigen, Gott wahrhaftig zu lieben. Daher ist es nicht verwunderlich, daß sie ihnen in ihrer Gebetslehre einen solchen Stellenwert einräumt. „O herrliche Tugenden, Herrinnen über alles Geschaffene, Herrscherinnen der Welt, Befreierinnen von allen Fallstricken und Intrigen des Teufels, so sehr Geliebte unseres Lehrmeisters Christus, der nie auch nur einen Augenblick ohne sie war! Wer diese Tugenden besitzt, kann getrost hinausgehen und gegen die gesamte Hölle und gegen die ganze Welt und ihre Versuchungen antreten. (...) Niemand braucht er zu fürchten, weil er es für nichts erachtet, alles zu verlieren, und auch nichts für Verlust hält. Er fürchtet nur, seinem Gott zu mißfallen, und fleht ihn an, ihn in diesen beiden Tugenden zu festigen, damit er sie nicht durch eigene Schuld verliert“ (Camino 10,3).
Die innere Freiheit und rechte Selbsterkenntnis sind nach Teresa nicht nur eine wichtige Vorraussetzung für die Gottes-, sondern auch für die Nächstenliebe, die eine Frucht der Begegnung mit Gott im Gebet ist.

Nächstenliebe

Teresa unterscheidet im *Camino* zwei Formen von Liebe (Agape), die sinnlich-geistige und die rein geistige Liebe. „Die eine ist geistig – denn nichts scheint die Sinnlichkeit oder das Zartgefühl unserer Natur so zu erregen, daß sie ihre Reinheit verlieren könnte; die andere ist ebenfalls geistig, aber in sie mischt sich unsere Sinnlichkeit und Schwäche“ (Camino 4,12).
Teresa erläutert aber nur die Gestalt der rein geistigen Liebe, weil sie im Zusammenhang mit ihrer Gebetslehre bedeutsam erscheint, denn die Erkenntnis ihres Wesens ist eine große Hilfe zur Unterscheidung der Geister. „Hat Gott einen Menschen zur klaren Erkenntnis darüber geführt, was die Welt und ihr Wesen ist, daß es noch eine andere Welt gibt und welcher Unterschied zwischen beiden besteht, daß die eine ewig

und die andere nur ein Traum ist; hat er ihn erkennen lassen, was es heißt, seine Liebe dem Schöpfer zu schenken oder das Geschöpf zu lieben (...). – Ein solcher Mensch liebt völlig anders als wir, die wir noch nicht so weit gelangt sind" (Camino 6,3). Die rein geistige Liebe läßt sich nicht von Sympathie und Antipathie beherrschen, weil der Wille nicht leidenschaftlich bewegt wird, sondern sie ist maßvoll, umsichtig und vor allem uneigennützig und selbstlos. „Seht, es ist ein herrlicher Tausch, unsere Liebe für die Liebe Gottes zu geben! Bedenkt, daß er alles kann, wir jedoch hier auf Erden nur das vermögen, wozu er uns fähig macht. Was tun wir also für dich, Herr, unser Schöpfer? Es ist soviel wie nichts" (Camino 16,10). Diese Liebe kann im Menschen erst aus der Vereinigung des menschlichen mit dem göttlichen Willen entspringen. Da der Mensch aus sich heraus nicht lieben kann, sondern nur durchlässig werden muß für die Liebe Gottes, ist sie ein unverdientes Geschenk, reine Gnade. Allerdings kann sich der Mensch für den Empfang dieser Gnade vorbereiten. Teresa nennt hierfür ganz konkrete Mittel: Man möge nicht über das Verhalten anderer urteilen, sondern sich an die eigene Schwäche erinnern; man habe Mitleid mit den anderen, die angefochten werden, und bemühe sich, die Fehler der anderen in Geduld zu ertragen und sie durch die Übung der Tugend, die ihrem Fehler entgegengesetzt ist, durch die Tat zu belehren. Auch könne man alles nachahmen, was man an anderen an Tugenden erkenne. Allerdings mühe man sich, den eigenen Vorteil zurückzustellen, anderen Lasten abzunehmen und vor allem zu wachen und zu beten (vgl. Camino 7,5–9). Menschen, die Gott zu dieser Liebe geführt hat, ist es gleichgültig, ob man sie mag oder nicht. „Es wird euch so vorkommen, als liebten solche Menschen niemanden und könnten auch niemand lieben außer Gott. O doch, sie lieben, und zwar viel inniger; ihre Liebe ist aufrichtiger, leidenschaftlicher und nutzbringender: kurz, es ist die wahre Liebe. Solche Menschen sind stets dazu geneigt, weit mehr zu geben als zu empfangen; sogar dem Schöpfer gegenüber verhalten sie sich so. Eine solche Liebe ist, wie ich meine, des Namens ‚Liebe' wert" (Camino 6,7).

Die Gebetslehre der Heiligen

Die hier geschilderten Grundlagen der Gebetslehre der Heiligen werden von ihr in vier Werken unterschiedlichen Charakters aus verschiedenen Lebensphasen dargelegt. Um 1566/67 entstand der *Camino,* den Teresa als eine Unterweisungsschrift für die Anfänger im geistlichen Leben verfaßte. In ihm wird der Zusammenhang zwischen mündlichem Gebet, innerem Gebet und Beschauung anhand eines Vaterunser-Kommentars herausgestellt. Diese Frucht persönlicher Betrachtung ist ein bedeutsames Opusculum geistlicher Pädagogik, weil in ihm sowohl die anthropologischen als auch die christologischen Voraussetzungen von Teresas Gebetsverständnis und der Stellenwert des Gebets für das geistliche Leben insgesamt erläutert werden. Einen völlig anderen Charakter trägt die Relation fünf, die zehn Jahre später in Sevilla entstand. Dieser für die Inquisitoren abgefaßte Bericht über das Gebet enthält eine sehr knappe und zugleich präzise Umschreibung der verschiedensten Gebetsweisen, vor allem aber der mystischen Phänomene. Aber ich möchte auf diese beiden Werke der Heiligen nicht näher eingehen, sondern das Augenmerk auf die beiden bedeutendsten Gebetstraktate richten, durch deren Gegenüberstellung man die persönliche Entwicklung von Teresas Lehrmeinung nachvollziehen kann: den ältesten, 1565 abgefaßten Traktat über das Gebet, die Kapitel 11 bis 21 der *Vida* und das reifste Werk der Heiligen, *Die Innere Burg,* die 1577 fertiggestellt wurde. In beiden Werken legen die von ihr zur Erläuterung ihres Gebetsverständnisses verwandten Bilder es vordergründig nahe, an eine chronologische Entwicklung von einer Gebetsweise zur nächsten zu denken. Aber dies ist ein Trugschluß, denn wenn Teresa von Stufen des Gebetes spricht, möchte sie in der Beschreibung der einzelnen Gebetsstufen ein mögliches Wachstum in der Beziehung des Menschen zu Gott ausdrücken. Die einzelnen „Stufen" kennzeichnen die Intensität und Dynamik der Beziehung des Menschen zu Gott und Gottes zum Menschen, wie sie vom Menschen erfahren wird. Das Gebet steht in Korrelation zum Leben des Beters. Teresa unterscheidet ganz allgemein zwischen „Stufen" des Gebets, die vom menschlichen

Bemühen abhängen *(oratio ascetica),* und höheren Stufen, die allein durch Gottes liebendes Wirken hervorgerufen werden *(oratio infusa).* Der Übergang von einer zur anderen Stufe erfolgt nicht kontinuierlich, sondern es obliegt dem Gnadenwirken Gottes und der menschlichen Mitwirkung, wie und auf welche Weise Gott an jedem einzelnen handelt. Um jedes Mißverständnis in Bezug auf das geistliche Wachstum zu vermeiden, vergleicht die Heilige die geistliche Entwicklung mit dem Grundverständnis physischen Wachstums. „(...) die Seele wächst in diesem Leben, in dem wir stehen, nicht so wie der Leib, auch wenn wir sagen, daß sie das tut (...). Sobald aber ein Kind herangewachsen ist und einen großen Leib bekommen und schon die Gestalt eines Erwachsenen hat, wird es nicht wieder kleiner und einen kleinen Leib haben; bei der Seele möchte der Herr das sehr wohl" (Vida 15,12). So kann es sehr wohl sein, daß man nach den höchsten mystischen Gebetserfahrungen wieder zu den „ersten Gebetswaffen" zurückkehren muß. Weil Teresa aber selbst verschiedene mystische Gebetsweisen erlebte, widmet sie ihnen in ihren Gebetstraktaten besondere Aufmerksamkeit.

Die Gebetslehre der *Vida* (Vida 11–21)

Teresa entfaltet ihre Gebetslehre in der *Vida,* indem sie die verschiedenen Gebetsweisen anhand eines anschaulichen Gleichnisses erläutert. Sie kommt im Laufe ihrer Überlegungen immer wieder auf dieses Grundgleichnis mit Bildmotiven aus der Natur (Garten, Wasser, Blumen) zurück (vgl. Vida 11,7) und legt es im Hinblick darauf aus, was das Gebet für den Menschen bedeutet. Teresa vergleicht die Seele mit einem Garten, den man mittels der menschlichen Vermögen (= Gärtner) bewässern muß, damit die Tugenden (= Pflanzen) in ihm wachsen und blühen können. Das Wasser, mit dem der Garten getränkt wird, ist die Gnade. Die Bewässerung des Gartens kann auf vierfache Weise geschehen. Diese Bewässerungsformen ordnet Teresa den verschiedenen Gebetsweisen zu, die sich vor allem im Verhältnis von menschlichem und göttlichem Wirken und durch die Wirkungen, die sie zurücklassen, unterscheiden.

„Ich meine, daß man auf viererlei Weisen bewässern kann: Entweder, indem man Wasser aus einem Brunnen schöpft, was uns große Anstrengung kostet; oder mit Hilfe von Schöpfrad und Rohrleitungen, wo das Wasser mit einer Drehkurbel heraufgeholt wird – ich habe es selbst manchmal heraufgeholt: das ist weniger anstrengend als jene andere Art und fördert mehr Wasser –, oder aus einem Fluß oder Bach: Damit wird viel besser bewässert, weil die Erde besser mit Wasser durchtränkt wird und man nicht so oft bewässern muß, und es ist für den Gärtner viel weniger anstrengend; oder indem es stark regnet, dann bewässert der Herr ihn ohne jede Anstrengung unsererseits, und das ist unvergleichlich viel besser als alles, was gesagt wurde“ (Vida 11,7).

Brunnen

Die erste Bewässerungsart, die Teresa in *Vida* 11–13 schildert, verlangt vom Menschen sehr viel eigene Aktivität. Denn das Wasser muß in diesem Stadium mühsam aus dem Brunnen gefördert werden. Um die innere Hinwendung zu Gott zu vollziehen, muß also – analog gesprochen – derjenige, der mit dem inneren Gebet beginnt, alle seine Seelenvermögen, Verstand, Willen und Gedächtnis einsetzen und auf Gott ausrichten lernen. Das ist alles andere als einfach, sondern erfordert treue Einübung. Aus diesem Grund nennt man diese Gebetsweise auch *asketisches Gebet.* Mit Hilfe der Darstellung dieser Gebetsform vermag Teresa dem Leser vor Augen zu führen, bis zu welchem Punkt der Mensch durch eigene Anstrengung gelangen kann. Doch wie sieht dies praktisch aus? Voraussetzung ist der feste Entschluß, Christus auf dem Weg des inneren Betens nachzufolgen und ihm das Kreuz zu tragen. Dazu bedarf es viel Mut, die Bereitschaft zu leiden und den Glauben, daß alles zu unserem Wohl geschieht. Denn es macht am Anfang viel aus, ob man sich zu großen Dingen aufschwingt. Darin sieht die Heilige keine Vermessenheit oder falschen Idealismus, sondern der Glaube, dasselbe wie die Heiligen erreichen zu können, ist Ausdruck großen Gottvertrauens. Daher hält sie es für notwendig, am Anfang nicht zu kleine Wünsche zu hegen, sondern den Weg mit Gott in Freude, Zuversicht und Freiheit zu gehen.

Die ungewohnte Anstrengung besteht darin, in der Einsamkeit zu verweilen, auf die Sinneswahrnehmung nichts mehr zu geben, das eigene vergangene Leben zu überdenken und sich mit dem Leben Jesu Christi zu beschäftigen. Da bei dieser Tätigkeit vor allem der Verstand beansprucht wird (= Wasserschöpfen), kann die Ermüdung dieses Seelenvermögens negative Rückwirkungen haben: die Erfahrung von Trockenheit, Unlust, „Aufgebenwollen“, Niedergeschlagenheit, innerer Unruhe und Zerstreuung. Dennoch – so die Heilige – möge man sich nichts daraus machen, keine Andachtsgefühle zu empfinden. Man dürfe niemals versuchen, die eigenen Seelenvermögen zum Verstummen zu bringen, indem man zum Beispiel den Verstand nicht mehr gebrauche. Denn das mache nur dumm und gefühllos. Es sei Gottes Sache, den Verstand zu erheben. Habe dieser seine Tätigkeit eingestellt, nehme der Wille zu, so daß man bereit sei, viel für Gott zu tun, um ihn zu erfreuen. Man bediene sich nun nicht mehr vorformulierter Gebetstexte, sondern versuche, sich mit eigenen Worten an Gott zu wenden. Um ihn zufriedenzustellen und sich selbst immer mehr zu erkennen, solle man sich zu Beginn des inneren Betens nicht um die anderen kümmern. Denn eine große Gefahrenquelle für das geistliche Leben beruhe nach Teresa auf dem Schmerz über die Fehler der anderen und dem Wunsch, alle möchten geistliche Menschen sein. Diese aus dem Vergleich mit anderen entspringende Versuchung verursache große Unruhe und behindere das Gebet. Daher rät Teresa den Anfängern, sich zu bemühen, bei den anderen immer die Tugenden und die guten Dinge zu sehen, sich seine eigene Schuld bewußt zu machen und vor sich selbst und jeder Gelegenheit zu sündigen auf der Hut zu sein. „Der Herr fehlt uns nämlich nie und es liegt auch nicht an ihm, wir sind es, die es fehlen lassen und armselig sind“ (Vida 13,6). Weil das innere Beten am Anfang mit vielen Schwierigkeiten verbunden sei, so daß man es sofort wieder aufgeben wolle, sei es eine große Hilfe, wenn man einen geistlichen Lehrmeister finde, der einen korrigieren und im geistlichen Leben begleiten könne (vgl. Vida 13,3.16–19.). Denn je geistlicher man lebe, desto mehr bedürfe man des Rates (vgl. Vida 13,7). Bei der Wahl seines Ratgebers solle man kritisch sein und nicht nur darauf achten, daß er im geistlichen Leben erfahren sei, sondern auch daß er Klugheit und theologische Bildung besitze. Ja, so formuliert Teresa mit dem ihr eigenen Humor, man solle sich davor hüten, seinen Verstand einem zu unterwerfen, der keinen guten habe (vgl. Vida 13,19), und nicht von dem Bemühen um Selbsterkenntnis ablassen, weil darin der Weg bestehe, um im Gebet weiter voranzukommen.

Schöpfrad

Das Gebet der Ruhe (= 2. Bewässerungsart), das im Gleichnis durch die Bewässerung mit einem Schöpfrad umschrieben wird, zeichnet sich sowohl durch Phasen der Anstrengung als auch durch Phasen der Ruhe aus. Das Wasser sei näher und vermöge mit weniger Mühe herbeigeschafft zu werden. Aus diesem Grund könne der Gärtner einmal ausruhen. Auf das Gebet bezogen möchte Teresa damit zum Ausdruck bringen, daß es dem Menschen in diesem Stadium schon leichter fällt, die Seelenvermögen zu sammeln. Der Wille sei bei dieser Gebetsweise ganz mit Gott beschäftigt, und Verstand und Erinnerung hülfen ihm, Gott zu genießen. Teresa betont, daß man im Gebet der Ruhe zwar verstehe, daß Gott einen höre, aber weil diese geistlichen Erfahrungen noch völlig fremd und neu seien, wisse man nicht, was man erfahre noch woher es komme. Man verstehe sich vielmehr selbst nicht und wisse nicht, wie man sich am besten verhalten solle. Die Wahrnehmung von Gottes Gegenwart hinterlasse eine große innere Zufriedenheit und man habe den Eindruck, alles in seinem Innersten zu finden. Das erfülle einen mit tiefem Trost und äußere sich nicht selten in Freudentränen. Gott beginne, sich der Seele hier auf eine solche Weise mitzuteilen, daß sie durch die Erkenntnis des Ewigen vom Glück ganz überwältigt sei und sich nach nichts anderem mehr sehne. Teresa charakterisiert diese Gebetsweise vornehmlich durch die Vereinigung des Willens mit Gott. Sie sei wie ein Fünklein wahrer Liebe, das Gott in der Seele zu entzünden beginne, und man solle begreifen, was diese mit Wonne verbundene Liebe, die Ruhe und die Sammlung seien. Die Erkenntnis dieser Gnade als unverdientes Geschenk von Gottes Güte ermögliche es dem Beter, sich in dieser Zeit des Gebets richtig zu verhalten. Teresa rät aus eigener Erfahrung, es sei wichtig, in dieser Phase nicht mit vielen Worten zu beten, sondern mit Sanftheit vorzugehen – in dem festen Vertrauen, daß Gott einen erhöre. Die Betätigung des Verstandes sei hierbei nur hinderlich und führe zur Lauheit des Willens. Vielmehr solle die Willenskraft durch Liebeserweise geweckt werden, um das Fünklein weiter zu entfachen. Man solle hier nicht zu argumentieren suchen, sondern anerkennen, was man sei, und die Seele in Ruhe lassen.

Auch in diesem Stadium des Gebets könne eine Periode der Trockenheit eintreten, die dazu diene, das, was den Menschen am inneren Wachstum hindere und ihn von einer intensiveren Begegnung mit Gott trenne, zu beseitigen. Teresa umschreibt diesen geistlichen Prozeß, indem sie wiederum auf das Grundgleichnis des Gartens Bezug nimmt. „Es kommen für die Seele Zeiten, in denen die Erinnerung an diesen Garten weg ist: Dann sieht es aus, als sei alles verdorrt und als gebe es kein Wasser mehr, um ihn zu erhalten (…) . Da macht man große Not durch, denn der Herr möchte, daß der arme Gärtner den Eindruck hat, daß alles, was er auf den Erhalt und die Bewässerung des Gartens verwendet hat, umsonst war. Gerade dann aber wird das noch verbleibende Unkraut (…) wirklich ausgerottet und mit der Wurzel entfernt“ (Vida 14,9). Teresa möchte mit diesem Gleichnis zum Ausdruck bringen, daß gerade die Erfahrung der Trockenheit und des Unvermögens, sich Gott mit eigener Anstrengung zu nähern, den Beter demütig macht, indem sie ihn mit der Wahrheit seiner eigenen geschöpflichen Existenz konfrontiert. Indem Gott dem Menschen solche Erfahrungen und Mühen zumute, möchte er ihn auf eine neue Weise der Gottesbegegnung vorbereiten, aber ihn auch erkennen lassen, welche Gnade er ihm durch das Gebet der Ruhe bereits erwiesen habe. Am inneren Fortschritt, den der Mensch hier mache, zeige sich das Wirken des Heiligen Geistes. Richte man sich in Freude mit allen Gedanken auf Gott aus, bemühe man sich, aus allen Gebetserfahrungen demütig hervorzugehen, habe man eine große Sehnsucht nach Einsamkeit und danach, im Gebet Fortschritte zu machen, sei man auf einem guten Weg. Die Wirkungen dieser Gebetsweise machten deutlich, wie man sie beurteilen müsse: je größer die Gnade, desto tiefer die Erkenntnis, die Demut, die Hingabe, die vertrauensvolle Gottesfurcht und die Gottesliebe. Aber auch wenn es sich um eine Täuschung des Bösen handle, sei dies an den Wirkungen der Seele ersichtlich: Unruhe, keine Festigung in der Wahrheit, keine Klarheit der Erkenntnis, keine Demut. Teresa bedauert sehr, daß zwar viele bis zu dieser Erfahrung der Gegenwart Gottes vordrängen, aber dann im Gebetsleben nicht weiterkämen, weil sie nicht richtig darauf zu antworten vermöchten oder die ihnen geschenkte Gnade nicht verstünden. Sie möchte durch die Beschreibung ihrer eigenen Erfahrungen gerade jenen Mut machen, die den Weg des inneren Betens wegen der Schwierigkeiten wieder aufgegeben haben. Allerdings vermag der normale Leser ohne Erfahrung Teresa nur bis zu dieser Gebetsweise, in der das menschliche Verhalten dominiert, zu folgen. Denn die Möglichkeit des inneren Nachvollzugs ist bei der Beschreibung der beiden weiteren Gebetsweisen nicht gegeben, wenn man sie nicht selbst erlebt hat. Das Wirken Gottes bestimmt nun das Gebet, alles menschliche Bemühen tritt zurück.

Fluß

Bei der dritten Bewässerungsart, dem Fluß oder der Quelle, die den Garten der Seele tränken, übernimmt Gott selbst die Funktion des Gärtners (= Seelenvermögen). Er möchte, daß sich die Seele während des Gebetes völlig ausruht und sich von den Früchten des Gartens ernährt. Teresa hier zu verstehen ist nicht ganz einfach, weil sie sich wiederum einer Bildsprache bedient, um ihre Erfahrungen begrifflich zu fassen. Die Gottesbeziehung hat in diesem Stadium des Gebets eine solche Intensität angenommen, daß die Vermögen der Seele sich nur noch mit Gott beschäftigen können. Dieser „Zustand" wird wie ein Schlaf der Vermögen erlebt, indem man sich zufrieden und voller Glück erfährt. Die Seele wisse nicht, was sie tun solle, denn sie erfahre sich wie außer Sinnen und berauscht von Liebe. Aber dieses Erlebnis bedeutet immer noch keine vollständige Gotteinung der Seelenvermögen, sondern ihre rezeptive Fähigkeit bleibt bestehen und ist ganz von Gott ergriffen. Aus diesem Grund werde der Mensch, der diese Nähe Gottes erlebe, zum Lobpreis angeregt. Teresa umschreibt die Erfahrung dieser Gnade auch als „heilige Verrücktheit", in der sich der Mensch restlos Gottes Wirken ausliefert. Daher wird diese Gebetserfahrung mit dem Prozeß der Agonie verglichen. Das Erlebnis der Gotteserfahrung sei so überwältigend, daß man die Befreiung von allen Bindungen ersehne, die den dauerhaften Genuß Gottes verhinderten. Die Wirkungen, die diese Gebetsweise in der Seele hinterläßt, sind nach Ansicht der Heiligen vor allem durch ein inneres Wachstum der Tugenden und des Gnadenlebens erkennbar. „Sie sieht, daß sie eine andere geworden ist, doch weiß sie nicht, wie" (Vgl. Vida 17,3). Auch die Demut und die Gotteinung der Seelenvermögen seien in diesem Stadium größer als in den bisherigen, vor allem aber seien die Seelenvermögen in der Lage, Gottes Wirken zu erkennen.

Regen

Die Erkenntnis von Gottes Wirken in der Seele ist bei der Gebetsweise, die Teresa im Anschluß an die dritte Bewässerungsart ausführt, nicht mehr möglich. Denn die Seele nimmt nichts mehr wahr, sondern lebt ganz im Genuß Gottes, weil sowohl Gedächtnis als auch Verstand und Wille mit Gott geeint sind. Zwar vermag Teresa die Auswirkungen dieses Gebetes zu beschreiben, aber sie gibt deutlich zu verstehen, daß sie noch nicht in der Lage ist, die verschiedenen mystischen Phänomene, die in diesem Stadium auftreten, differenziert zu betrachten. Dies ist ihr erst einige Jahre später bei der Abfassung der *Inneren Burg* möglich, nachdem sie zur Höhe des mystischen Lebens, der „mystischen Hochzeit", gelangt ist. In der *Vida* weist sie darauf hin, daß die jeweiligen mystischen Phänomene Ausdruck eines bestimmten Gnadenwirkens Gottes *in* der Gotteinung sind (vgl. Vida 18,7). Zur Verdeutlichung dieses Gedankenganges greift die Heilige auf das Bild des Feuers zurück: „Ein kleines Feuer ist ebenso gut ein Feuer wie ein großes, und doch nimmt man sehr wohl den Unterschied zwischen beiden wahr" (Vida 18,7). Das Feuer symbolisiert die Gotteinung, die unterschiedliche Intensitätsgrade und Formen annehmen kann wie Erhebung des Geistes, Geistesflug, Entrükkung u. a. (vgl. S. 179–182). Teresa begreift diese Phase der Gotteinung also nicht statisch, sondern als einen inneren Prozeß, in den die ganze Person mit Leib, Seele und Geist eintritt. Im Gleichnis mit den verschiedenen Bewässerungsarten des Gartens entspricht diese Gebetsweise dem Regen, mit dem Gott den Garten der Seele tränkt. Wie in der Natur der Regen die effektivste und einfachste Weise der Bewässerung ist, gilt dies analog von der Gotteinung. Die Gnadeneinwirkung ist so stark, daß ein deutlicher Fortschritt im geistlichen Leben ersichtlich wird. Doch das Wirken Gottes während der Gotteinung zu beschreiben, entzieht sich nach Teresa der menschlichen Erkenntnis- und Ausdrucksfähigkeit, da „das, was dort vor sich geht, so dunkel ist" (Vida 18,14). Es ist ein Verstehen im Nichtverstehen. Nach Ansicht der Heiligen entspricht die Erfahrung des Apostels Paulus „Nicht mehr ich lebe, sondern Christus lebt in mir" genau dem Phänomen der Gotteinung, in dem die Seele das Empfinden hat zu sterben. Teresa beschreibt sehr eindrücklich, wie sich die mystischen Phänomene auf den Leib, mehr noch auf die Sinne und die Seelenvermögen auswirken: „Während die Seele noch auf ihrer Suche nach Gott ist, fühlt sie mit größter, zärtlicher Beseligung, wie sie fast ganz ohnmächtig wird in einer Art Schwächeanfall, bei dem ihr der Atem stockt und alle Körperkräfte schwinden, so daß sie nicht einmal die Hände bewegen kann, es sei denn mit viel Schmerz. Es fallen ihr die Augen zu, ohne sie schließen zu wollen, oder falls sie sie doch offen hält, sieht sie fast nichts, noch gelingt es ihr, wenn sie liest, ein Wort auszusprechen, ja sie schafft es kaum, eines richtig zu erkennen. (…) Sie hört zwar, begreift aber nicht, was sie hört. So nützen ihr die Sinne nichts, es sei denn, um sie nicht vollends in Ruhe zu lassen; also schaden sie ihr eher. Sprechen ist vergeblich, denn es gelingt ihr nicht, ein Wort zu bilden, und wenn es ihr gelingt, fehlt ihr die Kraft, es auszusprechen. Es geht nämlich alle äußere Kraft verloren, während sie in der Seele zunimmt" (Vida 18,10). Zwar füge diese Gebetsweise dem Leib keinen Schaden zu, da sie nur kurze Zeit andauere, aber sie hinterlasse eine tiefe Sehnsucht nach dem Tod, um des erfahrenen Glücks beständig teilhaftig zu werden. Die Seele möchte nichts mehr außer ihren Gott, sie möchte ihn „ganz und gar und weiß doch nicht, was sie da möchte“ (Vida 20,11). Diese Sehnsucht werde als ein beglückender geistiger Schmerz erfahren, weil auf die Gotteinung innere Not und Einsamkeit folgten. Selbst die normalen Dinge des Alltags wie Essen und Schlafen fielen ihr schwer. Denn die starke Gottesliebe, die sie erfaßt habe, sei wie ein beständiges Martyrium.

Je nachdem welche Form die Gotteinung annehme, vermöge der Mensch nicht, sich dagegen zur Wehr zu setzen. So werde er zum Beispiel bei der Verzückung ganz plötzlich bei vollem Bewußtsein fortgetragen, ohne zu wissen, wohin. Durch diese Erfahrung des „Ausgeliefertseins“ wüchsen die Demut und die Erkenntnis der Nichtigkeit der Welt. Vor allem erlange die Seele durch die innige Verbindung mit Gott innere Freiheit und Souveränität und erstarke in den Tugenden, vor allem in der Liebe und in der Demut.

Diese Gebetsweise ist für den Menschen eine große Gnade, weil sie das Denken daran gewöhnt zu verstehen, was wirklich Wahrheit ist. Teresas Verständnis des mystischen Gebets ist sehr ausgewogen. Sie leugnet nicht seinen Wert für das Wachstum des geistlichen Lebens, aber sie betont auch, daß es allein in Gottes Ratschluß liege, wem er auf diese Weise begegnen wolle. Man dürfe das Wasser der Gnade zwar erbitten, aber wenn der Regen ausbleibe, solle man immer wieder zu den anderen Formen der Bewässerung zurückkehren (vgl. Vida 18,9). Das ist ein wichtiges Grundprinzip der Gebetslehre der Heiligen. Auf diese Weise macht Teresa sehr deutlich, daß die einzelnen Gebetsweisen nicht chronologisch aufeinanderfolgen, sondern daß sie Ausdruck des Gnadenwirkens Gottes und der menschlichen Gottesbeziehung sind. Teresa steht den mystischen Phänomenen daher nicht grundsätzlich skeptisch gegenüber, sondern betrachtet sie, wenn die positiven Wirkungen eintreten, als eine Gnade, die einem erwiesen wird, um in der Gottesliebe zu wachsen.

Die Gebetslehre der Inneren Burg

Die Seele ist berufen, in ihr Inneres einzutreten

In der *Inneren Burg* (siehe S. 116), dem reifsten Werk der Heiligen, das fünf Jahre vor ihrem Tod fertiggestellt wurde, hat Teresa in mancherlei Hinsicht eine Modifikation ihrer Gebetslehre vorgenommen und diese in den größeren Zusammenhang des geistlichen Lebens gestellt. Wie der Titel *Innere Burg (Castillo interior)* oder *Wohnungen (Moradas)* zum Ausdruck bringt, hat Teresa das Bildmotiv zur Darstellung der Gebetslehre gegenüber der *Vida* verändert. Sie vergleicht die Seele nun nicht mehr mit einem Garten, sondern mit einer Burg aus Kristall, die aus vielen verschiedenen Wohnungen besteht und in deren innerstem Zentrum Gott selbst gegenwärtig ist. Umstritten ist in der Forschung, woher Teresa dieses Bildmotiv entlehnt hat, ob sie Kenntnis der arabischen Mystik hatte, ob sie dieses Bild den Psalmen entnahm, die sie täglich rezitierte, oder ob sie sich von der mächtigen mittelalterlichen Befestigungsanlage ihrer Heimatstadt Ávila inspirieren ließ, deren Wehrmauern sie täglich vor Augen hatte. Die Burg in der Vielgestaltigkeit und Schönheit ihrer Gemächer ist für Teresa ein Spiegelbild für die unaussprechlichen Geheimnisse, denen der Mensch in seiner Seele begegnen kann, wenn er den Mut hat, sich auf die Reise in sein Innerstes zu begeben. Das Bildmotiv der Burg mit den verschiedenen Gemächern bestimmt auch die Gesamtgliederung und den Aufbau des Werkes. Entsprechend den verschiedenen Gebetsweisen besteht die *Innere Burg* aus sieben Wohnungen, die durch eine unterschiedliche Nähe zum Zentrum ausgezeichnet sind. Je näher der Mensch in sein Innerstes eindringt, desto schöner werden die Wohnungen, desto intensiver ist die Begegnung mit Gott, die jeweils in einer bestimmten Gebetsform ihren Ausdruck findet. Struktur und Prozeß des Gebetslebens sind dynamisch konzipiert. Es korrespondieren in der *Inneren Burg* ästhetisch-räumliche und funktional-lebendige Elemente. Gemäß dem mystagogischen und pädagogischen Anliegen der Heiligen soll der Mensch sich bemühen, in das Innerste seiner selbst zu gelangen und sein Leben so zu gestalten, daß einer Gottesbegegnung von seiten des Menschen nichts im Wege steht. Denn es gibt nach Teresa kein wahres Gebet ohne Kohärenz mit dem konkreten Leben. Der Zugang zum Verständnis der *Inneren Burg* wird durch den überwiegenden Gebrauch von asketischem und mystischem Vokabular und durch die reiche Bildersprache erschwert, die Teresa zur Umschreibung der innersten Wohnungen gebraucht. Hinter dieser Vorgehensweise der Heiligen steht die Erfahrung, daß das Mysterium Gottes sich jedem Verständnis (im Sinne von *comprehensio)* entzieht und daher nicht mit abstrakter Terminologie erklärt werden kann. Die Verwendung der vielgestaltigen Symbol- und Bildsprache ermöglicht eine Annäherung an das Mysterium des Wirkens Gottes in der Seele des Menschen. Man muß daher lernen, in diesen Bildern zu denken, um die Bedeutung der einzelnen Aussagen verstehen zu können.

Comprehensio (lat: etwas durch und durch begreifen): Form der Erkenntnis, die aufgrund des unendlichen „Erkenntnisgegenstandes“ Gottes *in statu viae* unmöglich ist.

Teresa wendet sich mit ihrem Werk vor allem an Menschen, die im Gebetsleben schon weit fortgeschritten sind. Aus diesem Grund fällt die Darstellung der *meditatio,* in der die Eigenaktivität des Menschen im Vordergrund steht (I–III Moradas), sehr kurz aus. Mit ihren unterschiedlichen Gestalten beschäftigt sich die Heilige in den ersten drei Wohnungen der *Inneren Burg.* Etwa zwei Drittel des Werkes widmet sie der Einführung in die mystischen Gebetsweisen der *contemplatio* (V–VII Moradas), in denen Gottes Wirken dominiert. Der in den letzten drei Wohnungen der *Inneren Burg* beschriebene Prozeß der Einigung der menschlichen Seele mit Gott beginnt in der fünften Wohnung, erreicht in der sechsten Wohnung ekstatische Dimensionen und wird in der siebten Wohnung, der mystischen Hochzeit, vollendet. Die wunderbare Erwählung des Menschen durch Gott und die Kenntnis seiner endgültigen Bestimmung sollen Mut machen, das Wagnis dieser Reise ins eigene Innere anzutreten. Im Vergleich mit der *Vida* fällt auf, daß Teresa die erste Bewässerungsart (vgl. S. 161) in drei verschiedene Wohnungen untergliedert hat, weil sie eine feinere Beschreibung des Anfangsstadiums vornehmen wollte. Die zweite und dritte Bewässerungsweise im Gebetstraktat der *Vida* hat sie in der *Inneren Burg* in der vierten Wohnung zusammengefaßt. Diese Wohnung gilt als ein Übergangsstadium zwischen dem Gebet der Sammlung und dem mystischen Gebet der Ruhe. In ihr treten sowohl natürliche und asketische als auch übernatürliche und mystische Elemente auf. Teresa war im Gebrauch ihrer Nomenklatur nicht immer konsequent. Dies muß man insbesondere bei der Betrachtung der vierten Wohnung berücksichtigen. Gebet der Sammlung *(recogimiento)* bedeutet in diesem Kontext bereits eine Form des eingegossenen, das heißt gnadenhaft gewirkten übernatürlichen Gebetes, während dieser Terminus in der *Vida* für die Gebetsweise gebraucht wird, die sie bei der zweiten Bewässerungsart der *Vida* schildert. Auch im *Camino* wird der Begriff wie in der *Vida* verwendet. Eine wesentliche inhaltliche Veränderung tritt auch in der Beurteilung der mystischen Gebetsweise, der *contemplatio,* ein, die Teresa in der vierten Bewässerungsweise des Gebetstraktates der *Vida* erklärt hatte. Der dort charakterisierte Prozeß der Einigung der Seele mit Gott erfährt in der fünften bis siebten Wohnung der *Inneren Burg* eine deutlichere Ausdifferenzierung, die ihr zum Zeitpunkt der Abfassung der *Vida* mangels persönlicher Erfahrung nicht möglich war.

Die Darstellung der einzelnen Gebetsweisen und der ihr entsprechenden Wohnungen darf – wie bereits in der *Vida* – nicht zum Trugschluß einer kontinuierlichen Entwicklung des Gebetslebens verleiten. Ausgangspunkt von Teresas Gebetslehre ist ihre eigene Erfahrung im Umgang mit Gott im Gebet, die zum Zeitpunkt der Abfassung der *Inneren Burg* ihren Höhepunkt erreicht hatte. Die Intention der Heiligen besteht darin, den Leser in den einzelnen Gebetsformen und ihren Wirkungen auf die Seele zu unterweisen. Auf diese Weise sollen Kriterien vermittelt werden, mit deren Hilfe man zu unterscheiden vermag, ob man wirklich betet, ob man einer Selbsttäuschung erliegt oder ob man gar vom Satan getäuscht wurde.

Wie begegnet man Gott? Ist man auf dem richtigen Weg? Wie und woran merkt man, daß man sich nicht getäuscht hat? Wie kann man zur Selbsterkenntnis gelangen? Woran nimmt man das Wirken des Heiligen Geistes wahr? Die Tradition der Kirche, insbesondere der geistlichen Theologie, ordnet diesen Fragenkomplex der Lehre von der Unterscheidung der Geister zu. Die *discretio spirituum* ist eine Grundtugend des alten Mönchtums und wird in der Regel des Karmel als Fundament menschlichen Handelns umschrieben (vgl. Karmelregel, Kap. 18) Gemeint ist die Befähigung zur differenzierten Beurteilung der persönlichen Regungen, Empfindungen, Gedanken und Handlungen im Hinblick auf ihren Ursprung. Ist etwas von Gottes Geist gewirkt oder nicht? In besonderem Maße wird jeder, der im Gebet Erfahrungen macht, die er nicht verstehen oder einordnen kann, vor die Frage nach dem Ursprung dieser Erfahrungen gestellt. Begegnet man Gott oder unterliegt man einer Täuschung? Für Teresa war dies eine existentielle Frage, unter deren mangelnder Beantwortung sie viele Jahre zu leiden hatte. Die innere Not, die sie durchmachte, weil sie ihre eigenen mystischen Erfahrungen nicht verstehen, erklären und beurteilen konnte und das Fehlen eines kompetenten Seelenführers oder geistlichen Begleiters mögen den biographisch fundierten Anstoß gegeben haben, daß sie dieses Buch niederschrieb. Sie wollte auf diese Weise anderen ein Beurteilungskriterium für mystische Gebetsweisen und ihre Wirkungen auf die Seele übermitteln. Es empfiehlt sich aus diesem Grund, die *Innere Burg* als Lehre der Unterscheidung der Geister im Hinblick auf das Gebet zu betrachten. Dies ist ein Schlüssel, der das Verständnis dieses Werkes erleichtert. Sowohl für Menschen, die mit mystischen Gebetsweisen beschenkt werden, als auch für Menschen, die andere im geistlichen Leben begleiten, kann die *Innere Burg* eine gute Orientierungshilfe sein. Selbst wenn Teresa primär ihre Mitschwestern vor Augen hatte, so möchte sie in der *Inneren Burg* doch jedem Mut machen, Gott in seinem Innersten zu suchen.

Das schwarze Tuch – die erste Wohnung

Die Türen, durch die man in das Innerste seiner Seele gelangt, sind nach Teresa das Gebet und die Betrachtung. Diese seien für den Anfänger im Gebetsleben sehr beschwerlich, da er die Schönheit seiner Seele und vor allem die Schönheit Gottes noch nicht wahrzunehmen vermöge. Er gleiche einem Taubstummen, der erst von seiner Krankheit geheilt werden müsse, um Gottes Stimme im Inneren zu vernehmen und mit ihm sprechen zu können. Ursache für diesen Zustand des Menschen sei seine Verstrickung in die Todsünde. Um die Folgen der Sünde für die Seele zu illustrieren, greift Teresa zum Bild des Kristalls. Werde der Kristall mit einem schwarzen Tuch bedeckt, so könne er die Sonne, die ihn bescheine, nicht reflektieren. Seine eigentliche Schönheit bleibe verborgen. Genauso ergehe es der Seele, die so gesündigt habe, daß Gottes Licht ihr Inneres nicht mehr erreichen könne. Habe der Mensch einmal die Dimension der Sünde und ihrer Folgen ermessen, werde er von einer großen Furcht erfaßt, Gott durch Sünden zu beleidigen, da er erkenne, daß er alles Gute von Gott empfangen habe. Nach Teresa ist in diesem Stadium das rechte Maß zwischen der Betrachtung der eigenen sündhaften Disposition und der Betrachtung des Wesens Gottes entscheidend, um im Gebet Fortschritte zu machen. Um nicht mutlos zu werden, sei es wichtig, seine Augen allein auf Gott zu richten, sich mit allen Kräften um Demut zu bemühen und ihn und alle Heiligen um Hilfe anzuflehen. Dies sei insofern von Bedeutung, als die Kräfte der Seele im Anfangsstadium noch schwach seien und der Mensch von seiten des Satans stark angefochten werde, damit er nicht weiter in sein Inneres eindringe. Teresa beschreibt die Wirkweise Satans und der Dämonen in diesem Stadium mit ausgesprochenem Feingefühl: Satan wirke wie eine lautlose Feile. Alles ziele darauf ab zu verhindern, daß der Mensch zur Selbsterkenntnis gelange. Der Widersacher versuche, die Liebe zu Gott und zum Nächsten zum Erkalten zu bringen, indem er die Konzentration auf die Beobachtung der Fehler und Schwächen anderer zu lenken versuche. Daher schaue man nur auf sich selbst und auf Gott. Denn je näher man bei Gott weile, desto wirkungsloser würden die Angriffe des Satans. Aber anfangs seien die Gebundenheit an die Welt und ihre Vorzüge noch so stark, daß man sich der Schönheit im eigenen Inneren nicht erfreuen könne. Um sich Gott weiter annähern zu können, müsse man alle Hindernisse beseitigen und sich bemühen, in innerer wie äußerer Hinsicht seine Freiheit wiederzuerlangen und das schwarze Tuch vom Kristall zu entfernen.

Kampf der Dämonen – die zweite Wohnung

Nachdem man in der ersten Wohnung eine gewisse geistliche Sensibilität entwickelt habe, müsse man nun der ungeordneten Dynamik der Sünde Widerstand leisten. Man müsse eine radikale Option für Gott treffen, da man in diesem Stadium in besonderer Gefahr schwebe. Teresa begründet die Bedrohung mit der fehlenden Entschlossenheit der Seele für das Gute und der weiterhin bestehenden Gelegenheiten zum Sündigen. Aufgrund der gewonnen Einsicht in diese Gefahr und der Hoffnung, weiter ins eigene Innere vordringen zu dürfen, habe die Seele in der zweiten Wohnung viele Anstrengungen zu erdulden. Nach Teresa unterscheidet sich diese Gebetsweise darin vom Anfang, daß man auf Gottes Wort zu hören verstehe und es betrachte *(meditatio).* Aber man sei noch nicht frei von den weltlichen Verstrickungen. Da Gott nicht aufhöre, die Seele in seiner Liebe durch Worte von guten Menschen, durch Gebete, durch Lektüre guter Bücher, durch Krankheiten anzusprechen, empfinde sie tiefes Leid, wenn sie nicht tue, was ihr geboten werde. Dies resultiere unter anderem daraus, daß ihre Geisteskräfte schon so lebendig seien, daß sie die Täuschungen Satans mit Hilfe des Verstandes erkenne und versuche, mit allen Kräften gegen ihn anzugehen. Das Gedächtnis erinnere sie an die Vergänglichkeit aller Dinge, und der Wille werde durch die Erkenntnis, daß es keinen besseren Freund als Gott gebe, zur Liebe bewegt. Der einzige Weg, um in diesem Kampf zu bestehen und um in die nächste Wohnung einzutreten, bestehe in der Erkenntnis, daß man sich vom Bösen endgültig trennen müsse. Eine große Hilfe in der Bestärkung dieses Vorsatzes besteht nach Teresa im Umgang mit gleichgesinnten, betenden Menschen. Man dürfe am Anfang keine Annehmlichkeiten erwarten, da der menschliche Wille noch nicht in Einklang mit dem göttlichen Willen stehe. Diese Erwartung sei ein völlig ungebührliches Verhalten Gott gegenüber. Teresa weiß die Fehler der Anfänger genau zu charakterisieren und hat tiefes Verständnis für ihre Sehnsucht nach geistlicher Tröstung. Aber sie möchte, daß das Gebetsleben auf einem festen Fundament errichtet wird, damit man Gott in seinem Inneren begegnen kann. Daher rät sie, auf Gott zu vertrauen, da er wisse, wessen man bedürfe, sich zu entschließen, Gottes Willen zu tun, das Kreuz Christi mit Zuversicht zu umfassen, um für ihn zu leiden, und sein eigenes Versagen immer neu der Barmherzigkeit Gottes anzuvertrauen. Doch in all diesen Kämpfen müsse man mit großer Sanftmut vorgehen, um die Beharrlichkeit zu erlangen und die Sehnsucht zu entfachen, Gott immer näherzukommen. Jede Form von Maßlosigkeit und Rigorismus sei eine Versuchung, um den Menschen so zu schwächen, daß er wieder vom Weg des Gebets abkomme.

Reinheit des Herzens – die dritte Wohnung

Nach Angaben der Heiligen gelinge es jedoch sehr vielen Menschen, auf dem Weg des Gebets bis in die dritte Wohnung zu gelangen, in der der Sieg über die inneren Kämpfe erlangt werden könne. Teresa charakterisiert diejenigen, die bis in dieses Gemach gelangt sind, als Menschen, die um die Reinheit des Gewissens bemüht sind und große Sehnsucht danach haben, Gott zu erfreuen. Daher hüteten sie sich vor jeder Sünde, übten sich in Werken der Nächstenliebe, der Buße und im Gebet der Sammlung. Auch gingen sie verantwortungsvoll mit ihrer Zeit um, führten ein maßvolles Leben, um Gott dienen zu können, und bemühten sich, mit Unterscheidungskraft vorzugehen. Ihre Vernunft sei klar in sich gefestigt, aber es fehle ihnen die Liebe, die Geduld und die Demut. Dies werde ersichtlich, wenn sie im Gebet keine Fortschritte machten, die Tür zum Eintritt in die Wohnungen des mystischen Gebetes verschlossen bliebe und sie mit Trockenheit, Langeweile und Lustlosigkeit konfrontiert würden. Diese Phase sei für Menschen, die die innere Disposition erlangt hätten, um bis in die letzten Wohnungen zu gelangen, eine sehr schwere Prüfung. Teresa weist in diesem Stadium auf die Bedeutung der absichtslosen Liebe hin. Man mühe sich, in der Erfahrung der Leere über den eigenen Schatten zu springen. „Kommt über die kleinen, dürftigen Werke hinaus; denn um Christen zu sein, müßt ihr das alles tun und noch viel mehr“ (III Moradas 1,6). Man dürfe nichts von Gott begehren, worauf man keinen Anspruch habe, sondern solle in Treue am inneren Beten festhalten. Keinesfalls dürfe man sich in der Zeit der Prüfung wieder den Dingen zuwenden, die man für Gott aufgegeben habe. Es gebe nämlich kein Heilmittel zum Trost gegen diese Erfahrung, sondern man könne sie nur in Geduld und Gottvertrauen aushalten. Halte man dieser Erfahrung stand, dürfe man einsehen, daß sie nur zur Erkenntnis des eigenen Unvermögens, der eigenen Fehler und der Barmherzigkeit Gottes führe. Die Kenntnis dieser geistlichen Zusammenhänge solle dazu befähigen, sich zur Zeit der Anfechtung richtig zu verhalten. Bereits kleine Dinge zeigten, ob man die eigenen Leidenschaften beherrsche und sich in allem dem Willen Gottes anheimgebe. Daher ermutigt Teresa jeden, sich nicht mit kleinen Schrittchen zu begnügen, sondern aus Liebe zu Gott alle Kraft zusammenzunehmen und alles in Gottes Hände zu legen. Denn nur solange man sich selbst Gott noch nicht hingegeben habe, sei der Weg mühsam und beschwerlich, weil alle Schwierigkeiten im Gebetsleben daraus resultierten, daß man immer den eigenen Willen tun wolle. Das einzige, was Gott in diesem Stadium vom Menschen erwarte, sei daher die Entschlossenheit, sich ihm ganz hinzugeben.

Glückserfahrungen in diesem Stadium seien die Ausnahme und sollten einen motivieren, nicht aufzugeben, sondern weiter ins Innere der Seele vorzudringen.

Der Übergang – die vierte Wohnung

Die vierte Wohnung markiert den entscheidenden Übergang vom Gebet der Sammlung *(meditatio),* das überwiegend durch die Eigenaktivität der menschlichen Vernunft bestimmt wird, zum Gebet der Ruhe *(contemplatio),* in dem Gottes gnadenhaftes Wirken in den Menschen einbricht.

Teresa hatte in den ersten drei Wohnungen die asketischen Bemühungen dargestellt, die den Menschen auf die Gotteserfahrungen im mystischen Gebet vorbereiten können. In der vierten Wohnung wird der Unterschied zwischen den Gebetsweisen durch die Unterscheidung ihrer Wirkungen sehr deutlich. Trete man in die vierte Wohnung ein, hätte die Trockenheit ein Ende, und man empfinde große Zufriedenheit und Freude am Beten. Im Ursprung dieser Empfindungen und ihrer Wirkung auf die Seele sieht Teresa ein Kriterium dafür gegeben, ob man bereits zum Gebet der Ruhe gelangt sei oder nicht. Diese Unterscheidung ist für das richtige Verhalten der Seelenkräfte beim Gebet maßgeblich. Zur Illustration des Unterschieds der beiden Gebetsweisen und ihrer Wirkungen greift die Heilige noch einmal auf das Symbol des Wassers zurück, das schon in der *Vida* als Symbol für die Gnade fungierte. Man müsse zwischen Freude *(contentos)* und Wonne *(gustos)* beim Gebet differenzieren.

Die Freude, die man im Gebet der inneren Sammlung erlange, gleiche dem Wasser in einem Brunnenbecken, das man aus großer Entfernung mittels Wasserleitungen gefüllt habe. Die umständliche Herleitung ist für Teresa ein Symbol für die Verstandestätigkeit in der *meditatio,* die den Verstand durch große Beanspruchung ermüde. Die Heilige umschreibt diesen inneren Vorgang bei der Betrachtung mit dem Ausdruck: „Gott in sich denken". Zwar wird diese Verstandestätigkeit in der *meditatio* von Teresa positiv bewertet, da Gott dem Menschen die Seelenkräfte gegeben habe, um mit ihnen zu arbeiten. Aber die Freude, die man im Gebet der Sammlung empfinde, entstamme der eigenen Natur, weil sie eine Frucht des persönlichen Bemühens sei und in Gott ende. Solange man mit der Vernunft und dem Wille agiere, sei keine Täuschung durch die eigene Imagination und den Satan möglich. Aber es sei wichtig zu berücksichtigen, daß der Ansturm der Gedanken beim Gebet nicht mit der Tätigkeit der Vernunft verwechselt werden dürfe.

Verspüre man eine große Wonne im Gebet, sei dies ein Zeichen dafür, daß Gott einem das Gebet der Ruhe zuteil werden lasse. Das Wonnegefühl habe im Unterschied zur Freude seinen Ursprung direkt aus Gott und werde von der Natur lediglich wahrgenommen. Um dieses Phänomen zu veranschaulichen, wählt Teresa das Symbol des Brunnenbeckens, das unmittelbar dort erbaut ist, wo das Wasser entspringt. Das Becken fülle sich lautlos und fließe direkt aus dem Quell des lebendigen Wassers, der

Gott selbst sei. Bei dieser Gebetsweise habe man das Gefühl, sanft in das Innere zurückgezogen zu werden. Man spüre einen großen Frieden in seinem Innern aufsteigen, der mit tiefer Ruhe und Süßigkeit in der Seele verbunden sei und alle Seelenkräfte durchströme, bis er zum Körper gelangt sei. Die Seelenvermögen seien in dieser Gebetsweise nicht alle mit Gott vereint. Allerdings nimmt Teresa an, daß zumindest der Wille mit dem Willen Gottes vereint sein müsse, weil er eine tiefe Ruhe in Gott gefunden habe. Wenn Gott auch der Vernunft in dieser Gebetsweise Ruhe schenken wolle, könne er sie anders beanspruchen, damit sie von ihrem Tun ablasse. Wenn die Seele bedenke, daß sie vor Gott stehe und wer dieser Gott sei, könne er sie mit dem Licht der Erkenntnis erfüllen. Nur wenn Gott die Seele an sich ziehe, könne man dem Denken Einhalt gebieten. Doch wie kann das geschehen? Teresa bemerkt in diesem Zusammenhang, daß es die Sehnsucht des Menschen nach Gott und nach der Trennung von Irdischem sei, die Gott dazu bewegen könne, sich dem Betenden auf diese Weise mitzuteilen. Allerdings wolle Gott darum gebeten werden, in seiner Gegenwart verweilen zu dürfen. Die wichtigste Vorbereitung bestehe darin, sich selbst zu vergessen und um Gottes Ehre und Verherrlichung bemüht zu sein. Vieles habe Gott dem Menschen überlassen, aber er habe sich vorbehalten zu entscheiden, wem er in dieser intensiven Weise begegnen wolle. Man könne daher nichts Besseres tun, als nicht nach diesem Gebet zu streben und sich um Demut zu bemühen, das heißt um die Anerkenntnis der Wahrheit der eigenen Existenz vor Gott. Man könne diese Gnade niemals verdienen, sondern sich nur durch die Sehnsucht nach dem Leiden und durch die Nachahmung Christi auf die Begegnung mit Gott vorbereiten. „Wir mühen uns vergeblich, wenn die Quelle uns das Wasser versagt" (IV Moradas 2,9). Ähnlich wie in der dritten Wohnung läßt sich anhand der Wirkungen des Gebets feststellen, ob es sich tatsächlich um eine Gnadengabe Gottes handelt, oder ob die Ursache in physischen oder psychischen Erkrankungen zu suchen ist.

Bestimmte Wirkungen des Gebets kehren in den einzelnen Wohnungen immer wieder, aber je intensiver, je mehr man sich Gott im Innersten der Seele nähert. Dies trifft sowohl auf das Gottvertrauen, die Sorge, Gott nicht zu kränken, die Bereitschaft etwas für Gott zu tun, als auch auf die wachsende Selbsterkenntnis zu. Insbesondere halte man sich für um so erbärmlicher, um so mehr man die Größe Gottes erkenne. Diese Erkenntnis resultiert aus einer großen Sensibilität für die Sünde und ihre Folgen, die aus der Einsicht in die unendlich große Distanz zwischen Gott und Mensch erwächst. War die Heilige Teresa denn wirklich ein so schlechter Mensch? Nein, aber durch die übermächtige Erfahrung der Liebe Gottes nahm sie selbst die kleinsten Unvollkommenheiten in neuen Dimensionen und Sinnzusammenhängen wahr. Denn die Liebe macht sehend. Gegenüber der dritten Wohnung habe der Mensch nun die Herrschaft über sich selbst erlangt und sei in den Tugenden erstarkt. Nun hänge alles von seiner Ausdauer und Beharrlichkeit im Guten ab. Der Mensch sei nämlich immer noch wie ein Kind, und Satan versuche alles, um ihn von diesem Weg wieder abzubringen, da er sehe, daß Gott dem Menschen besondere Liebe erweise.

Wenn die genannten Wirkungen im Gebet nicht aufträten, könne dies auf eine körperliche Schwäche hindeuten. Teresa rät daher den Betroffenen, genug zu schlafen, zu essen und Bußübungen einzuschränken, um körperliche Kraft zu schöpfen. Merke man, daß diese Phasen des Gebets lang andauerten, sei dies ein Anzeichen für Erschöpfungszustände, weil das Gebet der Ruhe normalerweise nur sehr kurz sei. Besonders Menschen, die sich von der Imagination leiten ließen, seien gefährdet, einer Täuschung zu obliegen, weil sie zu sehen glaubten, was sie dächten. In diesen Anführungen der Heiligen wird der lebenspraktische Bezug ihrer Gebetslehre besonders deutlich, da die Kenntnis der Unterscheidungskriterien dazu befähigt, die Gebetsweisen zu verstehen und sich richtig zu verhalten.

Überblick über die mystischen Gebetsphänomene

Bevor man in die Geheimnisse der innersten Wohnungen (V–VII Moradas) eindringen kann, muß man das Spezifikum der einzelnen mysti-

schen Phänomene kurz skizzieren, welche die *contemplatio* in diesen Wohnungen begleiten. Teresa erlebte fast alle möglichen mystischen Phänomene, vor allem Visionen, Ansprachen und Ekstasen. Aus diesem Grund ist sie in der Lage, die Wirkungen und Ausdrucksweisen dieser Phänomene auf den Leib und die Seele sehr feinfühlig unter Berücksichtigung des analogen Sprachgebrauchs zu charakterisieren.
Am häufigsten erlebte Teresa Visionen (siehe Randnote S. 43). Sie versteht darunter eine sichere, übernatürliche intuitive Wahrnehmung des Verstehens, die sich gleichsam durch den unmittelbaren Kontakt mit Gott und durch die menschliche Passivität vom Erkenntnisakt der Vernunft unterscheidet. Es handelt sich hierbei um eine sehr feine Form reiner Kontemplation, in der Gott den Menschen mit dem göttlichen Licht erleuchtet. Je nach ihrer Wirkung lassen sich drei Arten von Visionen unterscheiden: leibliche Visionen, die mit der sinnlichen Wahrnehmung aufgenommen werden, imaginative Visionen, die eine Gegenwart von Bildern und konkret differenzierbaren Formen beinhalten und mit den Augen der Seele wahrgenommen werden (innere Sinne) und intellektuelle Visionen, die eine unaussprechliche Form der Wahrnehmung sind, da man weder mit den leiblichen noch mit den inneren Augen der Seele etwas zu sehen vermag. Teresa gebraucht den Begriff „intellektuelle Vision" nicht, sondern spricht nur von „sehr viel erhabeneren Visionen". Sie kommen ausschließlich in der siebten Wohnung vor und zeichnen sich neben ihrer Unaussprechlichkeit durch eine größere Weise der menschlichen Passivität aus. Für Teresa sind die Visionen eine Quelle kostbaren Wissens über die höchsten Glaubensgeheimnisse, selbst wenn grundsätzlich alles Gegenstand dieser Visionen sein kann, wie die Seele, das Wirken des Bösen, die Heiligen, der Gott-Mensch Jesus Christus und vor allem Gott Vater, die Trinität und der Heilige Geist. Die mystische Erkenntnis, die einem durch diese übernatürliche Gebetsweise zuteil werde, erleuchte Dimensionen im Innersten der Seele, die dem Menschen kraft der eigenen Vernunft nicht zugänglich seien. Die Seele werde durch die Visionen dazu befähigt, auf die heiligmachende Gnade zu antworten. Die Wirkungen der Visionen beziehen sich sowohl auf den Leib als auch auf die Seele. Ruhe, Friede, Freu-

de, Stärke, Klarheit der Erkenntnis, Sehnsucht, nach Vollkommenheit, Trost, Zufriedenheit, Sammlung und die Sehnsucht, für Gott zu wirken, Demut und innere Sicherheit über den göttlichen Ursprung dieser Gnade zeichnen die Menschen aus, denen Gott auf diese geheimnisvolle Weise begegnen will. Der Sinn der Visionen besteht nach dem Urteil der Heiligen darin, im existentiell-lebenspraktischen, im intellektuell-noetischen und im affektiv-voluntativen Bereich zu einem innigeren Gottesverhältnis zu gelangen. Sie bewirkten größere Selbsterkenntnis und seien eine große Hilfe im Umgang mit den eigenen Problemen, den Mitmenschen und vor allem bezüglich der Erfüllung des Willens Gottes.

Noetisch: Adjektiv von *Noesis* (griech.): 1. Wahrnehmen und Begreifen; 2. Denkkraft, Verstand, Gemüt.

Die Visionen ließen sich aufgrund ihrer Wirkungen gut von Täuschungen Satans oder von Autosuggestionen unterscheiden, da die Seele sich ihnen gegenüber völlig passiv verhalte, diese Erfahrung aber niemals vergessen könne. Sie seien aber kein Zeichen von Heiligkeit und sollten daher auch nicht ersehnt werden. Sie dienten lediglich als Mittel zur Heiligung, da sie einen zum Wachstum in den Tugenden anspornten. Bei Teresa überwiegen imaginative und intellektuelle Visionen, nur in Fundaciones 20,7 wird von einer Mischform beider Arten von Visionen berichtet. Ähnlich wie bei den Visionen verhält es sich im Hinblick auf die Ansprachen (= Locutionen), die oft in Verbindung mit den Visionen auftreten. Sie haben die gleichen Wirkungen auf die Seele wie die Visionen. Teresa spricht von inneren Worten *(hablas interiores)* und Worten Gottes *(palabras de Dios)*. Auch gegenüber den Ansprachen verhält sich der Mensch eindeutig passiv: Gott ist es, der spricht, der Mensch hört, er formt nicht selbst Worte, die er hören möchte, sondern die übernatürliche Wahrnehmung tritt so plötzlich auf, daß man sich ihr nicht entziehen kann. Teresa unterscheidet auch bei den Locutionen verschiedene Arten wie körperliche, imaginativ-intellektuelle, intellektuell-imaginative und rein intellektuelle Ansprachen. Als konkrete Weise der Offenbarung ordneten sie sowohl das geistliche Leben als auch die äußeren Aktivitäten des Menschen.

Neben den Visionen und inneren Ansprachen waren es vor allem die verschiedensten Formen von Ekstasen, die Teresa im Alter von 40 bis 57 Jahren in großer Fülle widerfuhren. Diese mystischen Phänomene, von denen auch in der Heiligen Schrift berichtet wird (vgl. 2 Kor 12,2.4; VI Moradas 4,6.7), schildert Teresa in den meisten ihrer Werke (vgl. Vida 18–21 und 24; Relaciones 5,7–15; Camino 32,12; Conceptos 6–7; Fundaciones 4–5; VI Moradas 4–6). Der Begriff Ekstase ist für Teresa von Ávila ein Oberbegriff für alle ekstatischen Phänomene. Das Seelenvermögen, das von der Ekstase betroffen ist, ist für die konkrete differenzierte Bezeichnung des mystischen Phänomens ausschlaggebend. Teresa unterscheidet zwischen einer süßen und lieblichen Verzückung, die einem langsamen Sterben für äußere Dinge gleicht, einem heftigen Entrissenwerden des Geistes, das mit der Erkenntnis des göttlichen Wirkens im Inneren der Seele verbunden ist, einer Aufhebung aller Seelenkräfte und einem Flug des Geistes, der wie eine Trennung von Seele und Leib erfahren wird. Teresa kommt bei ihrer Schilderung immer wieder deutlich auf die Unzulänglichkeit der sprachlichen Ausdrucksmöglichkeiten zu sprechen, denn sie weiß nicht, wie sie die Vorgänge im Innersten der Seele benennen soll. Sie weist aber darauf hin, daß man sorgfältig zwischen dem kurzen Moment der ekstatischen Gnade und dem Weiterwirken der Gnade im eigenen Leben unterscheiden müsse. Auch seien die äußerlich sichtbaren Erscheinungsformen des ekstatischen Gebets eher sekundär (vgl. Vida 18,10). Von entscheidender Bedeutung sei eine vertiefte Erkenntnis des göttlichen Mysteriums. Die Ekstasen hätten eine große emotionale Rückwirkung und wollten den Menschen dazu bewegen, sich endgültig mit Gott zu vereinigen. Daher träten sie vor allem in der sechsten Wohnung auf, in der sich der Mensch auf die Vereinigung mit Gott im Innersten der Seele vorbereite.

Conceptos del amor de Dios, in: Obras Completas, Bd. 1, S. 1186–1238 (Kurztitel = **Conceptos**).

Das Gebet der Einigung

Die fünfte Wohnung – ein kurzer Blick

Voraussetzung für das Gebet der Einigung ist die völlige Hingabe des Menschen an Gott. Es wird dem Menschen in der fünften bis siebten Wohnung in unterschiedlicher Intensität geschenkt. Um das Wachstum dieses geistlichen Prozesses anzuzeigen, charakterisiert Teresa diese Gebetsweise unter Rückgriff auf die Entwicklung einer ehelichen Beziehung. Dem liebevollen Blick folgten die intensive Sehnsucht nach dem Geliebten, die Verlobung und schließlich die Hochzeit. In analoger Weise dient dieses menschliche Phänomen als Umschreibung für das göttliche Handeln am Menschen im Gebet der Einigung. In der fünften Wohnung gleicht das Gebet einem kurzen Blick oder Besuch des Geliebten. Einen kurzen Augenblick lang sei die Seele durch die Gewalt dieses Erlebens wie ohne Besinnung und könne weder denken, sehen, hören oder etwas verstehen. Es scheine, als wäre sie gestorben und aus der Welt geschieden. Sie sei Gott völlig ausgeliefert, damit er ihr die wahre Weisheit einprägen könne. Die Art, wie Gott sich im Innersten mit der Seele verbinde, bleibe ihr unvergeßlich. Um das Wirken Gottes zu verdeutlichen, vergleicht Teresa die menschliche Seele mit einem Stück Wachs, das weich und gefügig sein müsse, damit es geprägt werden könne. In der fünften Wohnung sei die Seele unablässig um die Übereinstimmung mit dem göttlichen Willen bemüht, aber noch nicht in der Vollkommenheit wie in den späteren Wohnungen. Der Augenblick dieses Gebets werde vom Menschen als ein Sterben erfahren. Wenn die Seele aus diesem Gebet erwache, sei sie völlig verändert, sie kenne sich selbst nicht mehr und empfinde eine tiefe Sehnsucht, für Gott zu sterben, ihn zu preisen, für ihn zu leiden, eine tiefe Sehnsucht nach Einsamkeit und Buße, eine Sehnsucht danach, daß alle Gott erkennen mögen, und einen großen Schmerz über die Sünde.

Die Sehnsucht als Frucht dieses Gebetes nimmt mit dem Maß der Vereinigung mit Gott im Gebet zu. Um den geistlichen Umformungsprozeß, den die Seele an sich erfährt, zu veranschaulichen, greift Teresa auf das Bild der Seidenraupe zurück: Sie webe einen Kokon, verpuppe sich und sterbe, um in einen Schmetterling verwandelt zu werden. In ähnlicher Weise müsse die Seele mit der Hilfe des Heiligen Geistes, den Sakramenten der Kirche, den Tugenden das Haus errichten, das Christus selbst sei. Wie die Raupe sterben müsse, um ihre Bestimmung zu erreichen, so müsse auch der alte Mensch in der fünften Wohnung in die Sterbephase eintreten und sterben, um Gott zu schauen und mit ihm vereinigt zu werden. Die einzige Voraussetzung, um zu dieser Vereinigung zu gelangen, sei der Gehorsam gegenüber dem Willen Gottes. Da der Seele nun Flügel gewachsen seien, vermöge sie nichts mehr auf Erden zu befriedigen. Habe die Seele Gottes Liebe einmal auf so geheimnisvolle Weise erfahren, sehne sie sich immer stärker nach der Endgültigkeit dieser Erfahrung. Die Liebe dränge sie, nichts anderes zu wünschen, als daß Gott mit ihr mache, was Er wolle. Sein Wille aber sei, daß alle vollendet seien in der Einheit. Die Vereinigung in dieser Wohnung bestehe aus gegenseitigen Besuchen, in denen man prüfe, ob man zueinander passe und ob man die Verlobung wolle. Die Seele sei sich im klaren darüber und strebe nun mit allergrößter Entschlossenheit danach, Gott Freude zu bereiten, indem sie sich um die Erfüllung seines Willens mühe. Auf geheimnisvolle Weise sehe die Seele für einen kurzen Augenblick, wer ihr Bräutigam sei. Da die Verbindung bisher aber nur in einem einzigen Blick bestanden habe, müsse sie wachsam sein und jede Gelegenheit meiden, ihn zu beleidigen. Doch bestärke sein Anblick in ihr die Entschlossenheit, keinen anderen als Gemahl nehmen zu sollen.

Die mystische Verlobung

Wenn Gott es wolle, führe er die ihm so ergebene Seele in die sechste Wohnung, um sich mit ihr zu verloben. Teresa gebraucht den Begriff der mystischen Verlobung stets symbolisch. Er soll ein Zwischenstadium bezeichnen, das auf die geistliche Hochzeit, dem Gebet der vollkommenen Einigung in der siebten Wohnung, hin ausgerichtet ist. Die intensive geistliche Gesamtausrichtung des Menschen auf Gott erfährt in dieser Wohnung ein Wachstum in den theologalen Tugenden Glaube, Hoffnung und Liebe. Die Phase der geistlichen Verlobung läßt sich aufgrund der verschiedensten mystischen Begleitphänomene auch als ekstatische Gebetsweise charakterisieren. Diese mystischen Phänomene, die bereits kurz dargestellt wurden, vergleicht Teresa mit Juwelen, mit denen der Bräutigam beginne, seine Braut zu schmücken (vgl. VI Moradas 5,11). Dem Empfang der Kleinodien gehe normalerweise eine Etappe der Läuterung voraus, in der die Seele keinen Trost mehr empfinde, wenn sie bete. Sie finde im Inneren kein Gehör, verstehe selbst nicht, was sie bete, obwohl sie mündlich bete. Zum inneren Gebet sei sie völlig unfähig, da die Seelenvermögen nicht mehr die Bereitschaft für diese Gebetsweise hätten. Dieses Unvermögen zur *meditatio* begründet Teresa damit, daß die Seelen, die bereits die *contemplatio* erlangt hätten, Gott nicht mehr mittels der Vernunft und durch Betrachtung der Glaubensgeheimnisse suchen müßten. Denn habe die Seele Gott einmal gefunden und sei sie daran gewöhnt, ihn mit Hilfe des Willens zu suchen, wolle sie die Vernunft nicht mehr ermüden. Der Verzicht auf die Betätigung dieses Seelenvermögens sei aber erst in diesen letzten Wohnungen zulässig. Die mystische Verlobung ist nach Ansicht der Heiligen zutiefst im Glauben verwurzelt und wird von ihr als eine Art Verlängerung des Empfindens von Gottes Gegenwart beschrieben. Zur Veranschaulichung der Vorläufigkeit dieser Erfahrung greift Teresa erneut zu einem Vergleich: Das Gebet der Einigung gleiche im Stadium der geistlichen Verlobung zwei zusammengehaltenen Wachskerzen, die eine Flamme bildeten. Sie seien jederzeit wieder trennbar. Die Erfahrung der Trennung vom Geliebten nach dem kurzen Augenblick dieses Gebetes hinterlasse in der Seele einen tiefen Schmerz. Teresa weist darauf hin, daß die inneren geistig-geistlichen Leiden, die die Seele in diesem Stadium des Gebets durchzustehen hat, schlimmer seien als alle körperlichen Schmerzen. Denn durch die mystischen Erfahrungen der Liebeserweise, der Ansprachen, der Verzückungen, Geistesflüge, Ekstasen und Visionen steigere sich das Verlangen nach dem Tod ins Unermeßliche, da nur so die Sehnsucht, Gott zu schauen, endlich gestillt werde.

Die mystische Hochzeit

Tritt die Seele auf Gottes Anruf hin in die mystische Hochzeit ein, hat dieser Schmerz ein Ende. Im Gegenteil, sie möchte nun viel für ihren geliebten Gott leiden und ihm mit allen Kräften dienen. Teresa vergleicht die mystische Hochzeit mit dem Wasser, das vom Himmel in einen Fluß fällt. Man könne beides nicht mehr voneinander trennen. Dieses Bild solle die geheimnisvolle Vereinigung zwischen Gott und Mensch charakterisieren, die sich im allerinnersten Zentrum der Seele als eine rein intellektuelle Vision vollziehe. Gott weiche nun nicht mehr von der Seele, sondern werde von ihr beständig wahrgenommen, solange sie sich nicht bewußt von ihm abwende. Dieses Geschenk der göttlichen Liebe ist für Teresa ein Unterpfand der Gnade, die noch aussteht. Aber die Seele erlebt sich schon wie im Himmel, erfüllt von Freude und innerer Stärke, da sie beständig in Gottes Gegenwart leben darf. Diese Erfahrung wird in der siebten Wohnung von der Erkenntnis der Einwohnung der Allerheiligsten Dreifaltigkeit im Innersten der Seele begleitet, durch die Gott dem Menschen auf besondere Weise sein Wesen offenbart. Diese Vision übersteigt daher alle bisherigen mystischen Erlebnisse des Menschen und ruft in ihm zunächst Bestürzung, Verwirrung und Erschrecken, dann aber große Sicherheit über den göttlichen Ursprung dieser Gnade hervor. Teresa vergleicht die Erfahrung der bleibenden Gegenwart Gottes mit einem hellen Raum, den man gemeinsam mit anderen betrete. Stehe man plötzlich im Dunkeln, weil die Fenster geschlossen wurden, wisse man dennoch um die Gegenwart der anderen, auch wenn das Licht fehle, um sie zu sehen. Es liege nur in der Macht Gottes, die Fenster der Erkenntnis wieder zu öffnen. Das Gebet der Einigung hinterlasse in der Seele Gottvertrauen und Achtsamkeit, da sie erkenne, daß Gott ihr Leben sei. Im Gebet der mystischen Vereinigung werde die Hingabe des Menschen von Gott völlig angenommen und erwidert. Alle Bewegungen der Seelenkräfte und der Vorstellungskraft ruhten in Gott, sie verlören sich aber nicht, sondern würden mit tiefem Frieden erfüllt. Selbst wenn die Seelenkräfte nach dieser Vision wieder ihre Betätigung aufnähmen, so bliebe die Seele in diesem Frieden und sei völlig damit beschäftigt, für Gottes Ehre zu sorgen. Sie lebe nun völlig selbstvergessen, so daß es fast scheine, sie sei nicht mehr vorhanden. Die Furcht vor dem Tod sei verschwunden, da sie durch die intensive Gottesbegegnung völlig losgelöst sei von allen irdischen Bindungen. Der Unterschied zu allen anderen Wohnungen bestehe darin, daß der Mensch nun keine Trokkenheit und Unruhe mehr empfinde, sondern sich des Wirkens Gottes sicher sei, weil der Teufel keinen Zugang zum Innersten habe. Diese geheimnisvolle intellektuelle Vision vollziehe sich still und unscheinbar, da sich Gott und die Seele im großen Schweigen aneinander erfreuten. Alle ekstatischen Erfahrungen und Entrückungen hätten von dem Augenblick an, wo die Seele in diese Wohnung geführt werde, ein Ende. Die Erfahrung der Gegenwart Gottes lasse sie alle bisherigen Schwierigkeiten vergessen. Da die Wirkungen dieses Gebetes nicht immer andauerten, sei man manchmal noch plötzlichen Anfechtungen ausgesetzt, damit die Seele ihr eigenes Wesen nicht vergesse, demütig bleibe und erkenne, welch große Gnade sie Gott verdanke.

„Falls du nicht wissen solltest,
wo du mich finden könntest,
so lauf nicht hier- noch dorthin.
Wenn du mich finden wolltest,
mich suchen sollst in dir.
Du selbst ja mein Gemach bist,
mein Haus und meine Wohnung,
wo jederzeit ich anklopf',
Wenn ich in deinem Denken
die Tür verschlossen finde.
Sollst suchen mich nicht draußen,
um mich zu finden, reicht es,
mich einfach nur zu rufen,
zu dir ohn' Zögern komm' ich,
mich suchen sollst in dir"
(Poesias, 4, 1329 f.).

LESETIPS UND KURZTITEL

Los libros de la Madre Teresa de Iesus *fundadora de los monasterios de monjas y frayles Carmelitas descalços de la primera regla,* hrsg. von Luís de León, Salamanca 1588.

Teresa de Jesús, *Obras Completas,* hrsg. von Tomás Álvarez, 2 Bde, Burgos 13. Aufl. 2004 (Kurztitel = **Obras Completas**).

Inhalt Bd.1
Libro de la Vida (Buch des Lebens), S. 7–421 (Kurztitel =**Vida**).
Camino de Perfección (Weg der Vollkommenheit), S. 422–629 (Kurztitel = **Camino**), hier zitiert nach dem Codex von Valladolid im Unterschied zur Textfassung des Codex von El Escorial.
Castillo interior (Innere Burg), S. 630–835 (Kurztitel = **Moradas**).
Las Fundaciones (Die Gründungen), S. 836–1096 (Kurztitel = **Fundaciones**).
Las Relaciones (Die Gewissensberichte), S. 1097–1187 (Kurztitel = **Relaciones**).
Conceptos del amor de Dios (Betrachtungen über die Gottesliebe), S. 1188–1241 (Kurztitel = **Conceptos**).
Exclamaciones del alma a Dios (Ausrufe der Seele zu Gott), S. 1242–1270 (Kurztitel = **Exclamaciones**).
Constitutiones de 1567 (Konstitutionen von 1567), S. 1271–1300 (Kurztitel = **Constitutiones**).
Modo de visitar los conventos (Über das Visitationsverfahren der Konvente), S. 1301–1323 (Kurztitel = **Modo de visitar**).
Poesías (Gedichte), S. 1324–1363 (Kurztitel = **Poesías**).
Vejamen (Neckerei), S. 1364–1367 (Kurztitel = **Vejamen**).
Pensamientos, apuntes, memoriales (Gedanken) (Kurztitel = **Pensamientos**).
Avisos (Anweisungen), S. 1395 (Kurztitel = **Avisos**).

Inhalt Bd.2
Cartas 1–486 (Briefe) (Kurztitel = **Cartas**).
Diese Textausgabe ist im Internet verfügbar unter:
http://www.santateresadeÁvila.com

Teresa de Jesús, *Obras Completas,* hrsg. von Enrique Llamas u. Alberto Barrientos, Madrid 5. Aufl. 2000.
Teresa de Jesús, *Obras Completas,* hrsg. von Maximiliano Herráiz García, Salamanca 1997.
Santa Teresa de Jesús, *Libro de la vida: Autógrafo de la Biblioteca del Real Monasterio de San Lorenzo de El Escorial (Vitrina 26),* hrsg. von Tomás Álvarez, Burgos 1999.

Übersetzungen

TERESA VON ÁVILA, *Gesammelte Werke,* übertr. von Ulrich Dobhan u. Elisabeth Peeters, 2001 ff. Bereits erschienene Übertragungen dieser Werkausgabe:

– *Das Buch meines Lebens,* 3. Aufl, 2004.

– *Gedanken zum Hohenlied, Gedichte und kleinere Schriften,* 2004.

– *Weg der Vollkommenheit* (Codex von El Escorial) 2. Aufl. 2004.

Sämtliche Schriften der heiligen Theresia von Jesus, 6 Bde, übers. von Aloysius Alkofer, 1933 ff. Die Bde 3–4 beinhalten die bislang einzige zugängliche deutsche Übersetzung der Briefe der hl. Teresa von Ávila. Die Zählung der Briefe stimmt nicht mit der spanischen Edition überein, nach der in dieser Ausgabe zitiert wird.

Übertragungen einzelner Werke

TERESA VON ÁVILA, *Die Innere Burg,* übers. von Fritz Vogelsang, 1979/2006 (Kurztitel = **Moradas**).

TERESA VON ÁVILA, *Die Klostergründungen,* übers. von Antonio Sagardoy u. Anneliese Reiter, 1998 (Kurztitel = **Fundaciones**).

TERESA VON JESUS, *Weg der Vollkommenheit* (Codex von Valladolid), übers. von Mirjam Haab, 3. Aufl. 1998 (Kurztitel = **Camino**).

Hilfsmittel

TOMÁS ÁLVAREZ, *Diccionario de Santa Teresa. Doctrina e Historia,* Burgos 2002.

JUAN LUÍS ASTIGARRAGA, *Teresa de Jesús. Concordancias de los escritos de Santa Teresa de Jesús,* Rom 2000.

ANTONIO FORTES, *Léxico de Santa Teresa de Jesús,* Burgos 1997.

Quellen zu Teresa von Ávila

MARÍA DE SAN JOSÉ (SALAZAR), *Libro de Recreaciones,* in: *Escritos espirituales,* hrsg. von Simeón de la Sagrada Familia, Rom 1979.

FRANCISCO DE RIBERA, *La Vida de la Madre Teresa de Jesús, fundadora de las Descalças y Descalços, compuesta por el Doctor F. de R., de la Compañía de Jesús. Nueva edición, aumentada con una introducción, copiosas notas y apéndices,* hrsg. von Jaime Pons, Barcelona 1908.

DIEGO DE YEPES, *Vida, virtudes y milagros de la Bienaventurada Virgen Teresa de Jesús, madre y fundadora de la nueva reformación de la Orden de los Descalzos y Descal-*

zas de Nuestra Señora del Carmen / por Fr. Diego de Yepes, religioso de la Orden de S. Gerónymo, obispo de Tarazona y confesor del Rey de España D. Felipe II, y de la Santa Madre, Saragossa 1609.

Kanonisationsprozeß

Acta authentica Canonizationis Sanctae Virginis & Matris Theresiae à Jesv Fvndatricis Reformationis Ordinis Beatissimae Virginis Mariae de Monte Carmelo. In quibus Vita eiusdem Sanctae Virginis, Romani Iudicij rigidissima discussione auri instar probata, Wien 1628.

Procesos de Beatificación y Canonización de Santa Teresa de Jesús, hrsg. von Silverio de Santa Teresa, Burgos 1934 ff. (BMC 18–20).

Sonstige Dokumente

Bibliotheca Mística Carmelitana (Kurztitel = **BMC**), 31 Bde, Burgos 1915–2000 ff.

Bullarium Carmelitanum plures complectus summorum pontificum constitutiones, 2 Bde, hrsg. von Eliseo Monsignano, Rom 1715–1718 (Kurztitel = **Bullarium**).

Documenta Primigenia, 4 Bde, hrsg. vom Instituto Historico Teresiano, Rom 1973 ff. (Monumenta Historica Carmeli Teresiana [Kurztitel = **MHCT**] I–IV).

Jerónimo Gracián, *Peregrinación de Anastasio,* hrsg. von Juan Luís Astigarraga, Rom 2001 (MHCT IXX).

Verwendete Quellen

Alonso de Madrid, *Arte para servir a Dios,* hrsg. von Juan Bautista Gomis, Madrid 1948.

Bernarbé de Palma, *Via spiritus,* hrsg. von Teodoro H. Martín, Madrid 1998.

Bernardino de Laredo, *Subida del Monte Sión,* hrsg. von A. Alsonso González u. M. García Trascasas / B. Gutiérrez Rodilla, Madrid 2000.

Bartolomé Carranza de Miranda, *Commentarios sobre el Catecismo christiano,* hrsg. von José Ignacio Tellechea Idígoras, Madrid 1972.

Francisco de Osuna, *Abecedario espiritual,* hrsg. von Melquíades Andrés, Madrid 1972.

Hieronymus, *Epistulae,* hrsg. von Isidorus Hilberg, 3 Bde (Corpus Scriptorum Ecclesiasticorum Latinorum 54–56) 2. Aufl. 1996.

– ders., *Briefe,* übers. von Ludwig Schade, München 1936 f. (Bibliothek der Kirchenväter 16.18).

George Lawless, *Augustine of Hippo and his monastic Rule,* Oxford 1987.

Juan de Ávila, Obras completas del Santo maestro Juan de Ávila, hrsg. von Francisco Martín Hernández, Madrid 1971.

Luis de Granada, *Obras Completas,* hrsg. von Álvaro Huerga, 40 Bde, Madrid 1994 ff.

Weiterführende Literatur

Tomás Álvarez, *Paso a paso. Leyendo con Teresa su Camino de Perfección,* Burgos 1995.

– ders., *Estudios Teresianos,* 3 Bde, Burgos 1995 ff.

– ders., *Comentarios a „Vida", „Camino" y „Moradas" de Santa Teresa. Para reflexión y oración personal y de grupo,* Burgos 2005.

– ders., *La ejecutoría de hidalguía del padre de Santa Teresa,* Burgos 1981.

– ders., *Nota histórica. Anexo al volumen 2 del libro de la vida,* Madrid 1999.

Jodi Bilinkoff, *The Ávila of Saint Teresa. Religious Reform in a Sixteenth-Century City,* Ithaca 1989.

Elena Carrera, *Teresa of Ávila's autobiography. Authority, power and the self in mid-sixteenth-century Spain,* London 2005.

Shirley Du Boulay, *Teresa of Ávila. An extraordinary life,* London 2004.

Efrén de la Madre de Dios, *Teresa de Jesús,* Madrid 1981.

– ders., *Tiempo y vida de Santa Teresa de Jesús,* Madrid 1996.

Teófanes Egido, *El Linaje Judeoconverso de Santa Teresa,* Madrid 1986.

Nicolás González y González, *El Monasterio de la Encarnación de Ávila I (Siglos XV–XVI),* Ávila 1976.

Introducción a la lectura de Santa Teresa, hrsg. von Alberto Barrientos, Madrid 2. Aufl. 2002.

Enrique Llamas Martínez, *Santa Teresa de Jesús y la Inquisición Española,* Madrid 1972.

Elisabeth Münzebrock, *Teresa von Ávila,* 2004.

Otger Steggink, *La Reforma del Carmelo español : la visita canónica del general Rubeo y su encuentro con Santa Teresa* (1566–1567), Rom 2. Aufl. 1993.

Kees Waaijman, *Der mystische Raum des Karmel: Eine Erklärung der Karmelregel,* 1997 (Kurztitel = **Karmelregel**).

Marianne Schlosser

Katharina von Siena begegnen

Die Geschichte Europas wäre anders verlaufen, hätte Katharina von Siena nicht mit kraftvollen Worten den Papst zur Rückkehr aus dem französischen Exil nach Rom bewogen. Ein bewegendes Porträt der großen Mystikerin, Heiligen und Schutzpatronin Italiens.

ISBN 978-3-936484-65-6
Kt., 176 Seiten

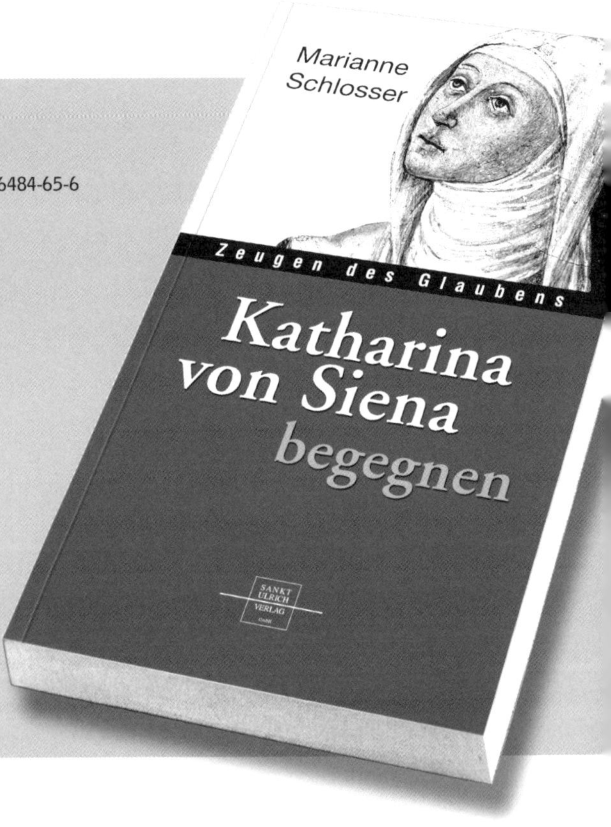

SANKT ULRICH VERLAG